생성형 AI 활용과 교육

(AI 및 ChatGPT 활용, 교육)

저자, 공학박사 김동화

생성형 AI 활용과 교육

(AI 및 ChatGPT 활용, 교육)

펴낸날_ 초판인쇄 2025 년 2 월 27 일

글쓴이_ 김동화
펴낸곳_ 도서출판 창조와 지식
인쇄처_ (주)북모아

출판등록번호_ 제 2018-000027 호
주소_ 서울특별시 강북구 덕릉로 144
전화_ 1644-1814
팩스_ 02-2275-8577

ISBN 979-11-6003-856-9

정가 18,000 원

이 책은 저작권법에 따라 보호받는 저작물이므로 무단 전재와 무단 복제를 금지하며, 이 책 내용을 이용하려면 반드시 저작권자와 도서출판 창조와 지식의 서면동의를 받아야 합니다.
잘못된 책은 구입처나 본사에서 바꾸어 드립니다.

이 책을 읽기 전에

본 도서는 **'인공지능 교육을 어떻게 하면 잘 할 수 있는가?'** 를 공유하기 위해 오랜 인공지능 교육과 연구를 통해서 얻은 지식을 필자가 영문판으로 출간한 How to learn and Teach AI? (아마존)를 한글판으로 정리한 것이다.

인공지능이 급격하게 짧은 시간에 다양하게 개발되어 초보자들에게는 어떻게 배우고 가르쳐야 할지 이해가 잘 안된다. 명시적 프로그래밍이나 데이터로 학습하는 기계학습 (Machine learning), 사람의 뇌를 모방하여 설계한 딥러닝 (Deep learning), 이를 여러 층으로 쌓아 효율을 높인 콘버류션 (CNN: Convolutional Neural Network), 이 콘버류션이 언어를 잘 학습하도록 한 대규모 모델 LLM(Large Language Model), 이 모델이 문장, 이미지, 비디오, 동영상 등을 생성 할 수 있도록 만들어진 생성형 인공지능 (Generative AI), 즉 이 모델에 미리 데이터를 학습 시킨 ChatGPT (Chat-GPT: Generative Pre-trained Transformer), 이를 확장한 일반화된 인공지능 AGI (Artificial General Intelligence) 등이다. 인공지능이 다방면에 미치는 영향력이 막대하여 미국은 핵무기와 같이 국가 전략산업으로 정책을 추진한다.

2025년 설연휴기간 동안 중국 발 딥시크는 인공지능 개발 생태계를 완전히 바꿔 놓고 있다. 엔비디아, 구글, MS와 같은 글로벌 기업들이 개발 방법에 대한 검토를 시작하고 있다. 이 사건으로 중국의 인공지능 인재 육성 전략에 대한 분석기사들도 많아졌다.
중국, 핀란드, 캐나다 등은 2017년도부터 인공지능 교육을 초등학교부터 해 오고 있다. 중국은 유치원단계에서 인공지능 교육을 한다.
인공지능은 다른 기술들과 결합하면서 새로운 패러다임을 구축한다. 따라서 응용하고자 하는 환경과 기술들도 알아야 한다. 원천기술을 개발하는 것도 중요하지만 이 응용 영역은 국제적으로도 아직 초보 단계이며 향후 경제, 사회 일자리 영역에 미치는 영향력은 원천기술보다 더 커지게 된다. 인공지능 교육 중요성이 급 부상하는 이유다.
그러나, 어떻게 가르치고 배워야 하는지에 대한 방법론은 이제 시작단계라서 노하우가 적을 뿐만 아니라 자료도 많지 않아 접근하기가 어렵다. 너무 빨리 다가왔기 때문이다.
본 도서가 작게 나마 도움이 되었으면 한다.

2025. 1
공학박사 김동화

생성형 AI 활용과 교육
(AI 및 ChatGPT 활용, 교육)

목차

제 1 부 인공지능(AI) 교육에 필요한 기초 지식

제1장 배경
1.1 인공지능(AI은 어떻게 배우고 가르쳐야 하나? (10)
1.2 산업혁명, 인공지능(AI), 교육 (12)
1.3 인공지능(AI)은 인류에게 이익이 될까, 독이 될까? (17)
1.4 아프리카는 왜 빈곤하기만 할까? (18)

제2장 산업혁명과 인공지능(AI)
2.1 인공지능(AI) 얼마나 큰 충격을 주었나? (21)
2.2 4차 산업혁명은 우리 삶을 어떻게 변화시킬까? (22)
2.3 세상을 읽지 못하면 망한다! (24)
2.4 인공지능(AI)의 의미는 무엇인가? (30)
2.5 인공지능(AI)의 분류 (30)
2.6 인공지능(AI) 기초 기술 (35)
2.7 A 인공지능(AI)역사 (44)
2.8 LLM, 생성형 인공지능 (Generative AI), 챗GPT 차이점? (47)

제3장 인공지능(AI) 구현에 필수인 기술들
3.1 개요 (48)
3.2 데이터란 무엇인가? (48)
3.3 네트워크 (53)
3.4 MMIT 기술 (54)
3.5 미래 유망 기술들 (55)
3.6 한국의 미래 기술 정의 (60)

제4장 AI와 윤리
4.1 인공지능(AI)과 윤리 개요 (61)
4.2 부상하는 첨단 기술과 윤리 (61)

제5장 각국의 인공지능(AI) 정책
5.1 인공지능(AI) 정책 개요 (64)
5.2 미국의 인공지능(AI) 정책 (64)
5.3 유럽연합의 인공지능(AI) 정책 (65)
5.4 독일의 인공지능(AI) 정책 (68)
5.5 영국의 인공지능(AI) 전략 (69)
5.6 일본의 인공지능(AI) 정책 (71)
5.7 중국의 인공지능(AI) 정책 (73)
5.8 한국의 AI 정책 (73)
  어떻게 선진국이 되었나? (73)
  과학 기술 정책 (74)
  한국의 AI 인재 양성 정책 (76)
5.9 국가별 AI 경쟁력

제6장 글로벌 AI 플랫폼
6.1 인공지능(AI) 플랫폼 개요 (81)
6.2 아마존 (82)
6.3 구글 (86)
6.4 마이크로소프트 (90)
6.5 IBM 왓슨 (91)
6.6 메타(페이스북) AI (93)
6.7 삼성전자 (94)
6.8 데이터로봇(DATAROBOT) (95)
6.9 와이프로(WIPRO) (96)
6.10 H2O AI (97)
6.11 세일스포스(SALESFORCE) (98)
6.12 인포시스(INFOSYS) (99)

제 2 부 활용편

제7장 생성형 AI는 어떻게 활용하나?
7.1 개요 (101)
7.2 의료 분야 (101)
7.3 스마트 시티 (106)
7.4 스마트 팜 (111)
7.5 인공지능(AI)과 식품 산업 (115)
7.6 디자인 및 패션 (117)
7.7 인공지능(AI)과 뷰티 (119)
7.8 인공지능(AI) 음악(122)
7.9 인공지능(AI) 스마트 공장 (123)
7.10 인공지능(AI), 메타버스, IoT (124)
7.11 인공지능(AI)과 신물질 창출(125)
7.12 인공지능(AI) 군사 (126)
7.13 일자리 변화 (127)
7.14 인공지능(AI)은 국가에 어떤 영향을 미칠까? (128)

제8장 인공지능(AI)과 IoT
8.1 IoT 개요 (129)
8.2 미래 기술 IoT (129)
8.3 IoT와 스마트그리드 (134)

제9장 인공지능(AI)과 메타버스
9.1 개요 (136)
9.2 메타버스, 디지털 트윈, 사이버 물리 시스템은 어떻게 다른가? (137)
9.3 디지털 트윈(Digital Twin) (139)
9.4 사이버 물리 시스템(CPS : Cyber Physical System) (141)
9.5 증강현실(AR : Augmented Reality) (142)
9.6 가상현실(Virtual Worlds, Virtual Reality) 143)
9.7 AR/VR 기본 구성 (143)
9.8 메타버스의 응용 (144)

제10장 인공지능(AI)과 블록체인
10.1 블록체인 개요 (146)
10.2 블록체인 기술 (146)
10.3 네덜란드 블록체인 현황 (150)
10.4 스위스 블록체인 현황 (150)
10.5 아랍에미리트(United Arab Emirates) 블록체인 현황 (150)
10.6 몰타, 미국, 유럽연합, 오스트리아 현황 (150)

제11장 인공지능(AI), 로봇, 감성
11.1 개요 (152)
11.2 인공지능(AI)이 로봇과 결합하여 감성대화를 하는 시대 (152)

제12장 인공지능(AI)과 경제
12.1 인공지능(AI) 경제 개요 (155)
12.2 인공지능(AI)의 경제에 대한 영향 (155)

제13장 AI와 사회문제
13.1 인공지능(AI) 사회 (158)
13.2 어느 것이 진짜인가? (158)
13.3 인공지능(AI)이 사회에 미치는 영향 (162)

제 3 부 인공지능(AI) 교육

제14장 AI 인재 양성(그랜드 투어로부터 인재 양성 미래를 배우다) (164)

제15장 4차 산업혁명 중 또 하나의 혁명 챗GPT
15.1 챗GPT란? (167)
15.2 개발과정 (168)
15.3 챗GPT의 능력 (171)
15.4 성능 테스트 (172)
15.5 얼마나 투자했나? (173)

15.6 어떻게 챗GPT는 사람과 대화를 잘할 수 있나? (173)
15.7 2025년도 가장 큰 패러다임 (175)
15.8 챗GPT활용영역 (176)
15.9 인공지능(AI)과 창업 (177)
15.9 글을 이미지로(TTI : Text-To-Image) (181)
15.10 무한히 확장되는 챗GPT (188)

제16장 인공지능(AI) 교육, 무엇을 어떻게 배우고 가르쳐야 하나
16.1 개요 (189)
16.2 인공지능(AI) 교육 정책 (190)
16.3 대학의 역할 (191)
16.4 인공지능(AI) 벤처기업 (192)
16.5 인공지능(AI) 교육 (193)
16.6 인공지능(AI)을 이용한 교육 (196)
16.7 인공지능(AI) 교육과정 분석 (196)
16.8 유네스코의 인공지능(AI)교육과정 197)
16.9 미국의 인공지능(AI) 교육과정 (199)
16.10 캐나다의 인공지능(AI) 교육과정 (201)
16.11 핀란드의 인공지능(AI) 교육과정 (204)
16.12 중국의 인공지능(AI) 교육과정 (207)
16.13 한국의 인공지능(AI) 교육과정 (210)
16.14 인공지능(AI) 교육과정 도입 필요성 (211)
16.15 한국형 인공지능(AI) 교육과정 설계 예 (219)
16.16 인공지능(AI) 창의성·사고력 증진과 교육 (225)
16.17 인공지능(AI)에 의해 인문학과 창작영역에 르네상스가 올까? (225)

집필을 마치고 (227)
참고문헌 (231)
부록-1 : 한국의 인공지능 정책 (242)
저자 (249)

제 1 부

인공지능(AI) 교육에 필요한 기초 지식

제1장

배경

> - 인공지능은 왜 우리 생활에 중요한가?
> - 어느 정도 인공지능은 인류에게 중요한가?
> - 인공지능은 어떻게 배우고 가르쳐야 하는가?

1.1 인공지능(AI)은 어떻게 배우고 가르쳐야 하는가?

동아프리카 리프트 밸리(Rift Valley of East Africa)에는 BC 5~2.5백만 년 전 인류가 살았던 두개골이 남아 있다.

인류가 시작된 이래 시대적 변화에 따라 많은 혁명이 존재하였고 2009년도부터 4차 산업혁명은 이미 시작되었다(그림 1.1(a)).

그림 1.1(a) 산업혁명과 인류 삶의 변화.

생성형 AI 활용과 교육 (AI 및 챗 GPT 활용, 교육)

그림 1.1(b) 산업혁명과 세대들의 특징.

 그림 1.1(a)은 산업혁명의 변천사고 그림 1.1(b)는 산업혁명에 따른 세대들의 특징이다.

 4차 산업혁명의 대표적 기술인 스마트폰과 유튜브는 전에 인류가 상상하지도 못했던 생활방식을 제공하고 있고 이들 기술은 ICT와 인공지능(AI)과 결합하면서 더욱 인류의 생활을 혁신적으로 변화시키고 있다.

 지금 우리는 4차 산업혁명의 문턱을 넘어 섰다. 시발점을 출발하여 가고 있어 준비가 된 사람과 국가는 향후 속도에 큰 차이가 발생 하게 된다. 2019년도만 해도 큰 차이는 없었다.

 앞으로의 결과들은 교육에 있다고 판단한다. 지식산업 (4차 산업 인공지능)은 힘센 노동력이 필요 없는 인재가 하여야 하기 때문이다.

 그럼 지금 우리는 무엇을 어떻게 준비하여야 할까?
 어떻게 교육하여야 아이들의 미래가 보장될까?
 필자는 아프리카, 동남아, 중동 등 100여 개 대학 들에서 초청을 받거나 자비로 강연을 한 바 있다.

 또 아프리카 에티오피아 대학에서는 2년간 대학 교수로 재직하면서 대학원생과 학부생들을 가르쳐 본 바 있다.

 아프리카는 대부분 국가들이 1천 불 정도의 빈곤에 허덕이고 있다.

왜, 수천 년 동안 빈곤에 허덕이고 노예로 살았을까?
아프리카에는 자원이 부족해서 일까?
사람이 부족해서?
시장이 협소해서?

아니다!
미래에 대한 준비!
일하고자 하는 의지!
어려움을 극복하고자 하는 방법을 찾지 않고 순간순간 편안히 지내기만을 원했기 때문이다.
아프리카 있을 때 대학 교육의 중요성을 알고 학생들을 교육하려 했으나 아프리카의 낙천적인 특성 때문에 교육이 제대로 되지 않았다.
그러나 인공지능에 의해 세상은 혁신적으로 변해 가고 있다!
아프리카는 또 한 번 경제적인 노예가 될 것 같다는 것이 필자의 생각이다.
이제는 육체적인 노예가 아니라 경제적인 노예인 것이다. 방법은 다르나, 준비되지 않은 개인, 단체, 국가는 경제적인 속국이 될 수밖에 없다는 것이 필자의 판단이다.
필자는 이에 지금의 청소년들이 미래를 보고 준비하면 좋겠다는 생각으로 이 책을 집필하게 되었다.
정책입안자, 교육자, 청소년들에게 좋은 참고가 되기를 바란다.

1.2 산업혁명, 인공지능(AI), 교육

지금 세상은 급격히 변하고 있다.
인공지능에 의한 것이 전부는 아니다.
연결과 협력의 방법도 변하고 있다.

국가와 국가는 과거 이념과 냉전에 의해서 끈끈한 유대관계를 오랜 동안 유지해 왔다면 지금은 필요 할 때마다 자유스럽게 전 세계적으로 소통이 가능해 졌다. 맘만 먹으면 누구나 개인 방송이 가능하다.
  과거에 지상파 방송이 독점하던 정보의 수직화, 단일화가 아니라 수평적으로 무한히 펼쳐지는 시대다.
  가짜뉴스, 가짜 정보, 시스템이 판치는 부분도 있으나 그렇다고 세상의 흐름을 막을 수는 없다. 극복하고 긍정적인 방법으로 이 혁명을 활용해야 한다.
  4차 산업혁명 시대에는 과거에 산업혁명과는 너무나 판이하게 인류에게 영향을 미칠 것이다.
  유튜브, 인공지능, 네트워크(SNS), IoT, 블록체인으로 대표되는 기술들이 융합하여 새로운 패러다임을 만들고 기존의 전통 산업과 연계되면서 국가 간, 개인 간 관계는 물론 일자리 패턴도 급격히 변하게 된다.
  그림 1.2는 과거의 전통 방식에 의한 국가 간 협력관계다.

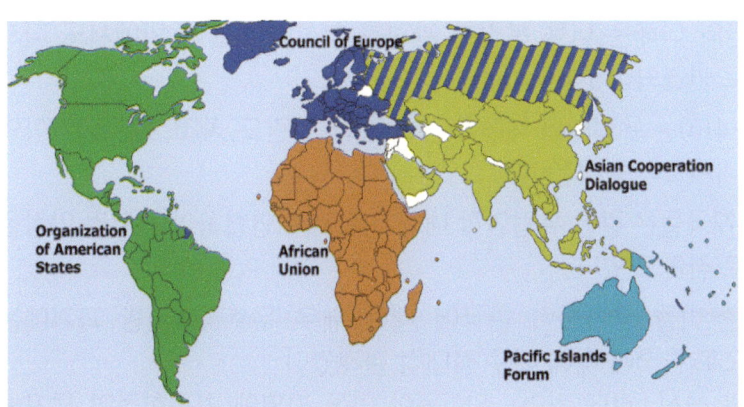

그림 1.2 과거의 전통적인 국제 사회.[1]

지역별로 관심 있는 국가들끼리 협력했다면 그림 1.3은 최근 국가 간

---

[1] https://upload.wikimedia.org/wikipedia/commons/0/02/Continental_Orgs_Map.png

협력관계이다. 매우 복합한 양상으로 얽혀 있다.

```
Many blocks for their situation
  o European Union (EU)
  o African Union (AU)
  o Union of South American Nations (USAN)
  o Caribbean Community (CARICOM)
  o Central American integration System (SiCA)
  o Arab League (AL)
  o European Free Trade Association (EFTA)
  o European Economic Community (EAEC)
  o Association of Southeast Asian Nations (ASEAN)
  o Central European Free Trade Agreement (CEFTA)
  o North America Free Trade Agreement (NAFTA)
  o South Asian Association for Regional Cooperation (SAARC)
  o Pacific Island Forum (PIF)
  o Eurasian Economic Union (EEU)
```

그림 1.3 21세기의 복잡한 국제 관계.

국가 간의 이해는 더욱 복잡한 관계를 형성하여 블록 안에서도 다시 블록으로 연결되어 있다.

그림 1.4(a)는 유럽연합 내에 있는 헝가리, 폴란드, 체코, 슬로바키아의 모임인 비세그라드 그룹이다.

이들 4개국들은 같은 유럽연합 내에서도 서로 연합하여 정치적 입장을 공동으로 취하고 있다.

지금은 이들 국가들이 한국에 대해 매우 우호적이지만 과거에는 공산권으로 한국에 대해 매우 적대적 관계였다.

한국의 삼성, 현대(기아), SK 등이 이들 지역에 천문학적인 투자를 하고 있는데 기술이 우세하기 때문에 가능하다.

슬로바키아에는 기아 자동차 공장이 있다. 그 나라 경제에 막대한 영향을 미치기 때문에 슬로바키아 사람들의 기아에 대한 애정은 남다르다. 필자는 이 나라 코시체 대학과 블라티스바 대학에서 초청받아 강연하는 과정에서 융숭한 대접을 받은 적이 있다. 내가 잘 해서가 아니라 제조업이 없는 이 나라에 기아 자동차가 와서 몇 만명의 일자리를 주고 있기 때문이다.

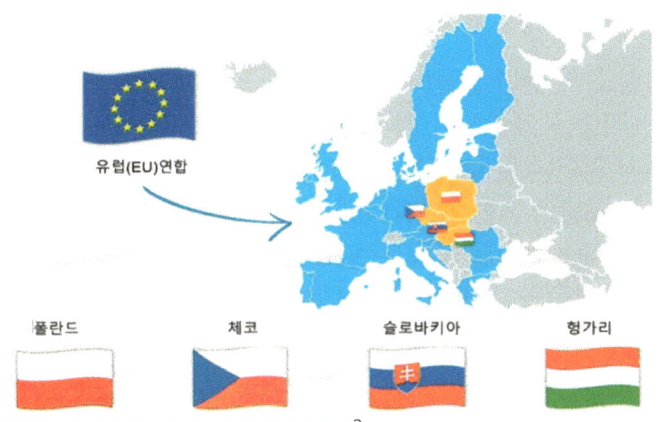

그림 1.4(a) 비세그라드 그룹.[2]

삼성은 과거 브라운관 TV 시절에는 헝가리에서 TV를 생산하였으나 지금은 배터리와 첨단 제조 기술이 들어서 있다.

그림 1.4(b) ASEAN 블록.[3]

---

[2] https://www.koreatimes.co.kr/www/nation/2020/06/113_166587.html

[3] https://www.freepik.com/free-vector/asean-map-infographic_10632600.htm#query=asean%20map&position=0&from_view=keyword&track=a

삼성이 베트남에 미치는 영향이나 헝가리에 미치는 영향은 같다.

일자리와 국가 경제에 막대하기 때문에 무조건 한국을 지지하고 응원한다.

과거에는 상상도 못 했던 일들이다.

한국이 첨단 기술을 개발하여 경제가 부강해지고 생산 공장을 이들 지역에 세우면서 일어난 일들이다.

그림 1.4(b)는 동남아 연합기구다. 동남아의 10개국들이 모여 형성한 단체로 무역과 정치적 입장을 공동으로 하겠다는 취지다.

한국이 이들 나라들과 개별적으로 협력하는 것보다 다양한 현재의 협력 파라미터가 필요하다는 이야기다.

그림 1.5 21세기의 개인 네트워크.[4]

그림 1.5는 최근의 개인별 네트워크 특성을 나타낸 그림이다. 전화기

---

is&uuid=2f6fbde9-fcd6-4993-9dd1-50ecbcfea70f

[4] https://www.freepik.com/free-vector/social-media-network_6976388.htm#query=social%20network&position=2&from_view=search

한 대로 통신을 하던 시대가 지금은 개인별 통신을 하는 시대로 변하였다.
　인공지능, IoT가 가세하면서 연결은 더 쉽고 간결해 졌지만 위험도 그만큼 따른다.
　그러나 시대를 거스를 수는 없다.
　다변화된 세상!
　초연결 시대!
　그림 1.1(b)에서 나타낸 바와 같이 지금의 청소년들이 어떤 가치관과, 직업관을 가지고 교육을 받고, 대학 교육과 교육정책은 어떻게 추진하여야 하는지 깊이 고민하여야 할 사안이다.

1.3 인공지능(AI)은 인류에게 이익이 될까, 독이 될까?

　최근의 인공지능 기술이 개인은 물론, 산업, 정치, 경제 등에 막대한 영향을 미치면서 우려하는 목소리도 있다.
　이들 인공지능 기술의 부정적인 면들이 들춰지면서 거부하는 사람들도 있겠으나 이들 기술들의 발전을 막거나 거스를 수 있을까?
　불가능한 이야기다.
　최근에는 이러한 영향이 막대해지면서 슈퍼 인공지능이란 단어가 부상하고 있다.
　인공지능에 의한 무기, 인공지능에 의한 무인 자동차, 무인 농사 도입 등은 기존의 일자리를 변화시키면서 노동자들에게는 공포의 대상이 될 수 있겠으나 그렇다고 기술 개발을 포기하거나 중단할 수 있을까?
　더 적극적으로 활용하는 방향으로 나아가게 된다.
　최근 우크라이나를 침공한 푸틴도 인공지능의 중요성을 다음과 같이 언급한 바 있다.
　"인공지능은 러시아뿐만 아니라 인류에게 필요하고 인공지능의 리더가 지구상의 리더가 될 수 있다. (President Vladimir Putin said : "Artificial intelligence is the future, not only for Russia, but for all humankind, when it comes with enormous opportunities, but also threats that are difficult to predict. Whoever becomes the leader in this sphere will become the world's ruler.")"

윤리 문제, 프라이버시 문제는 독이 될 것이나 이는 기술로서 극복할 수밖에 없다.

1.4 아프리카는 왜 빈곤하기만 할까?

아프리카!
면적 30,370,000㎢, 인구 1,216,000,000명, 수많은 자원과 1년 내내 농사를 지을 수 있는 땅!
그러나 아프리카는 과거 수세기 동안 육체적 노예로 살아왔고, 이제는 경제적 노예로 전락할 수밖에 없는 상황으로 몰리고 있다. 그림 1.7은 아프리카의 현주소를 잘 말해 준다. 대부분의 국가들이 국민 소득 1천 불 이하에서 살고 있다.
무엇이 이토록 비참한 지경으로 전락하도록 만들었을까?
에디토피아의 자그웨 왕조(Zagwe Dynasty)는 1150년에 있었던 것으로 기록되고 있다. 그러나 불행하게도 500~1500년 사이 아프리카인들은 노예로 살아왔다.
그동안 아프리카는 그림 1.1(a)과 같이 세 번의 산업혁명을 거쳤다.
1700년 이전의 농업혁명,
1700년대 기계에 의한 2차 산업혁명,
1800년대 정보통신 혁명이 그것이다.
그리고 2000년대 4차 산업혁명 와 있다.
그러나 이들 지역의 환경과 교육, 그리고 국가들의 정책은 아직도 2차 산업혁명 시대의 방법 그대로다.
필자는 에티오피아의 교육 정책을 파악하기 위해 국가 산업 정책을 살펴본 바 있다.
에티오피아의 경우 아직도 중농 정책이다.
인구의 대부분이 영세한 구조의 농사에 종사하고 있기 때문이기도 하지만 예산의 70%를 농업 정책에 할당하고 있고 산업 정책은 한국이 70년대 이전에 적극적으로 추진하였던 봉제 산업에 치중하고 있다.

그림 1.6 아프리카 노예지도.[5]

물론 한국의 산업 정책을 모방하여 많은 산업 단지를 조성하였는데 대부분 중국의 봉제 업체를 유치하여 봉제산업을 하는 정도다.

인공지능과 로봇으로 이들 산업이 곧 대체되면 가격 경쟁력을 잃어 국제시장에서 설자리를 잃게 되고 에티오피아 경제는 곧 수렁으로 빠질 것 같다는 생각을 하게 되었다.

4차 산업혁명은 과거의 3번의 산업혁명과는 비교할 수 없을 정도로 빠르게 변한다. 그림 1.6은 아프리카 노예 상품을 협의하는 장면이다. 사람이 아니라 상품 취급을 받으면서 고통을 겪었지만 아직도 누구 하나 미래를 걱정하는 사람을 대학에서 보지 못했다.

미리 준비하지 않으면 도저히 따라갈 수 없다.

교육이 준비하여야 하는 이유다.

교육은 사람을 양성하는 것이다.

시간이 걸릴 수밖에 없다.

아프리카에서 배워야 할 대목이다.

---

[5] https://www.thoughtco.com/berlin-conference-1884-1885-divide-africa-1433556

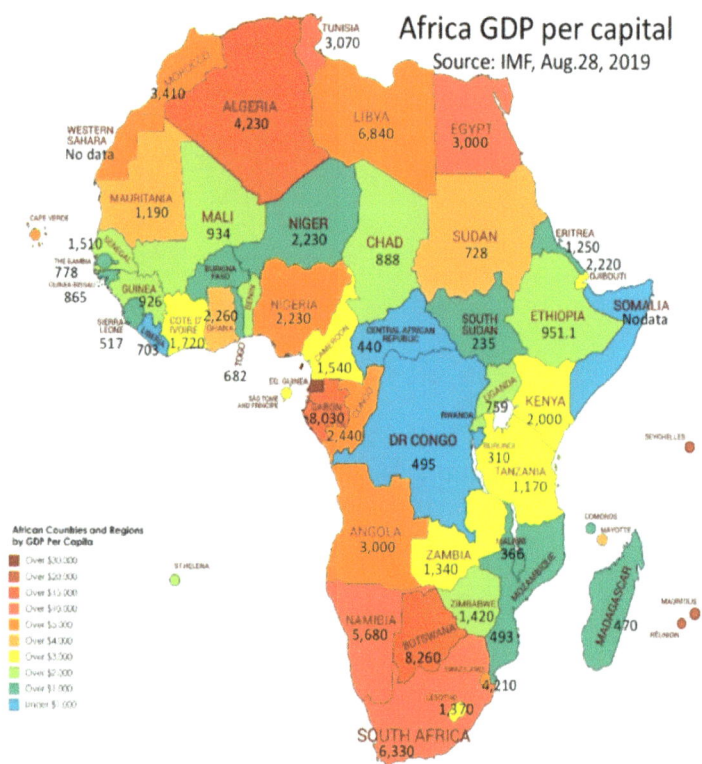

그림 1.7 아프리카 국가들 GDP. (아프리카 지도에 필자가 IMF2023년도 소득을 찾아 기재한 것임. 차이는 있을 수 있으나 1천불을 넘는 나라는 북아프리카 몇 나라 정도이다.)[6]

---

[6] African map and IMF(Aug. 2019).

제2장

산업혁명과 인공지능(AI)

- 언제 시작되었나?
- 우리 생활은 어떻게 변할까?
- 우리경제와 일자리는 어떻게 변할까?

2.1 인공지능(AI) 얼마나 큰 충격을 주었나?

4차 산업혁명과 인공지능에 대한 화두는 우리 주위에서 매우 많이 회자되고 있다.
그럼 언제 시작되었고 우리 생활은 어떻게 변할까?
일자리 패턴은 어떻게 되고 경제는, 사회는 어떻게 변할까?
우리가 가장 관심 있어 하는 대목들이다.
물론 그 이전에도 많은 기초 이론이나 단어는 학자와 연구하는 사람들에게 사용되어 있으나 세간의 관심을 한 번에 주목 받게 된 것은 2016년도이다.
그림 2.1은 이세돌과 구글이 개발한 인공지능 딥마인드 간에 이루어진 2016년 3월 대국 장면이다. 이 대국에서 인공지능은 이세돌을 4:1로 꺾고 우승을 하면서 인공지능의 위력을 세상에 알렸다. 이를 개발한 데미스 허사비스 구글 딥마인드 CEO는 2024년도 노벨 화학상을 받았다. 그의 나이는 1976년 7월 27일생으로 불과 48세이다.
이에 앞서 중국 기사와 2016년 2월에 한 대국에서는 4:0으로 모두 알파고가 우승하였다.
이 두 바둑 대국에서 각국의 정부와 산업계는 인공지능의 위력을 깨닫고 정책을 적극적으로 추진하게 되었다.

Lee Sedol (W) vs AlphaGo (B) - Game 4

그림 2.1 이세돌과 알파고의 바둑 장면(알파고가 놓은 37번째 돌이 분수령이 되었다고 보도되고 있다. 이 위치는 가장 악수로 바둑 역사 3천 년 동안 아무도 놓지 않은 위치로 알려졌다. 인공지능은 3천 년을 앞서 계산했다는 이야기다.)[7]

2.2 4차 산업혁명은 우리 삶을 어떻게 변화시킬까?

4차 산업혁명은 사람에 따라서 표현 방법이 약간씩 다르다. "The 4th Industrial Revolution (4IR or 4th wave)"라고 부르는 사람도 있고,

---

[7] https://en.m.wikipedia.org/wiki/File:Lee_Sedol_%28W%29_vs_AlphaGo_%28B%29_-_Game_4.svg

엘빈 토플러(Alvin Toffler)는 1980년도에 출간된 저서(circa)에서 제4의 물결, 즉 "Fourth Wave"라는 표현을 사용하였다.

2016년도 세계경제포럼(WEF : World Economic Forum)에서 스위스의 Davos-Klosters가 "부의 혁명"("Revolutionary Wealth")이란 단어를 사용하였다.

우리가 피부에 와 닿는 4차 산업혁명을 알게 된 것은 2009년 스티브 잡스(Steve Jobs)가 스마트폰을 세상에 내놓음으로써 시작되었다고 필자는 판단한다. 스마트폰이야말로 진정하게 우리 생활을 크게 변화시켰기 때문이다. 그림 2.2는 4차 산업혁명의 영향을 분야별로 요약한 것이다.

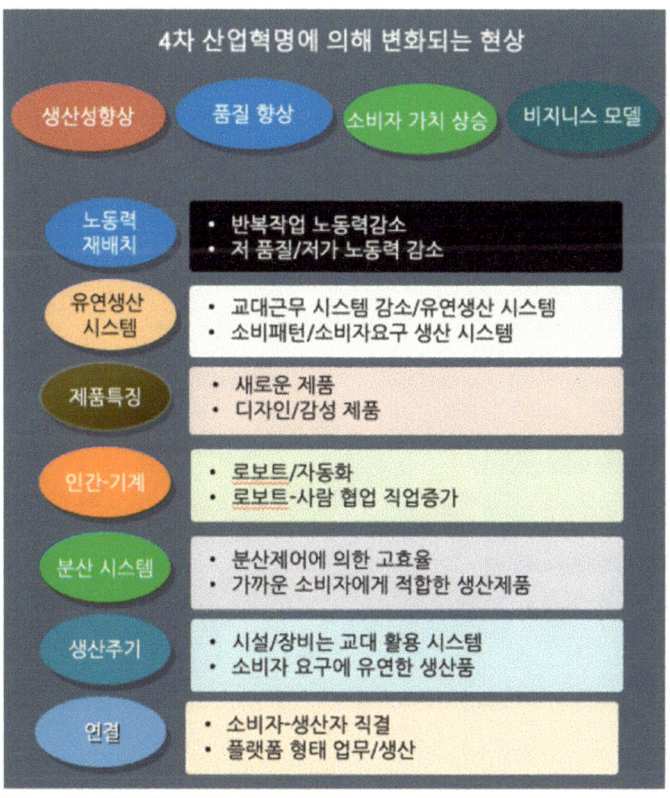

그림 2.2 4차 산업혁명에 의한 변화.

필자는 4차 산업혁명을 인공지능 지식혁명이라 생각하고 있다. 정부

주도형, 기업 중심형의 한정된 아이디어에서 소비자 중심의 다양한 아이디어가 창조되어 참신한 아이디어를 가진 사람들이 사회를 이끌어 가기 때문이다. 최근에 다양하게 활동하는 유튜버와 ChatGPT에 의한 이미지 생성 기술이 대표적이다. 한 채널만을 고집하던 지상파가 개인 중심으로 옮겨져 상상을 초월하는 이야기들이 공유되고 있다. 자유스럽게 새로운 이미지와 스토리텔링을 만들어 지식을 창조하고 공유되어 세상을 이끌어 간다.

2.3 세상을 읽지 못하면 망한다!

4차 산업혁명의 핵심은 지식이다.
혁신적인 지식은 변화를 유도하고 대중들은 변화에 환호한다. 즉, 지식혁명(Knowledge Revolution : 4KR)은 지식에 의해 시스템이 바뀌는 것이다. 새로운 지식 창출은 인공지능에 의해 쉽고 빠르게 생산될 수 있다. 따라서 4차 산업혁명은 인공지능 혁명이다.

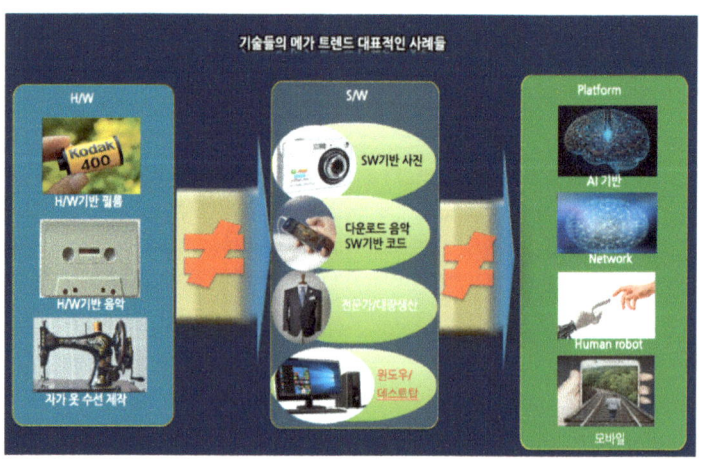

그림 2.3 최근 급격히 변화한 대표적인 기술들 사례.

인공지능에 의해 경제, 사회 패턴, 일자리가 모두 변하게 된다.
이러한 변화를 예고한 사람들이 있다. 일론 모스크다. 그는 "만일 제3차 전쟁이 일어난다면 인공지능 전쟁이 될 것이다!"라고 인공지능의 영향을 예고했다.

그림 2.3은 우리 세대에서 직접 경험한 변화다.

맨 왼쪽은 코닥필름, 테이프 레코더, 맞춤옷을 해 입는 데 사용된 미싱이다. 가운데는 지금의 젊은이들도 경험한 휴대형 소형 카메라, 다운을 하여 음악을 듣는 MP3, 대량생산의 기성복, 데스크톱이다.

그러나 오늘날은 사회의 기반이 모바일, 유튜브, 네트워크로 구성되는 플랫폼으로 변했다. 여기에 인공지능이 가세했다. 이와 같은 변화는 짧은 시간에 급격히 이루어져 이를 잘못 이해하면 변화를 느끼지 못한다.

이러한 변화를 받아들이고 미래를 준비한 기업이나 개인은 살아남을 수 있으나 옛날의 방식을 고수한 기업들은 모두 역사의 뒤안길로 사라졌다.

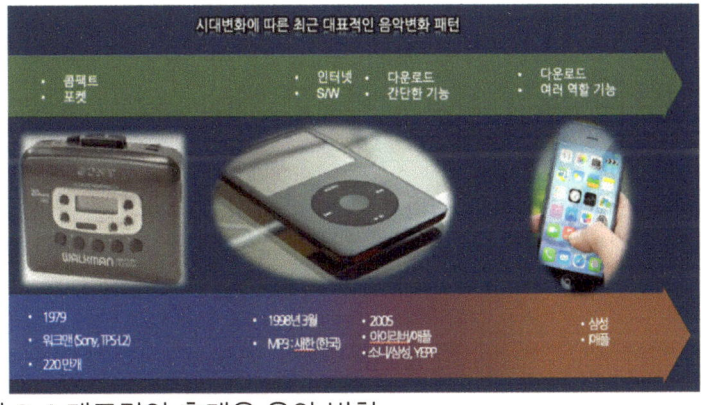

그림 2.4 대표적인 휴대용 음악 변화.

그림 2.4는 음악 패턴의 변화다. 1979년도에 소니가 개발한 워크맨은 당시 최고의 기술로 젊은이들이 갖고 싶어 하는 명품이었다. 2억 2천만 개가 팔릴 정도로 선풍적인 인기를 누렸다.

1980년대 초 까지만 해도 소니는 휴대 음원 시장을 주도한 기업이었다. 당시 소니는 가능하면 작고 음질 좋은 워크맨을 만들기에 혼신을 다했다. 그러나 아무리 작아도 H/W 기반이기 때문에 형체는 남는다. 즉, 휴대를 하여야 한다. 음악을 듣기 위해서만 장치를 휴대한다는 것은 젊은이들에게 매력적이지 못하다.

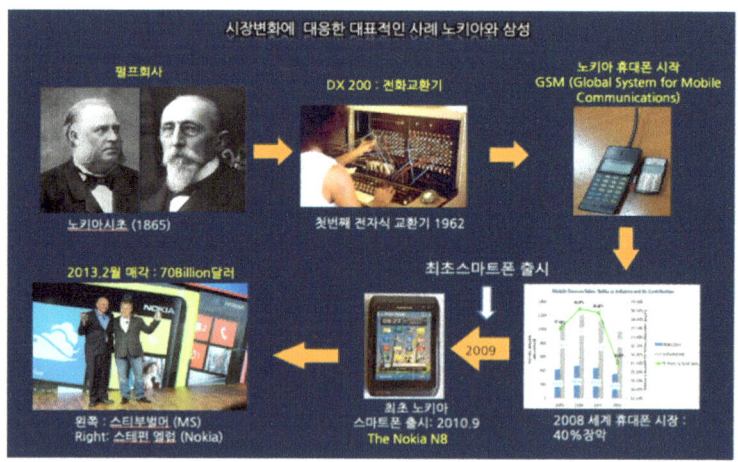

그림 2.5 시장에 잘 대처한 삼성과 잘못 대처해 실패한 노키아의 대표적인 사례.

아주 작고 음질 좋은 MP3가 오면서 급격히 시장은 변한다. 그러나 이 기술도 스마트폰이 나오면서 스마트폰의 다양한 기능에 포함되고 유튜브가 나오면서 곧 시장에서 사라진다.

그림 2.5는 노키아와 삼성의 메가트렌드에 대한 대처 결과를 잘 나타내 준다. 노키아는 2008년도에 핸드폰 시장의 40%를 장악했던, 절대 망할 리 없다고 믿었던 거대 통신 기업이었다. 그러나 2009년 스티브 잡스가 스마트폰을 개발하면서 운명이 달라졌다. 당시 노키아는 스마트폰을 장난감이라고 비아냥거리면서 자신감을 나타냈지만 곧 매각되었다.

미래를 예측 못 한 결과이다.

최근에 미래에 대한 대처가 극명하게 엇갈린 결과를 나타낸 것은 시어스 백화점과 월마트다.

시어스는 최고급 명품만을 오프라인으로 파는 유명한 백화점이었지만 온라인으로 세상이 변하는 것을 인지하지 못하고 오프라인만 고집하다 132년 만인 2018년 10월 문을 닫았다.(그림 2.6)

아마존의 충격인 것이다.

그림 2.6 시어스 백화점이 문을 닫았다.(1886년 설립한 세계 최대의 고급 백화점이 2018년 10월 8일 문을 닫았다. 아마존의 온라인 문화에 대처하지 못하고 기존의 방법을 고수한 탓이다)[8]

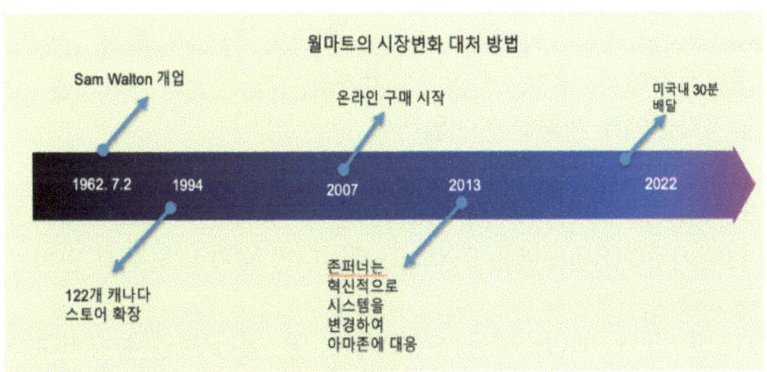

그림 2.7 아마존에 대응한 월마트 전략.

월마트도 같은 위기를 맞았으나 적극적으로 온라인을 도입하고

---
[8]
https://upload.wikimedia.org/wikipedia/commons/9/94/Sears_Store_Closing_Sale_Westland_Mall_Hialeah_%2849525992311%29.jpg

오프라인과 동시에 사업을 확장하여 지금은 아마존을 위협하는 단계로 성장했다.(그림 2.7)

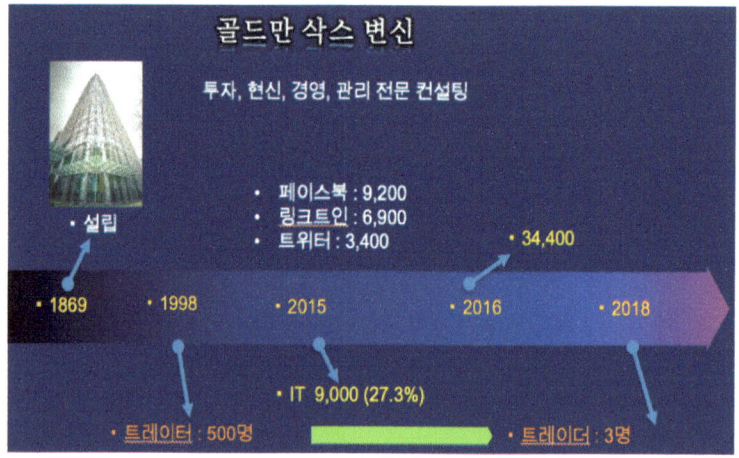

그림 2.8 골드만 삭스의 인력 변화.

그림 2.8은 골드만 삭스의 변화이다. 골드만 삭스(The Goldman Sachs Group, Inc., NYSE : GS)는 미국의 다국적 투자 은행으로 국제금융시장에서 투자, 증권, 투자관리, 기타 금융서비스를 주로 기관투자자들에게 제공하는 기업이다.

이 회사는 1998년도만 해도 500여 명의 트레이더를 두었으나 2015년에는 전체 직원의 약 27%를(9천여 명) IT 인력으로 대체하였다.

더 나아가 2018년도에는 3명의 트레이더만 남기고 모두 IT 인력으로 대체하였다.

2015년 당시 페이스북은 9천2백여 명, 링크트인은 7천여 명, 트위터는 3천4백여 명의 IT 인력이 있었는데 이들 기업과 비교하면 얼마나 많은 IT 인력을 확보하였는지 알 수 있다.

투자회사인지, IT회사인지 구분이 안 간다.

젊은이들이 무엇을 해야 하는지 배워야 할 대목이다.

그만큼 세상이 변하고 있다는 의미이다.

교육내용을 어떻게 하여야 할지 고민하여야 하는 이유다.

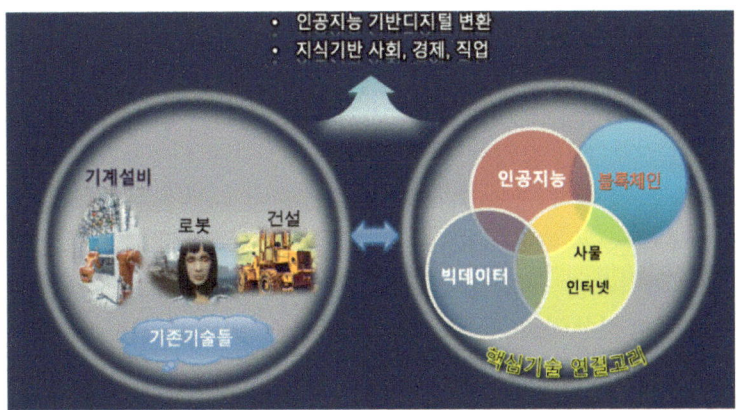

그림 2.9 인공지능, 데이터, IoT, 블록체인으로 결합한 기술과 기존의 기술들의 결합. (필자의 강연자료 중에서).

이와 같은 변화는 그림 2.9와 같이 기존의 기술과 최근에 급부상하는 IoT, 인공지능, 블록체인, 데이터와 결합하여 파격적으로 단시간에 변하게 된다.

미래를 잘 예측하여야 하는 이유다. 그림 2.10은 인공지능이 활용되는 정도에 따라서 달라지는 수준을 나타낸 것인데 궁극적으로는 곧 무인화가 되는 것이다. 우리 주위에서 잘 볼 수 있는 광경이다.

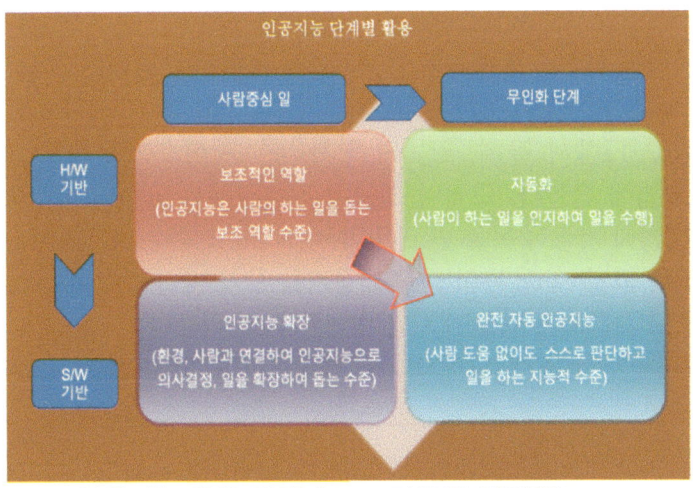

그림 2.10 인공지능 응용 단계.(WEF 자료를 정리함)

2.4 인공지능(AI)의 의미는 무엇인가?

인공지능에 대한 정의는 기관에 따라 다소 다르다.
이해를 돕기 위해 정의를 요약한다.
록펠러 재단[9]은 1956년에 처음으로 인공지능에 대해 언급했다.
미국 과학재단 NSF(National Science Foundation, USA)은 "인공지능은 컴퓨터와 자동화된 기계가 인간의 인지 및 결정하는 일을 도와준다."고 정의했다.
호주정부는 인간과 같이 생각하고 일을 하는 기계나 컴퓨터로 정의했는데 인간과 같은 일이란 패턴인식, 계획, 학습, 추론, 의사결정 등이다.
유럽연합(EU)의 정의는 언어를 이해하고, 문제를 해결하며, 의료상황을 분석하고 자동차가 고속도로에서 주행하고, 게임을 하고, 그림을 모방할 수 있는 능력을 가진 기계라고 정의하였다.[10]
따라서 인공지능에 대한 정의는 기관마다, 단체마다 조금씩 다르나 원칙적으로는 그림 2.10과 같은 목적을 갖는다.

2.5 인공지능(AI) 분류

인공지능 시스템의 종류와 인공지능을 구현하는 방법은 그림 2.11 및 2.12와 같이 여러 가지가 있다.
그림 2.12에서 볼 수 있듯이 퍼지추론, 지식그래프 등도 인공지능 구현 방법에 속한다. 그러나 최근에 신경망에서 딥러닝으로 이어지는 구현 방법이 가장 주목을 받고 있다.
최적화 방법, 학습 능력 등도 인공지능 구현 방법 중의 하나이나 다른 목적으로 사용되기 때문에 사용 방법은 다소 다르다.
퍼지추론은 1965년도에 미국의 캘리포니아 대학 교수인 자데(Zadeh)

---

[9] https://www.rockefellerfoundation.org/about-us/our-history/
[10] The Impact of Artificial Intelligence on Learning, Teaching, and Education-EU(2018): https://ec.europa.eu/jrc

교수가 '0'과 '1' 사이에 수많은 숫자, 정보가 있다고 보고 새로운 이론을 창안하여 발전시킨 인공지능 이론이다.

사람의 마음을 인지할 때 디지털 이론인 '0', '1'로는 정확한 표현이 불가능하다고 생각하여 그 사이에 수많은 숫자가 있다고 가정하고 사람의 생각을 표현한다는 이론이다.

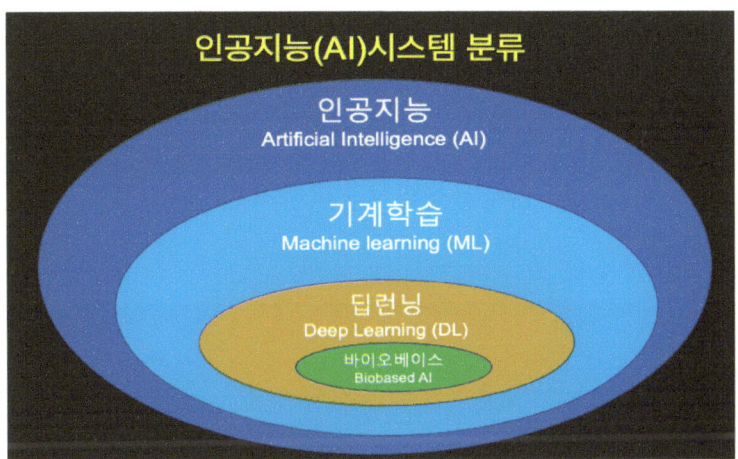

그림 2.11 인공지능 시스템의 분류.

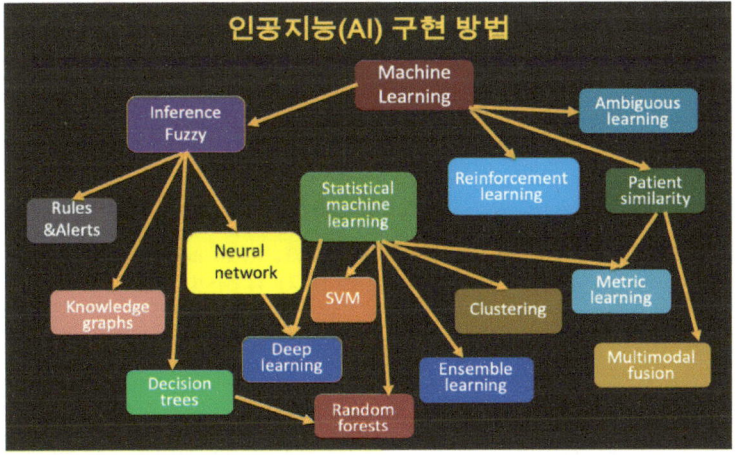

그림 2.12 인공지능 분류.

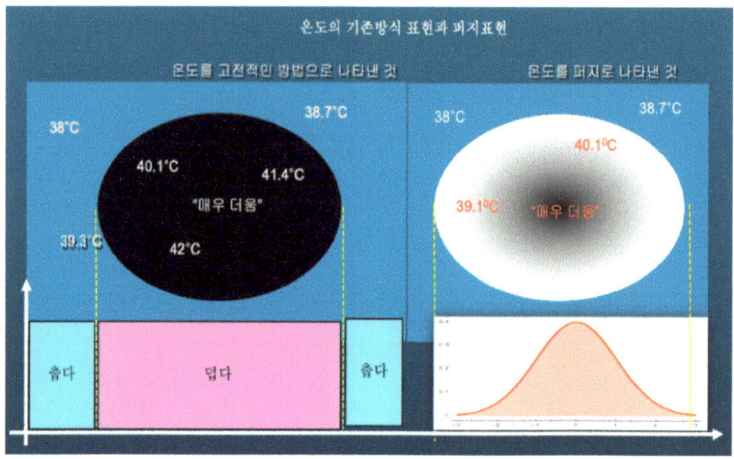

그림 2.13(a) 온도의 현재 표현방식과 퍼지 표현의 차이점1.

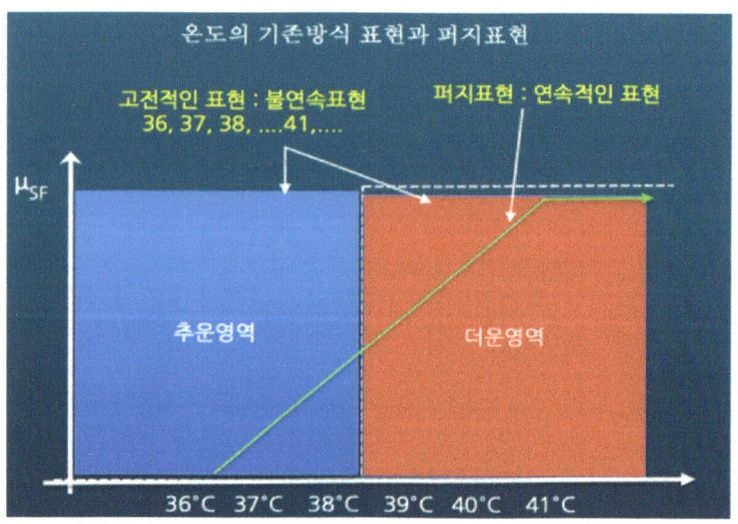

그림 2.13(b) 온도의 현재 표현방식과 퍼지 표현의 차이점2.

처음 이 이론을 발표했을 때 아무도 주목하지 않았으나 몇 년이 지나서 새로운 수학으로 정착하였고 지금은 수많은 학자들이 연구를 하고 있다.
그림 2.13은 퍼지추론 (지능 시스템)을 더 자세히 나타낸 것이다.
그림 2.13(a)는 '덥다, 춥다'라는 표현을 기존의 표현방식과 퍼지

방법으로 나타낸 것을 비교한 것이다. 2.13(a) 좌측의 기존 표현법으로 보면 덥다, 춥다는 표현을 37도 이상은 덥다. 그 이하는 춥다고 명확히 구분하여 나타낸다. 설령 36.8도일지라도 추운 영역에 들어간다. 그런데 실제 느끼는 온도는 36.8도나 37도나 마찬가지다. 기존의 디지털식 방법으로는 언어적 표현이 안 되기 때문이다.

그러나 같은 그림 오른쪽은 '덥다'에서 부터 '춥다'까지 순차적으로 표현이 가능하다. 이것을 퍼지로 나타낸 것이 그림 2.13(b) 녹색 선이다.

그림 2.13(b)를 보면 좀 더 명확히 기존의 표현방식과 퍼지 표현법의 차이를 이해할 수 있다.

이러한 생각, 즉 지식의 표현을 정확히 나타낼 수 있는 것이 퍼지로 인공지능의 한 부류로 볼 수 있다.

그림 2.14는 딥러닝을 세부적으로 분류했을 때 GAN의 계열을 나타낸 것으로 각 계열에 따라서 모델의 특징이 다르기 때문에 자기가 사용하고자 하는 모델을 선정하는 것이 좋으나 지금은 이 모델 간의 특징을 비교해서 제안해 주는 프로그램도 2023년 11월에 한국 벤처기업이 개발하였다.

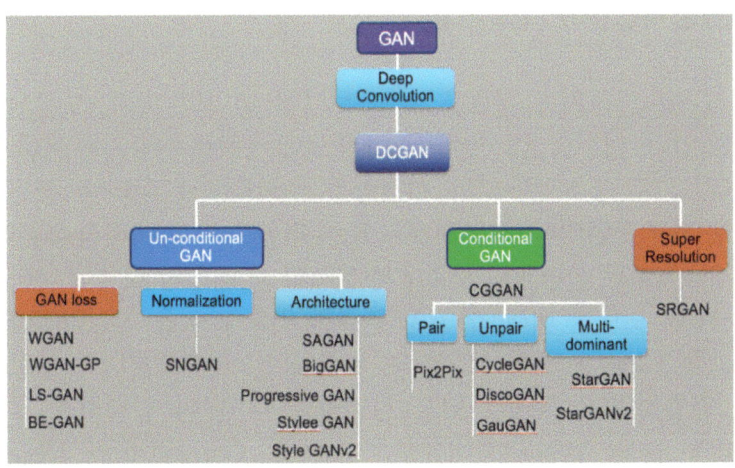

그림 2.14 간(GAN)의 분류.

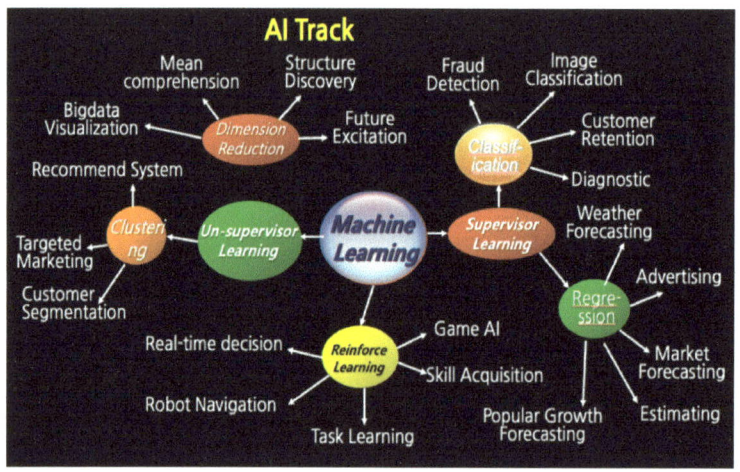

그림 2.15 AI track.

그림 2.15는 인공지능(AI)의 트랙을 나타낸 것으로 인공지능의 다양한 모델을 이해하는 데 도움이 된다.

2.6 인공지능(AI) 기초 기술

그림 2.12 인공지능 분류를 보면 보라색 영역의 퍼지, 노란색의 신경망이 있다. 딥러닝, 머신러닝은 이 영역에 속하는 인공지능 분류 중 하나이다. 그림 2.16은 뇌의 신경망을 수학적으로 나타낸 것으로 인공지능 기본 모델이다. 이것을 노드 또는 퍼셉트론(뉴런)이라 부른다.

그림 2.17(a)은 신경망의 구조로서 실제의 뇌 신경망 모델을 나타낸 그림 2.16의 노드를 여러 개 겹쳐 연결한 것으로 이를 신경망이라고 부른다. 즉, 그림 2.16을 요약하여 뉴론 또는 퍼셉트론이라 부르고 이것을 연결하면 신경망이 되고 신경망을 더 많이 연결하면 그림 2.17(b)와 같은 딥러닝(컨버류션, CNN : Convolution Neural Network)이 된다.

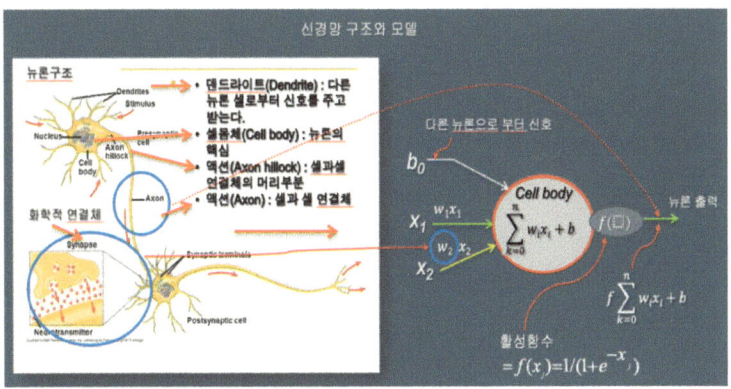

그림 2.16 딥러닝의 기초가 되는 신경망 모델.

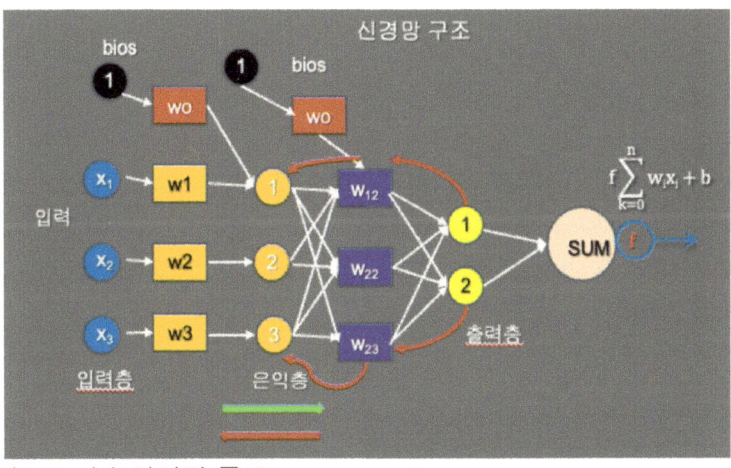

그림 2.17(a) 신경망 구조.

그림 2.17(b)는 필자가 얼굴 표정에서 감성을 읽어(구분하여) 자기주도적으로 공부 할 수 있는 온라인 학습방법을 딥러닝으로 연구한 자료의 일부이다.

신경망은 뉴런과 뉴런 간의 정보 전달을 위해 연결하는데 그 사이에 가중함수(그림 2.17a의 w)를 이용해 연결하고 가중함수는 정보 전달시 신호에 곱해져서 다음 뉴런에 입력된다.

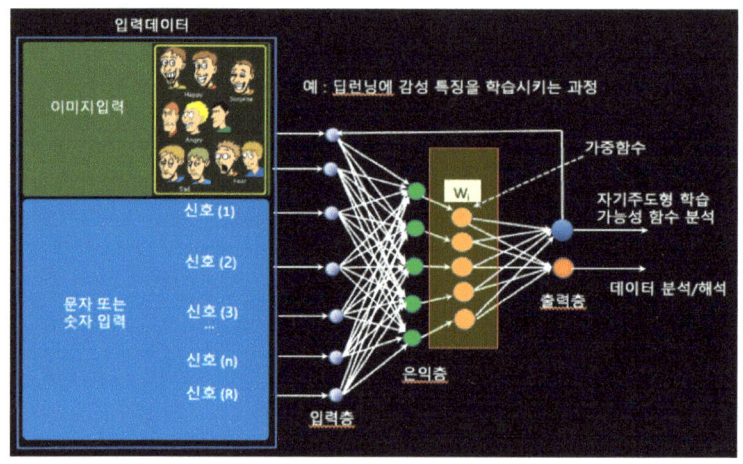

그림 2.17(b) 딥러닝 구조(그림 8.1의 하회탈 감성인식 딥러닝 구조와 비슷하나 입력은 다르다).

신호 전달 시 앞으로 계산하여 정보를 전달하는 것을 포워드(Forward), 뒤로 계산하는 방식을 백워드(backward)라 하는데 신경망에서는 모두 다 사용한다. 딥러닝의 구조는 설계자에 따라서 매우 달라 종류가 많았으나 챗GPT이후로는 활용성 때문에 생성형 모델로 집중되고 있다.

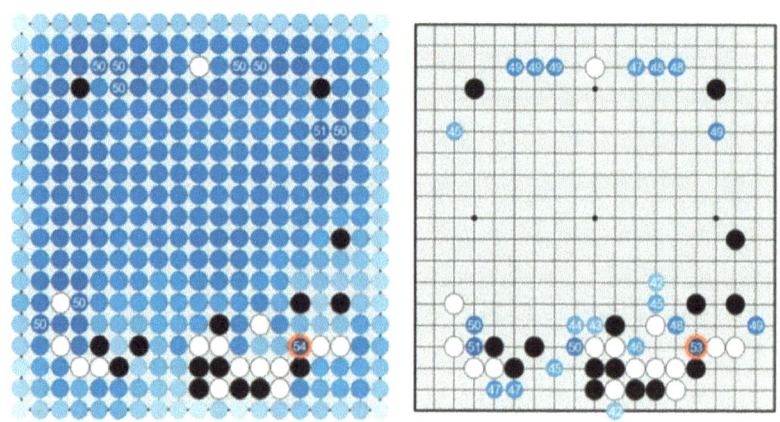

그림 2.18 알파고가 바둑을 학습한 내용.

그림 2.18은 알파고가 이세돌과 바둑을 둘 때 학습한 순서다. 기본적으로는 그림 2.17의 신경망을 여러 겹으로 연결한 것으로 빠른 학습을 위해 많은 컴퓨터를 병렬로 연결하여 계산한 것이 다르다.

그림 2.19는 이를 구현한 구글넷(GoogleNet)의 구조다.

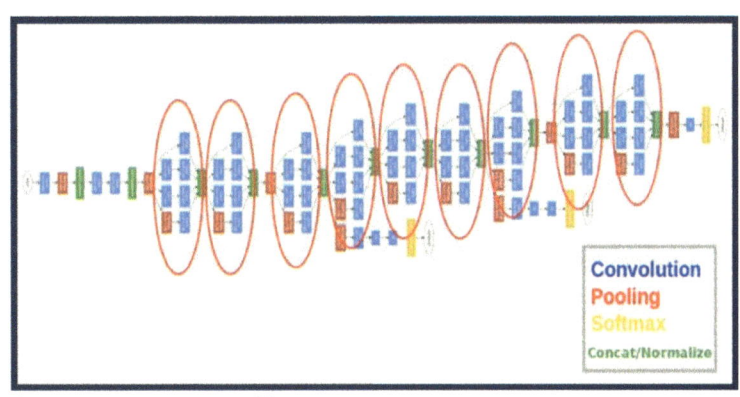

그림 2.19 GoogleNet 구조.

이러한 계산을 빠르게 하기 위해 GPU하드웨어를 사용하여 계산 속도를 높인다.

이 방법은 많은 정보 처리를 순식간에 할 수 있고 데이터만 있다면 의료 진단, 패션 디자인, 글쓰기, 통역, 오류 수정 등 매우 유용하게 응용이 가능하다.

따라서 무궁한 응용 때문에 파급효과가 매우 커서 각국이 기초 이론, 응용, 인재 양성, S/W 개발에 사활을 걸고 있다.

2023년 1월에는 챗GPT가 공개되어 큰 관심을 일으키고 있는데 말로 입력하면 논문, 소설 등 모든 것을 사람이 한 것과 같이 생성하여 교육계는 큰 걱정을 하고 있다.

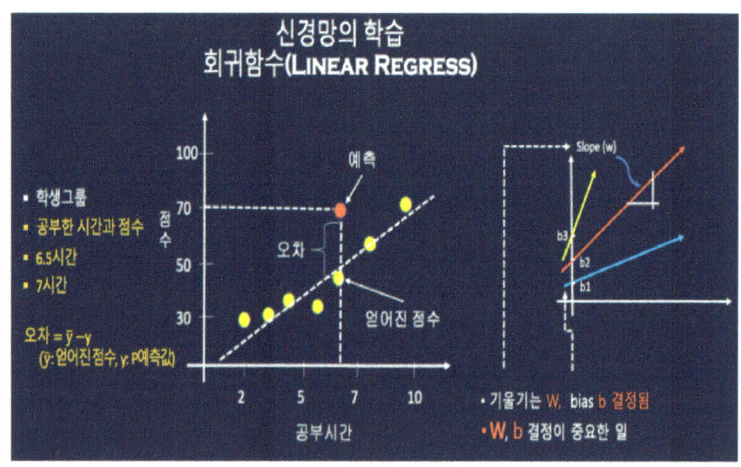
그림 2.20 신경망의 학습 원리.

그림 2.20은 딥러닝의 기초가 되는 신경망의 학습 원리를 나타낸다.
왼쪽 그림은 새로 전학 온 학생의 공부시간과 성적을 예측하는 것인데 이를 위해서는 기존 학생들의 공부시간과 성적 관계(데이터)를 알아야 한다.
기존 학생들의 공부시간과 성적에 관계된 데이터(노란 점)를 그래프로 그려 보면 기울기가 얻어지고 이를 바탕으로 새로 온 학생의 공부시간에 대한 성적은 붉은 점으로 예측된다.
여기서 기울기를 결정하는 값(w)와 초기값(b)이 오른쪽 그림의 직선 기울기에 중요한 영향을 미치는 것을 알 수 있다. w는 신경망의 가중함수, b는 신경망의 바이어스 값에 해당한다.
이와 같은 원리를 이용해 신경망은 오차를 계산하고 예측할 수 있다. 이를 신경망의 학습이라 한다.

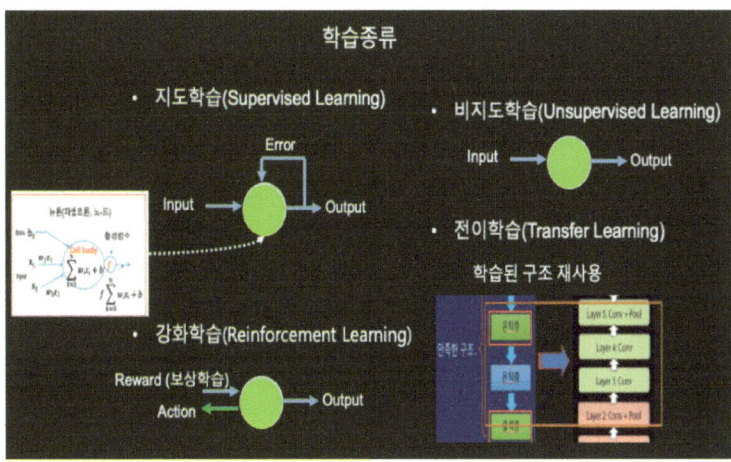

그림 2.21 신경망의 학습 종류.

신경망의 학습에는 그림 2.21과 같이 4가지 종류가 있다. 지도 학습은 출력의 일부 또는 전부를 다시 뉴론으로 피드백시켜 학습에 이용하는 것이고 비지도 학습은 입력을 받아 오차를 계산 한 후 출력하는 경우이다.

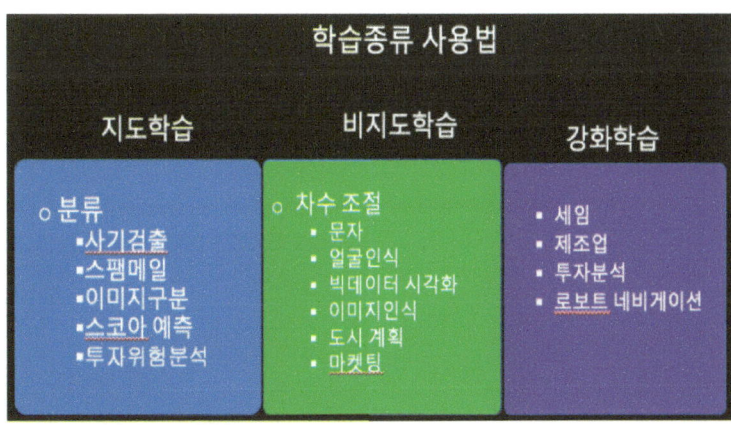

그림 2.22 학습의 종류.

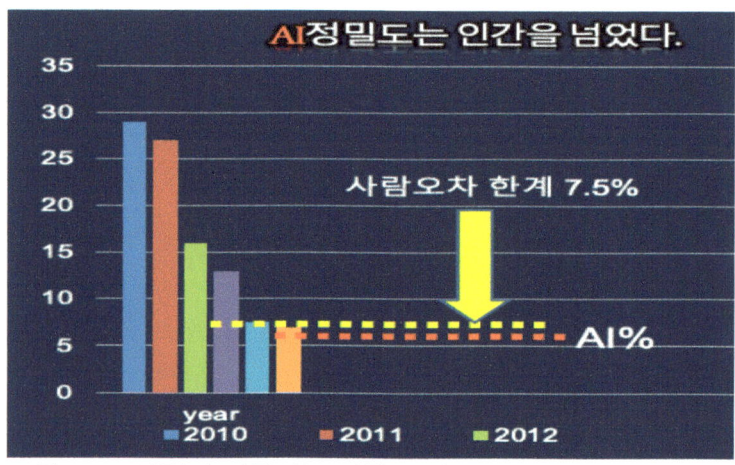
그림 2.23 사람과 인공지능 정확도 비교.

강화학습은 사용자가 제어할 수 있는 신호를 넣는 방식이고 전이학습은 이미 오차에 대한 계산 능력이 검증된 다른 망의 일부를 활용하는 방법이다.

그림 2.22는 신경망의 학습 종류 중 어느 영역의 학습이 적당한지를 나타낸다. 자기가 신경망을 이용해 무엇을 할 것인지(학습시킬 것인지)를 알아야 정확한 학습방법을 응용할 수 있다.

그림 2.23은 인공지능의 정확성을 나타낸다. 이미 2012년도부터 정밀도는 인간을 초월하고 있다. 인공지능은 인간을 초월한 정확성을 가져 데이터만 정확하면 인간을 넘는 예측을 할 수 있다. 다량의 데이터를 통해 학습하고 이를 바탕으로 상상을 초월하는 새로운 결과를 생성하는 것이다.

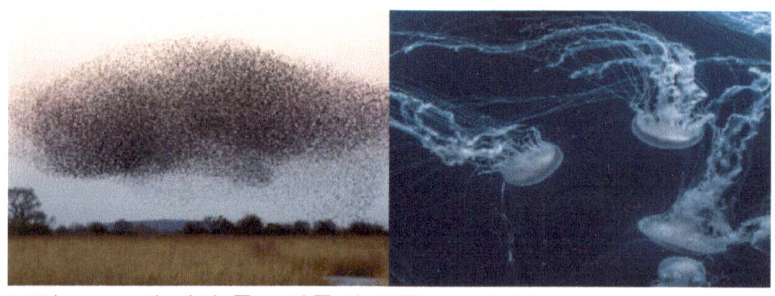
그림 2.24 새 떼와 물고기들의 인공지능 능력.

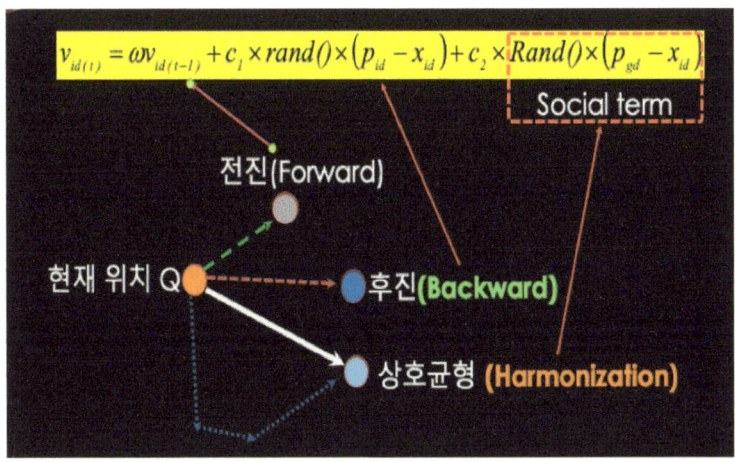

그림 2.25 새와 물고기들의 이동 현상을 이용한 최적화 인공지능 원리.

그림 2.24에서 새들이나 물고기들은 군을 형성하여 이동하는데 이때 속도와 방향을 잘 지키며 이동한다.

이러한 특징을 이용해 도출된 이론이 PSO(Particle swarm optimization)로 그림 2.25는 이를 수식화 하여 나타낸 방정식이다.

그림 2.26(a)는 박테리아 모양(원핵세포)이고 그림 2.26(b)는 이를 방정식으로 나타낸 것이다. 식을 보면 좋아하는 항과 싫어하는 항이 적당히 조화를 이루어 최적 출력을 나타낸다.

박테리아는 아주 단순하여 습도, 온도만 맞으면 살아남는다. 최적의 온도와 습도를 얻기 위해 무능한 개체는 제거(eliminate)하고, 협업이 가능한 개체는 활동하도록 격려(propagation)한다. 또, 우수한 개체에 대해서는 확대·재생산(reproductive success) 과정을 거쳐 승자만이 철저히 살아남는 특성을 갖는다. 또 살아남기 위해 빠르게 반응해야 한다. 박테리아로 병원균이 약에 내성을 갖는 이유다. 이러한 최적화 특징을 이용해 공학의 최적 문제를 푸는 데 이용된다.

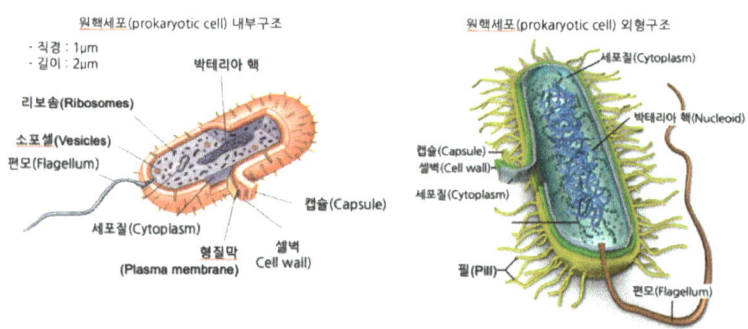

그림 2.26(a) 박테리아의 구조.

$$P_c(\phi) = \sum_{i=1}^{N} P_{cc}^i = \sum_{i=1}^{N}\left[-L_{attract}\exp\left(-\delta_{attract}\sum_{j=1}^{n}(\phi_j - \phi_j^i)^2\right)\right]$$

$$+ \sum_{i=1}^{N}\left[-K_{repellant}\exp\left(-\delta_{repellant}\sum_{j=1}^{n}(\phi_j - \phi_j^i)^2\right)\right],$$

$\phi = [\phi_1,...,\phi_p]^T$: 최적화하고자 하는 영역
$L_{attract}$: 박테리아간의 친화력
$\delta_{attract}$: 친화력함수
$K_{repellant}$: 박테리아간의 거부력
$\delta_{repellant}$: 거부함수

그림 2.26(b) 박테리아 인공지능 수식(필자 연구자료 중에서).

종래의 최적화 방법이 난해한 수학 공식으로 이루어져 이해 하기 어려웠으나 그림 2.26(b)의 식은 좋아 하는 항, 싫어 하는 항으로 이루어져 적당히 상수를 조절하면 최적화를 얻을 수 있다는 장점 때문에 필자가 연구를 하게 된 것이다.

환경이 변하면 사람들은 이것저것 검토를 하여 최적을 찾아야 하기 때문에 시간과 순발력이 떨어진다.

그림 2.27은 우리 몸의 면역 시스템이 병원균과 싸우는 형태를 인공지능으로 구현한 것으로 신경망과 유사하여 연구가 많이 진전되어 있으나 신경망과 같이 산업적으로는 활용되지는 않고 있다. 그러나 향후 매우 유망한 분야라고 판단된다.

표 2.1은 신경망과 면역 시스템의 특징을 나타낸 것인데 여러 부분에서 유사한 점이 많다.

면역 시스템이 신경망 못지않게 우수한 특징을 갖는다는 것을 우리 몸의 면역 특징을 간단히 이해만 해도 알 수 있다.

필자는 앞서 언급한 PSO, 박테리아 최적화 방법, 면역 시스템을 이용한 인공지능을 실제 공학 모델에 적용하여(자동화 분야) 논문을 여러 편 발표한 바 있다.

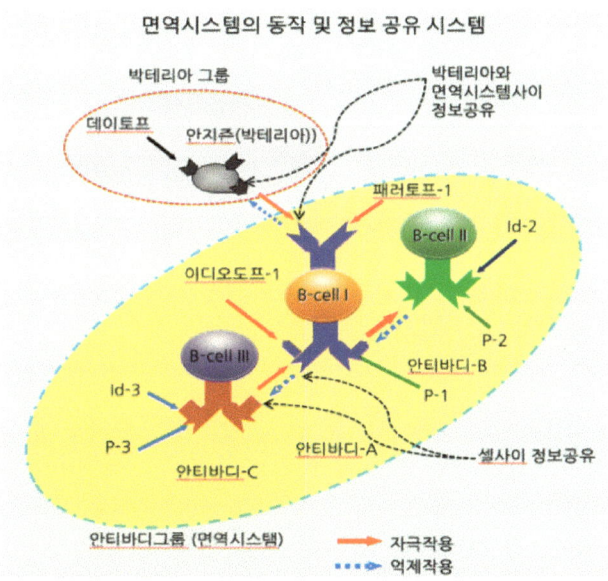

그림 2.27 면역시스템을 이용한 인공지능 구현 방법.

표 2.1 신경망과 면역 시스템의 특징 비교.

구분	신경망	면역 시스템
기본단위	뉴론	림프샘(B cell, T cell etc.)
기본단위 수	뇌에 약 1,010개 뉴론	사람 몸에 약 1,012개 림프샘
상호작용	뉴론 간 신호 연결	림프샘 간 화학작용
인식	이미지, 음성, 다른 신호로 인식	분자 레벨 화학작용으로 인식
작용	내장된 패턴과 새로운 인지 신호 구분	외부 병원체와 면역체 간 접속하여 판단
기억기능	시냅의 강도	림프샘의 활성화
임계치	뉴론의 여기(신호자극)	림프샘 화학작용 강도
강인성	매우 유연	자율능력
학습	국부 및 전체적으로 신호 전달하여 학습기능 발생	림프샘의 농도로 작용

2.7 인공지능(AI) 역사

그림 2.28은 인공지능 발달을 요약하여 나타낸 것인데 인공지능은 게임, 컴퓨터, 이론, S/W 등이 모두 종합적으로 연결되어 오늘날 얻어진 결과이다.

따라서 어느 것 하나만을 역사로 보는 것은 좋지 않다. 그림 2.28은 필자의 의견으로 중요하다고 판단되는 것을 요약한 것으로 다른 사람들은 다른 견해를 가질 수 있다.

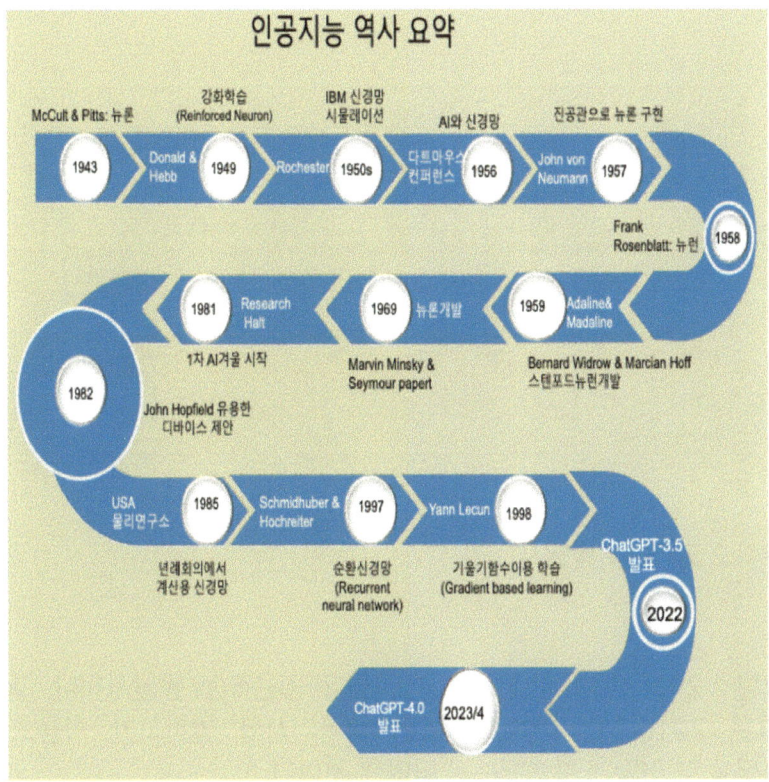

그림 2.28 인공지능 게임 발달사 요약도.

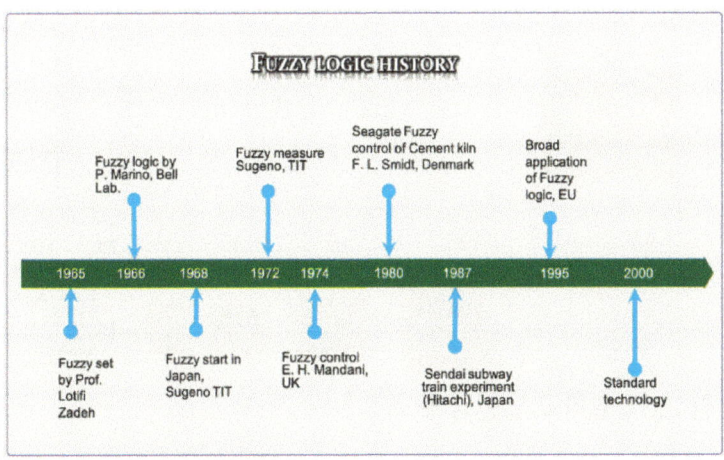

그림 2.29 퍼지로직 발달사.

생성형 AI 활용과 교육 (AI 및 챗 GPT 활용, 교육)

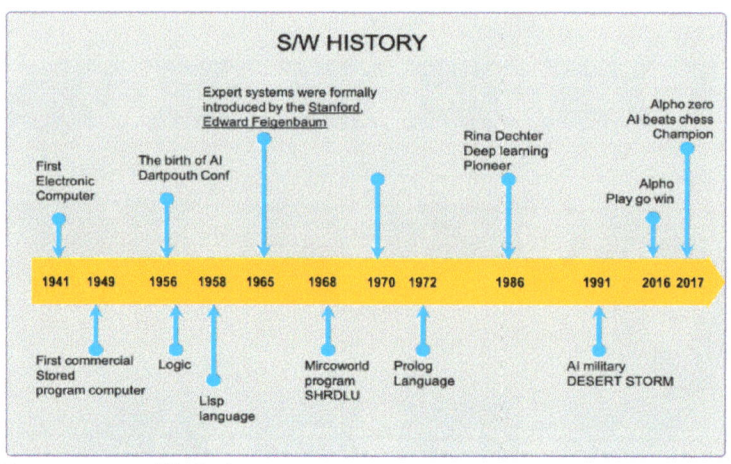

그림 2.30 S/W 발달사.

그림 2.29는 퍼지로직 발달사고, 그림 2.30은 S/W 발달사이다. 그림 2.31은 2016년도 3월에 이세돌 바둑기사와 알파고가 처음으로 대국했을 때 어떻게 학습했는지 나타낸 것이다.

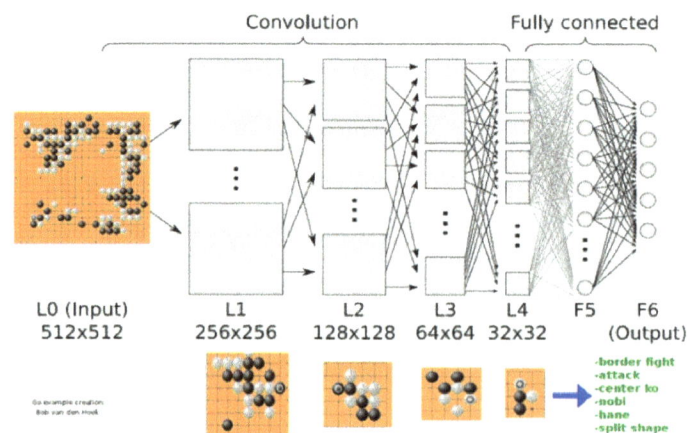

그림 2.31 알파고 딥러닝 구조.

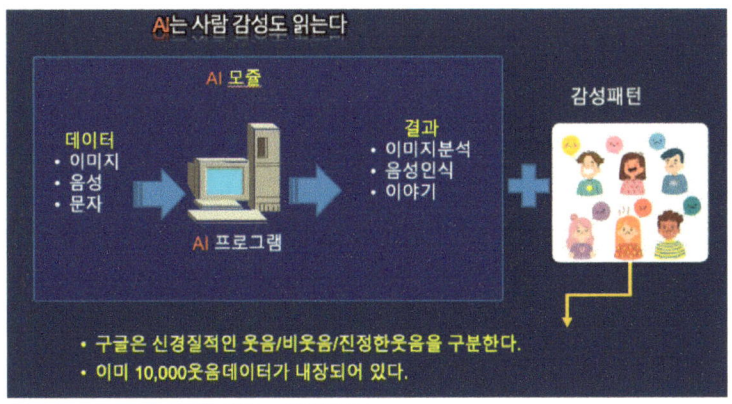

그림 2.32 감성을 읽는 인공지능.

이 사건을 계기로 인공지능의 위력이 전 세계에 알려졌고, 이후 인공지능 연구, 게임, 응용, 전략 수립 등의 방법들이 쏟아져 나오게 되었다. 이미 사건을 판단하는 것을 넘어 그림 2.32와 같이 사람의 감성을 읽는 수준까지 와 있다.

2.8 LLM, 생성형 인공지능 (Generative AI), 챗GPT 차이점?

자료를 읽다 보면 인공지능, LLM(Large Language Model), 생성형 인공지능, 챗GPT등이 나와 초보자들은 혼돈이 간다. 인공지능은 그림 2.11과 그림 2.12를 참고 하면 이해가 간다.

LLM은 그림 2.19와 같은 거대한 모델이 언어를 잘 이해 하도록 만들어진 모듈이고, 생성형 인공지능은 문장, 이미지, 비디오, 동영상 등을 생성 할 수 있도록 만들어진 말하자면 일반화된 인공지능 AGI (Artificial General Intelligence)의 한 구성 요소이다. 머신러닝 처럼 명시적 프로그래밍이나 데이터로 학습하는 것을 넘어 광범위하게 다양한 작업을 할 수 있다.

생성형 인공지능의 대표격을 챗GPT로 볼 수 있고 더 확장된 것이 AGI라 힐 수 있다.

제3장

인공지능(AI) 구현에 필수인 기술들

- 데이터는 왜 중요한가?
- 네트워크는 왜 중요하나?
- MMIT 기술은 왜 필요하나?

3.1 개요

4차 산업혁명의 핵심인 인공지능이 동작하기 위해서는 데이터, 네트워크, 디스플레이 기술 (MMIT) 등이 필요하다. 모든 생물들이 움직이기 위해서는 에너지(음식 등)가 필요하고 식물들이 자라기 위해서는 물, 공기, 햇볕이 있어야 하듯. 인공지능이 구동되기 위해서는 데이터가 꼭 필요하다. 자동차의 가솔린과 같다.

3.2 데이터란 무엇인가?

데이터가 새롭게 관심을 모으게 된 것은 인공지능 때문이다.
인공지능은 학습을 하여 그 결과를 제시하지만 데이터가 없으면 어느 것도 할 수 없다. 정확한 데이터가 입력되면 결과는 정확하게 제시되지만 오차나 틀린 데이터를 넣으면 결과는 엉터리가 된다. 여기서 정확한 데이터를 만들어야 하는 이유가 나온다.
지금까지 데이터가 없었던 것은 아니다. 우리 주위에 그동안 수많은 데이터가 존재해 왔으나 이들을 사용하고 방치해 왔을 뿐이다. Forbes에 의하면 한 사람이 대략 2017년 한 해에만 인류가 과거 5천 년 동안 생성해 온 데이터보다 더 많은 데이터를 생성한다고 언급하고 있다.
인공지능이 세상에 소개되면서 데이터의 중요성이 부각되었고 데이터도 인공지능이 이해를 할 수 있게 정련화 하든가 라벨링 하는 작업이 필요하게 된다.

그림 4.1은 인공지능과 데이터의 관계를 나타낸다. 데이터 없이는 아무것도 할 수 없기 때문에 데이터를 4차 산업혁명의 가솔린이라 부른다.

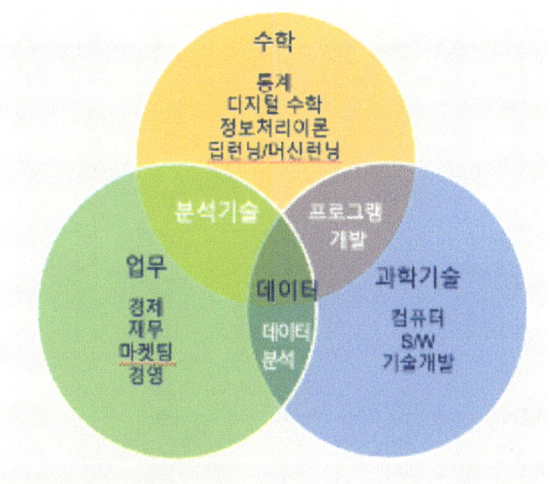

그림 3.1(a) 데이터 관련 영역.

그림 3.1(b) 데이터와 인공지능.

표 3.1 데이터의 표현.

이름	약자	숫자	부호
Yochto	y	10^{-24}	y
Zepto	z	10^{-21}	z
Atto	a	10^{-18}	a
Femto	f	10^{-15}	p
Pico	p	10^{-12}	p
Nono	n	10^{-9}	n
Micro	u	10^{-6}	u
Mili	m	10^{-3}	m
Byte	-	10^{0}	
Kilobyte	KB	10^{3}	K
Megabyte	MB	10^{6}	M
Gigabyte	GB	10^{9}	G
Terabyte	TB	10^{12}	T
Petabyte	PB	10^{15}	P
Extabyte	EB	10^{18}	E
Zettabyte	ZB	10^{21}	Z
Yottabyte	YB	10^{24}	Y

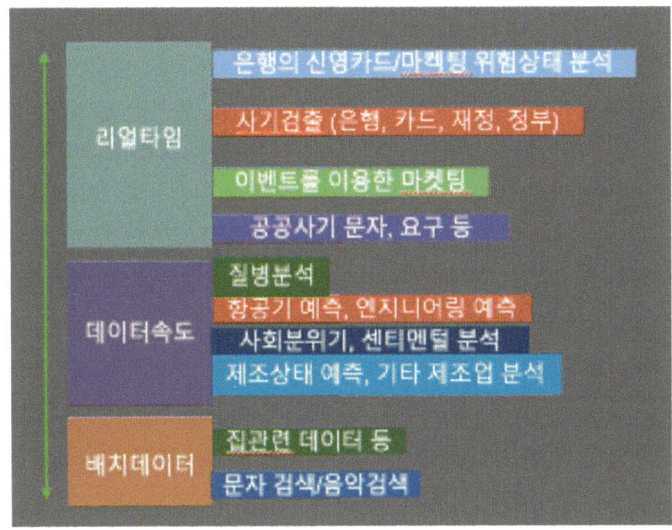

그림 3.2 데이터의 속도와 사용 방법.

그림 3.2는 데이터의 속도를 나타낸 것으로 사용 목적에 따라서 활용 속도가 다르다. 시급한 데이터는 실시간으로 사용하지만 그렇지 않은 데이터는 굳이 실시간 데이터를 사용할 필요 없다.

매일 우리들은 2.5 Atto(quintillion bytes, 표 4.1)의 데이터를 생성하고, 스마트폰, 태블릿, 컴퓨터 등을 사용하기 때문에 기하급수적으로 데이터는 증가하고 있다.

데이터를 가장 효과적으로 활용한 사례로 2012년 당시 오바마 대통령의 선거를 들고 있다. 당시만 해도 데이터를 적극적으로 이용하는 분위기가 아니었으나 오바마 대통령은 페이스북, 인스타그램 등 다양한 소셜 네트워크 데이터를 적극 활용해 분석하고 지지가 낮은 곳을 집중적으로 유세하였다.

데이터는 모았다고 모두 사용할 수 있는 것이 아니고 모든 데이터를 인공지능이 인식할 수 있도록 라벨링(이름을 붙이는 것)하는 작업이 필요하다. 사진 이미지에서 물체를 인식하도록 하기 위해서는 이미지 위에 사람 또는 자동차 등의 객체의 위치를 구분 할 수 있는 박스를 그리고, 해당 박스가 사람인지 자동차인지 분류하기 위해 주석을 달아 주어야 한다.

라벨링 방법은 대상 물체에 따라서 방법이 달라 다양한 방법들이 사용된다. 즉, Bounding Box(물체를 직사각형 모양의 박스 안에 포함되도록 그리는 작업), Polygon(다각형 모양으로 객체의 가시 영역 외곽선을 따라 점을 찍어 그리는 방법), Polyline(여러 개의 점을 가진 선을 활용하여 특정 영역을 구분하여 인도, 차선 등을 구분할 때 사용), Point(특정 지점을 라벨링하는 작업으로 안면 인식을 통한 감정 분석과 같이 정밀하고 섬세한 작업을 할 때 사용), Cuboid(2D로 작업할 수 없는 3D 객체들을 정육면체로 생성하는 라벨링 방법), Body(전체적인 모션 캡처나 이상행동 등 사람의 움직임을 검출할 필요가 있을 때 몸에 객체를 생성하는 방법), Face(얼굴의 특징점을 검출할 필요가 있는 경우 얼굴에 객체를 생성하는 방법), Hands(수어 등의 손의 움직임을 파악하기 위해 손의 마디를 검출할 필요가 있는 경우 사용) 등이 있다.

이들 라벨링은 모두 관련 S/W를 이용하여야 하고 많은 툴들이 나와 있다. 최근에는 이런 라벨링을 해 주는 인공지능 툴도 많이 나와 있다.

최근 정부에서 추진 중인 데이터 구축사업도 가솔린과 같은 데이터가 있어야 인공지능 기반 사회로 갈 수 있기 때문에 하고 있는 것이다.

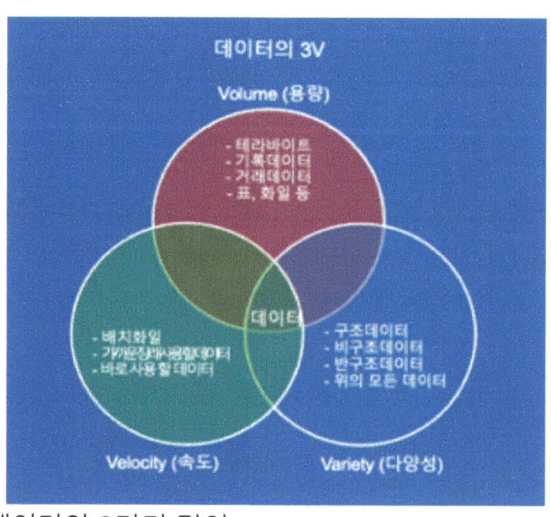

그림 3.3 데이터의 3가지 정의.

얻어진 데이터는 정밀도가 어느 정도인지, 현실과 맞는지 등의 검증 작업도 필요하나 이 분야에 대한 연구나 지원은 미미한 실정이다.
데이터도 학문이다.
많은 공부가 필요하다.
또, 중요하기 때문에 직업을 얻기 위해서는 공부를 더 하여야 하나 본 책에서는 개략적인 것을 기술하는 것이 목적이어서 더 이상 상세한 자료는 독자들이 다른 문헌을 참고해 주기 바란다.
필자의 경우 한국의 데이터허브(https://www.aihub.or.kr/)에서 공공데이터를 받아서 한국인의 웃음패턴(행복, 슬픔, 기쁨 등)과 표정 관계를 딥러닝으로 구분하여 국제 학술지에 기고한바 있다. 또 이를 이용해 다른 데이터(https://www.nature.com/articles/s41597-022-01262-0)를 이용한 것과 비교해 연구한 바 있다.

3.3 네트워크

네트워크는 최근 인터넷으로 보면 쉽게 이해가 간다. 그러나 이런 기술이 구축되기 전까지는 많은 영역에서 연구가 진행되어 왔다.
네트워크는 경제, 사회, 모든 영역에서 필수가 되기 때문에 ITU는 ICT index에 이를 포함시키고 있다.
인터넷 사용자와 그 인프라에 따라서 국가의 경제 척도와 발전 정도를 예측할 수 있기 때문이다.
초기 인터넷 역사는 ARPANET란 이름으로 1961년도에 Leonard Kleinrock가 컴퓨터 네트워크라고 언급하였으나 실질적으로 구현된 것은 1962년도 첫 번째 통신위성Telstar(1962) 덕분이다.
그 후 여러 단계를 거쳐 2003년도에는 Wi-Fi 기술이 도입되었다. 인공지능은 많은 데이터를 빠르게 학습하고 계산하기 위해서는 많은 GPU를 묶어 통신을 하여야 하기 때문에 고성능 네트워크는 필수다. 5G를 구축하고 6G를 개발하고자 하는 이유도 여기에 있다.
네트워크가 준비되지 않은 후진국들이 인공지능 성과가 안 나오는 이유도 네트워크가 구축되지 않았기 때문이라고 볼 수 있다.
빠른 인터넷은 데이터 전송속도가 빠르기 때문에 스마트 시티, 스마트 공장, AR/VR 등 구축에 필수적이다.

그림 3.4 IBM이 제시한 미래의 네트워크(필자가 재구성한 그림).

3.4 MMIT 기술

　MMIT(Man-Machine Interface Technology)은 사람이 직접 보고 접촉하는 분야를 일컫는다. 텔레비전을 보면 영상 장치로 간단하게 취급하지 않고 얼마나 사람이 보기 편하고 건강에 이로운지를 평가하고 판단하여 만드는 것과 같다.
　컴퓨터, 모니터, AR/VR장치의 윈도우 등은 단순히 보여 주는 것에서 편리하고 효과적인 시각효과가 나타나도록 하여야 한다.
　이 기술은 단순히 디자인이 아니라 관련된 S/W, 동작 영역, 데이터 처리, 컴퓨터 프로그램, 시스템과의 통신, 대시보드 등이다.
　자동차의 경우 운전자는 엔진, 핸들, 조명, 에어컨, 스테레오 및 그 밖의 다양한 요소들을 운전 중 조작하게 되는데 고속 주행 시에는 잘못 조작하면 큰 사고로 이어진다. 따라서 자동차 회사는 이를 방지하기 위해 조작을 쉽고 사고가 나지 않도록 설계한다. 최근 자동차 회사들이 신차에 혁신적인 디스플레이 장치를 다는 이유도 여기에 있다.
　대형시설의 SCADA(Supervisory Control and Data Acquisition) 시스템, 멀티 터치(Multi-Touch) 스마트폰, 디지털 그래픽을 이용하는 증강현실(AR), 가상현실(VR) 기술 등에 필수로 요구되는 첨단 기술이다. 극장용 4DX로 는 입체진동, 입체음향 등을 구현하도록 하는 기술은 MMIS의 극치라 할 수 있다.

그림 3.5(a) 극장용 4DX MMIS.

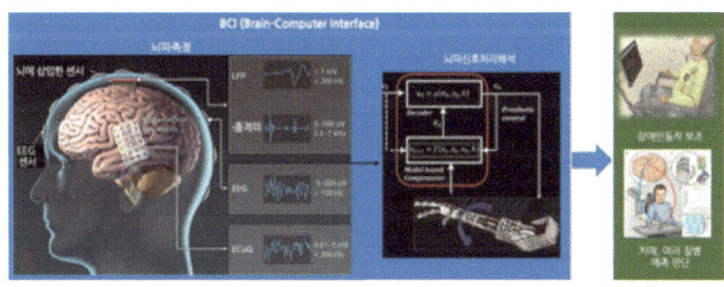

그림 3.5(b) BCI(Biometric Computer Interface).

BCI는 그림 4.5와 같이 뇌파와 컴퓨터를 연계시켜 동작할 수 있도록 하는 MMIS의 일종으로 볼 수도 있다. 매우 유망한 분야로 일종의 의과학 분야지만 인터페이스 기술도 중요하게 취급된다. 최근 일론 머스크가 사람의 뇌에 반도체 칩을 꽂아 생각에 따라서 동작하는 로봇을 연구하는 중이라는 보도를 최근에 낸 바 있다.

3.5 미래 유망 기술들

3.5.1 개요

미래 유망 기술내용은 보는 시각과 생각하는 방법에 따라서 매우 다르다. 인공지능 연구나 교육 측면에서 살펴 보아야 한다.

따라서 각 나라는 물론 개인에 따라서 정의와 내용이 다르다.

3.5.2 미국의 미래 기술 정의

미국 정부는 2018년 11월 19일 미래 기술에 대한 내용을 발표하였다.(the Department of Commerce published an Advanced Notice of Proposed Rulemaking(ANPR))
ANPR는 14개 항목을 선정하고 발표하였는데 다음과 같다. 간단히 한글로 번역할 수는 있으나 원문이 더 효과적일 것 같아 그대로 소개한다.

▶ Biotechnology, such as:
- Nanobiology;
- Synthetic biology;
- Genomic and genetic engineering; or Neurotech.

▶ Artificial intelligence (AI) and machine learning technology, such as:
- Neural networks and deep learning (e.g., brain modeling, time series prediction, classification);
- Evolution and genetic computation (e.g., genetic algorithms, genetic programming);
- Reinforcement learning;
- Computer vision (e.g., object recognition, image understanding);
- Expert systems (e.g., decision support systems, teaching systems);
- Speech and audio processing (e.g., speech recognition

and production);
- Natural language processing (e.g., machine translation);
- Planning (e.g., scheduling, game playing);
- Audio and video manipulation technologies (e.g., voice cloning, deep fakes);
- AI cloud technologies; or
- AI chipsets.
- Position, Navigation, and Timing (PNT) technology.

▶ Microprocessor technology, such as:
- Systems-on-Chip (SoC); or
- Stacked Memory on Chip.

▶ Advanced computing technology, such as:
- Memory-centric logic.

▶ Data analytics technology, such as:
- Visualization;
- Automated analysis algorithms; or Context-aware computing.

▶ Quantum information and sensing technology, such as Quantum computing;
- Quantum encryption; or
- Quantum sensing.

▶ Logistics technology, such as:
- Mobile electric power;
- Modeling and simulation;
- Total asset visibility; or
- Distribution-based Logistics Systems (DBLS).

▶ Additive manufacturing (e.g., 3D printing)

▶ Robotics, such as:
- Micro-drone and micro-robotic systems;
- Swarming technology;
- Self-assembling robots;
- Molecular robotics;
- Robot compliers; or
- Smart Dust.

▶ Brain-computer interfaces, such as:
- Neural-controlled interfaces;
- Mind-machine interfaces;
- Direct neural interfaces; or
- Brain-machine interfaces.

▶ Hyper sonics, such as:
- Flight control algorithms;
- Propulsion technologies;
- Thermal protection systems; or
- Specialized materials (for structures, sensors, etc.).

▶ Advanced Materials, such as Adaptive camouflage;
- Functional textiles (e.g., advanced fiber and fabric technology); or
   - Biomaterials.
- Faceprint and voice print technologies.

3.5.3 EU의 미래 기술 정의

EU 는 9개 항목을 선정하고 그 내용을 소개하고 있다. 자세한 내용은 이 사이트에 가면 알 수 있다.

- Arts and Science
- Biotechnologies
- Data analysis and FET promotion
- Global System Science
- Green technologies
- Medical and Neuro-technologies
- Nanotechnologies
- Quantum technologies
- Robotics

3.5.4 세계경제포럼(WEF)의(추가) 정의

세계경제포럼은 2019년도에 다음과(다음과) 같은 10개 항목을 미래 기술로 소개하였다.
① Bio-plastics for a circular economy
② Social robots
③ Metal lenses
④ Disordered proteins as drug targets
⑤ Smarter fertilizers
⑥ Collaborative telepresence
⑦ Advanced food tracking and packaging
⑧ Safer nuclear reactors
⑨ DNA data storage.
⑩ Utility-scale storage of renewable energy

3.5.5 MIT의 미래 기술 2020 정의

① Satellite Mega-Constellations
② Tiny AI
③ AI-Discovered Molecules
④ Quantum Supremacy

⑤ Climate Change Attribution
⑥ Anti-Aging Drugs
⑦ Unhackable Internet
⑧ Digital Money
⑨ Hyper-Personalized Medicine
⑩ Differential Privacy

3.6 한국의 미래 기술 정의

한국은 매년 미래 기술에 대한 정의를 소개한다.
한국과학기술정책연구소 (STEPI: S&T Policy Institute) 와 한국과학기술정책평가연구원 (KISTEP: Korea Institute of S&T Evaluation and Planning) 이 하고 있다. 2024년도 한국과학기술정책연구원이 발표한 10대 미래기술은 다음과 같다.

- 디지털 농업
- 태양광 페널 재 활용
- 차세대 맞춤형 항체
- 스마트 감영 모닐터링 소류션
- 신재생에너지 산업용 드론
- 바이오 안전성 시험
- 수소에너지 저장
- 그린 암모니아
- 우주로봇
- 바이오 폴리머

여기서 소개한 미래 기술들은 매년 소개하기 때문에 연도에 따라서 내용은 조금씩 다르다. 그러나 흐름은 파악할 수 있어 미래를 준비하는 젊은 사람들은 어떤 전공을 하여야 할지 가늠을 할 수 있다.

제4장

인공지능(AI)과 윤리

- 왜 인공지능에 윤리가 중요한가?
- 어떻게 윤리를 가르쳐야 하나?
- 언제 가르쳐야 하나?

4.1 인공지능(AI) 윤리 개요

4차 산업혁명이 부각되면서 윤리 문제가 새로운 문제로 대두되고 있다.
왜 그럴까?
4차 산업혁명에서 새롭게 부상하는 첨단 기술은 인공지능, 블록체인, IoT, 챗GPT등 인데, 이들 기술들은 윤리가 고려되지 않으면 인류를 해칠 수 있는 무기로 변질되기 때문이다.

4.2 부상하는 첨단 기술과 윤리

인공지능이 매우 혁신적인 기술인 동시에 그에 못지않게 위험도 있다. 지금까지의 방법과는 다른 방법으로 인류에게 큰 피해를 줄 수 있어 윤리에 대한 교육이 절실하다.
인공지능은 많은 방법으로 인류에게 해를 줄 수 있다. 따라서 학습데이터가 부족하거나 얻기 어려운 데이터를 가공활용 할 경우는 편향된 결과를 나타낼 수 있다.

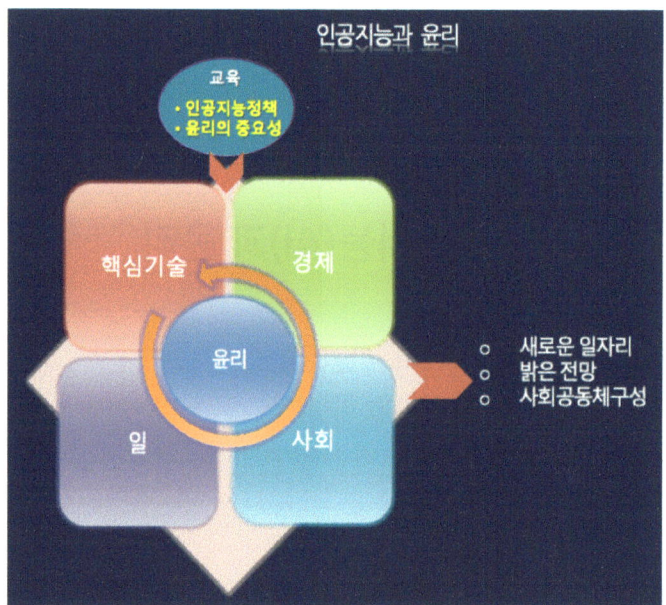

그림 4.1 윤리와 첨단 기술 균형.

① 데이터 활용을 통한 모방 : 남의 데이터를 부분적으로 조작하거나 변형할 경우는 참값에 가까운 결과를 제시할 수 있다. 지금의 딥러닝 기술로도 원형을 모방하거나 변형하는 일이 가능하다. 또 명화를 일부 변경할 수 있어 전문가가 아니면 판단키 어려울 정도로 그 모방이 정교하다.

② 인물 사진 모방 또는 가상인간 : 아주 정교한 방법으로 사진을 모방한다거나 일부 변경하는 일이 가능하다. 이러한 방법을 이용하여 범죄나 모의 인간을 이용하여 범죄를 일으킬 가능성이 있다.

③ 편향된 데이터에 의한 통계 제시 : 인공지능은 다양한 데이터를 이용해 학습을 거쳐 통계 결과를 제시하는 것이 근본적인 기술이다. 즉, 디지털 프라이버시(Digital Privacy(DP)) 문제가 크게 야기될 수 있다. 미국과 유럽연합은 이를 법으로 정하고 있다.

인공지능 시대에는 많은 기술이 가져다 주는 이익이 있지만 그에 따르는 윤리 문제도 매우 중요하여 다방면에서 윤리를 정하여야 하고 가르쳐야 한다.

인공지능 윤리는 인문·사회 계열의 전공자들이 시도하면 매우 유망한 분야로 판단된다. 전자게임이 단순 오락에서 지금은 전자 스포츠로 발전하면서 많은 일자리, 전공자들의 확대가 있었듯이 지금은 초기 단계이므로 인공지능 관련 법, 윤리, 사회문제문제, 경제문제, 일자리 변화 등에 대해 연구하면 새로운 길에서 독보적인 자리를 만들 수 있다. 최근에는 필자도 경제에 대한 영향력을 조사하여 논문을 낸 바 있다.

제5장
각국의 인공지능(AI) 정책

- 인공지능 정책은 왜 중요한가?
- 각국은 왜 인공지능을 중요한 국가 정책으로 추진하는가?
- 어떻게 추진하여야 하는가?

5.1 인공지능(AI) 정책 개요

어느 나라이든 좋은 국가의 정책이 있어야 발전한다. 인공지능이 국가나 산업에 미치는 영향이 막대하기 때문에 선진 각국은 거의 모두 인공지능 정책을 강력히 추진 중이다.

인공지능은 경제, 일자리, 빈곤 해결 등 지속가능한 발전에 미치는 영향이 크다고 판단하여 유엔(The United Nations), ITU, 미국 등은 모두 인공지능을 중요한 정책으로 추진 중이다.

5.2 미국의 인공지능(AI) 정책

미국은 2019년 3월 19일 연방정부 차원에서 정책이 추진되었다. 중국이 2017년도에 시작한 것에 비해 다소 늦은 편이다.

당시 트럼프 대통령은 2019년 11월 미국이 인공지능을 주도권을 달성하기 위한 실행 명령을 내렸다.

다음과 같은 내용이 포함되어 있다.

① 세부적으로 기술 개발/시행 추진
② 표준화
③ 인공지능 응용을 위한 훈련
④ 인공지능의 공공 증진 및 안보

5.2.1 연방정부의 인공지능(AI) 연구 예산

2020년도 회계에서 예산은 $1 billion(1조 3,000억 원, 2022년 9월 환율 적용 시)이었다.

2024년도 예산에 바이든 정부가 신청한 예산은 다음과 같다. 안공지능 예산만 보면 1,831백만달러(약2조4천5백 : 2024.2.월 환율기준)이다.

2025년 1월 21 취임한 트럼프는 인공지능을 국가 안보와 경제적 리더십의 핵심 전략으로 추진한다고 발표 하고 있다. 오바마 행정부 시절 2016년 처음으로 인공지능을 전략 기술로 규정하고 국가 연구개발 전략을 수립 했고 이어 트럼프 1기와 바이든 행정부를 거치며 연속적으로 추진하였다.

트럼프 2기 행정부는 인공지능을 국가 안보와 경제적 리더십의 핵심 전략으로 정책 방향을 이어받아 추진하고 있다.

5.2.2 백악관의 대응

2018년 5월, 당시 트럼프 대통령은 인공지능 발전에 대한 최고회의를 개최하였다. 이 회의에서 미국은 최고의 주도권을 잡기 위한 정책을 추진한다고 선언하였다.

5.3 유럽연합의 인공지능(AI) 정책

유럽연합(EU)이 인공지능을 적극적으로 대처하게 된 것은 2016년도 부터이다.

그림 5.1 유럽연합의 보고서 일부.

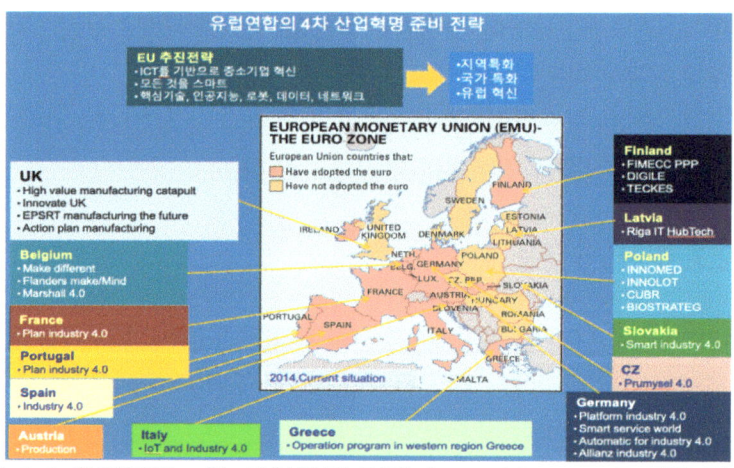

그림 5.2 유럽연합 4차 산업혁명 전략.(2016년 EU 보고서를 필자가 정리한 것임)

그림 5.1은 2016년 유럽연합에서 발간한 보고서 중 일부다. 2016년 당시 유럽연합은 유럽의 경제를 이끌어 갈 첨단 기술이 미국에 비해 늦을 뿐만 아니라 부상하는 아시아의 경제 패턴에 유럽이 대응하기 위해 보고서를 발간하였다.

이탈리아는 유럽연합 중에서도 경제사정이 좋은 편임에도 불구하고 그림 5.1과 같이 미국의 3대 ICT 회사인 구글, 아마존, 애플의 합계

매출보다 수출이 더 적다. 이에 유럽연합은 충격을 받고 그림 5.2와 같은 전략을 수립하였다. 역사적으로 많은 유적에 의한 관광과 전통산업에 의존하던 경제에 한계가 있음을 인식하고 연구개발을 통한 새로운 시장의 창출 중요성을 인식한 것이다.

그림을 보면 유럽연합의 각 국의 인공지능 정책(4차 산업혁명) 이름은 각 국가 마다 다르나 목표는 같다. 각 국의 특성에 맞는 정책을 추진하여 주도권을 잡되 전체적으로는 유럽연합 정책에 맞는 목표를 달성한다는 전략이다. 즉, 디지털화, 기술 재편을 위한 협력 구축(Build a European Coalition for Reskilling and Digitizing Industry), 디지털 허브, 발전모델, 훈련네트워크 개선(Upgrade the network of Digital Innovation Hubs, skills development, and training)이다.

그림 5.2에서 추진 단계를 보면 한국에서 실천하고 있는 정책과 같이 인공지능, 로봇, 인터넷 등의 내용임을 알 수 있다.

표 5.1은 각국의 인공지능 정책발표를 요약한 것이다.

표 5.1(a) 각국의 인공지능 정책.

국가	내용
스페인	2019년 3월 AI 전략 발표
핀란드	2019 6월 AI 선도국가 전략 발표
인도네시아	2019년 10월 스마트 인도네시아 전략 발표
오스트리아	2019년 6월 오스트리아 2030 AI 전략 발표
덴마크	2019년 국가 중요 4대 목표 중 하나로 AI 선정
헝가리	2019년 10월 AI 액션 플랜 발표
호주	2019년 11월 보건에 특화된 AI 로드맵 발표, 2030년까지 161,000명 AI 전문가 양성계획 발표
몰타	2019년 10월 2030년까지 AI 비전 전략 발표
에스토니아	2019년 6월 국가 AI 전략 채택
필리핀	2019년 11월 AI 로드맵 발표
벨기에	2019년 3월 AI 4 시작
콜롬비아	2019년 11월 디지털 트랜스폼 AI 초안 발표
리투아니아	2019년 4월 AI 전략 발표
폴란드	2019년 11월 AI 전략 발표

생성형 AI 활용과 교육 (AI 및 챗 GPT 활용, 교육)

미국	2019년 2월 정부 안보 차원에서 전략 발표
체코	2019년 5월 국가 AI 전략 발표
룩셈부르크	2019년 5월 AI 전략 시작
포르투갈	2019년 2월 AI 2030 발표

표5.1(b) 유럽연합 2023년도 인공지능 예산(순수한 인공지능 예산만 1,831백만 유로(약2조4천5백억 : 2024.2환율기준, 2025. 2?)

Category	FY22 Enacted	FY22 Supp	FY23 Biden Budget
Advanced communications Networks and Systems	555	28	660
Artificial Intelligence	1734	0	1831
Computing enabled Human Interaction	635	4	650
Computing enabled Network Systems	178	0	222
Cybercurity and Privacy	692	3	718
Education and Workface	340	0	382
Electronics for Networking and IT	482	0	825
R&D for High-capability computing systems	479	36	517
High-capability Computing Infrastructure	1573	92	1813
Intelligent Robotics	354	5	386
Large-scale Data Management and Analysis	1243	7	1321
Software Productivity and Quality	308	11	292
Total	8,573	186	9,616

5.4 독일의 인공지능 (AI) 정책

독일 연방 정부는 인공지능 정책전략 보고서를 발간하고(Artificial Intelligence Strategy of the German Federal Government) 2020년 내용을 수정하였다. 이 내용에는 연구개발, 교육, 허브구축, 센터 구축 등에 대한 모든 내용이 들어 있다. 독일 정부는 2024년도에 약 10억유로(약1조4천3백억)를 책정하고 있다.

5.5 영국의 인공지능(AI) 전략

영국은 2021년 9월 국가 인공지능 전략 보고서를 국회에 제출하여 전략을 완성하였다.(National AI Strategy : The Secretary of State for Digital, Culture, Media, and Sport by Command of Her Majesty(Sept 2021))
표 5.2는 영국의 주요 내용을 필자가 한글로 요약한 것이다.

표 5.2 영국의 인공지능 전략.

구분	AI 생태계를 위한 투자	모든 영역과 지역에 대한 AI 공유전략	효과적인 AI를 위한 정책
단기 (3개월)	폭넓은 경제를 위해환 쉽게 데이터 접근을 위한 정부 법제화	AI 기반 건강/사회문제 해결위한 국가전략 초안 입안	AI를 위한 법제화
단기 (3개월)	국가 사이버 구축을 위한 자문 및 선택	국방부의 AI 국방 전략 수립	폭넓은 AI를 위한 데이터 역할 결정
단기 (3개월)	데이터과학 및 디지털 구축에 따른 교육기능 강화	AI 관련 특허 컨설팅/자문	AI이용영(단어 확인해 주세요)/채택을 위한 국방에 대한 자세한 내용 발표

생성형 AI 활용과 교육 (AI 및 챗 GPT 활용, 교육)

단기 (3개월)	데이터과학 및 디지털 구축에 따른 교육기능 강화	AI 관련 특허 컨설팅/자문	국제 활동에 대한 모든 내용 정부의 모든 부처 역할
중기 (6개월~)	어떤 분야에 AI 고용인력 필요한지 연구 발표	전 경제 영역에 AI 기회 확산되도록 연구 발표	AI 규제, 법률에 대한 혁신 백서 발간
중기 (6개월~)	AI 사용 활성화에 민간투자를 위한 필요사항/문제점 분석	어떻게 AI 능력을 제고하고 협력과 홍보할 것인지 다각적으로 검토	전 국가 표준화 개발 검토에 대한 심도 있는 분석 완성
중기 (6개월~)	학교에서 AI 프로그램 교육 위한 국가 컴퓨팅 센터 지원	개도국에 대한 제한적인 혁신을 위한 영국 지원	글로벌 표준에 맞게 AI 표준 초안 완성
중기 (6개월~)	다양한 계층이 AI관련 직업으로 진입하도록 지원	AI 도전문제에 대한 세계에 개방 (문장 확인해 주세요)	AI 안전의 정부 인식 제고 위한 폭넓은 공감대 구축
중기 (6개월~)	AI 연구 위해 US-UK 협력 선언	AI 도전문제에 세계에 개방	AI 안전의 정부 인식 제고 위한 폭넓은 공감대 구축
중기 (6개월~)	AI혁신, 상업화, 확장을 위한 영국 컴퓨팅 능력 검토 발표	AI 도전문제 세계에 개방 (문장 확인해 주세요)	AI 안전의 정부 인식 제고 위한 폭넓은 공감대 구축
중기 (6개월~)	세계적인 AI 인재 영국 유입 위한 새로운 비자 제도	AI 도전문제에	AI 안전의 정부 인식 제고 위한 폭넓은 공감대 구축
장기 (12개월~)	반도체 공급 연결 검토	고도의 기술과 낮은 기술에서 AI를 채택하도록 지원하기 위한 AI 프로그램 사무소 개소	AI 기술 표준화 개발 공유

장기 (12개월~)	AI 모델이 읽을 수 있는 정부 데이터 개방	적합하고 투명한 방법으로 지속적으로 신뢰를 가지고 지원	UK 가치와 주도권을 위해 다양한 방법으로 가치공유/투자 지원
장기 (12개월~)	폭넓은 인프라 구축 위한 국가 AI 연구 혁신 프로그램시작	AI가 도전적인 문제에 기여하도록 전 정부 부처가 지원	민간 영역에서 AI 윤리 안전 위해 연구소와 공동으로 가이드라인 제정
장기 (12개월~)	세계적인 AI 핵심지역에 도전문제에 대한 글로벌 파트너십	AI가 도전적인 문제에 기여하도록 전 정부 부처가 지원	AI 안전과 위험에 대해 전 민간인이 이해하도록 보안, 국방, 연구자들과 공동으로 추진
장기 (12개월~)	AI 및 데이터에 대한 석, 박사 과정을 기존과 다양하게 연계	AI가 도전적인 문제에 기여하도록 전 정부 부처가 지원	AI 안전과 위험에 대해 전 민간인이 이해하도록 보안, 국방, 연구자들과 공동으로 추진
장기 (12개월~)	업무(사업) 개방과 관련하여 국가안보를 위한 보안 및 투자 모니터링	AI가 도전적인 문제에 기여하도록 전 정부 부처가 지원	AI 안전과 위험에 대해 전 민간인이 이해하도록 보안, 국방, 연구자들과 공동으로 추진

2024년도 예산은 500만파운드(약 8천4백억원)이다.

5.6 일본의 인공지능(AI) 정책

일본은 2019년도에 정책이 완비된 것으로 볼 수 있다. 그림 5.3은 일본 정부의 전략 보고서를 필자가 요약한 것이다. 그림 5.4는 일본 인공지능의 분석 결과를 나타낸다. 일본정부는 2024년도 인공지능 예산에 132억달러(1조7천6백억원)을 책정하고 있다.

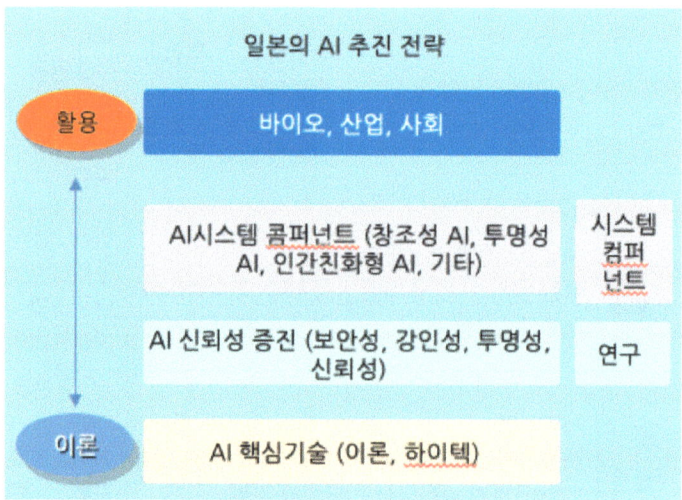
그림 5.3 일본의 인공지능 전략.

그림 5.4 일본 인공지능 SWOT 분석.

5.7 중국의 인공지능(AI) 정책

중국은 2017년, 세계에서 가장 먼저 인공지능 정책을 수립한 나라다.(New Generation Artificial Intelligence Development Plan(新一代人工智能发展规划)). 이 정책에 의해 2030년까지 US$1500억(약 250조 원, 2025. 2. 환율)을 투자하겠다고 발표했다.

2019년 5월에는 인공지능 베이징 선언(Beijing AI Principles)이 발표되었다. 이것은 베이징에 있는 모든 기관을 인공지능을 위해 협력체제로 하겠다는 내용이다. 베이징대학, 칭화대학, 중국과학아카데미, 알리바바, 텐센트, 15개 기관이 협력기관으로 참여하여 인공지능에 협력하겠다는 선언이다.

국가의 주도적인 정책에 의해 중국은 미국에 이어 제2의 인공지능 국가가 되었고 2025년 1월 21일 설 연휴기간에 딥시크를 발표 해 전 세계를 놀라게 하였다. 이에 대한 기본 내용은 인공지능 기초를 참고해 주기 바란다.

5.8 한국의 인공지능(AI) 정책

한국은 2019년도 인공지능에 투자하겠다고 발표한 것을 처음으로 볼 수 있다.

5.8.1 어떻게 선진국이 되었나?

한국은 세계에서 가장 가난한 나라였다. 통계마다 조금은 다르지만 어떤 통계는 1960년대 한국의 국민 1인당 소득을 97불로 기록하고 있다. 그런 나라가 60년이 지난 2020년대에는 3만 불을 넘는 선진국으로 진입했다.

많은 보고서들이 지적한 바와 같이 가장 가난한 나라에서 선진국으로 완전히 진입한 나라는 인류 역사상 한국이 유일하다. 아마, 후로도 없을 것이다.

한국은 천연자원이 거의 없고 남북한이 분단된 국가다. 더구나 작은 국가가 6.25라는 전쟁을 3년간이나 했다. 1953년도에 휴전이 되었기 때문에 전후 복구와 모두 파괴된 시설을 정리하는 데 많은 시간과 인적, 물적 자원 모두가 여기에 투입되었다. 따라서 한국이 실질적으로 경제활동을 시작한 시기는 1960년대로 볼 수 있다.

해외에 나가 보면 수많은 나라들이 한국을 벤치마킹하기 위해서 줄을 서고 있다. 다음과 같은 의문을 가질 수 있다.
- 어떻게 가장 가난한 나라에서 선진국이 되었나?
- 한국의 발전 전략은 어떻게 이루어졌나?
- 한국의 핵심 기술은 무엇인가?

5.8.2 과학 기술 정책

1980년대 이후 출생한 젊은 세대들은 불모지에서 일군 현장을 체험하거나 보지 않았기 때문에 지금의 부가 당연히 주어진 것처럼 착각할 수도 있다. 그러나 젊은이들이 누리는 오늘날의 풍요는 지난 세대들이 배를 줄이면서 만들어 낸 것들임을 알아야 한다.

표 5.1 각국의 국민소득 변화(IMF 2025.01 자료)

국가	국토면적	인구	1961	1970	1980	1990	2000	2010	2012	2013	2014	2017	2018
한국	22 (9.9)	470	92	279	1689	6308	1,1865	2,2170	24,696	26,205	28,100	29,115	32,000
태국	513	670	101	192	696	1,489	1,938	4,596	5,261	5,425	5,444	5,426	7,000
필리핀	300	900	267	289	744	703	1,223	2,946	3,087	3,311	2,865	2,917	3,100
몽골	1,564	344				1,153	472	2,079	3,352	3,787	4,095	4,179	4,100

국가	2019	2020	2021	2022	2023	2025
한국	31,900	31,730	35,140	32,420	33,150	37,67
태국	7,810	7,170	7,230	7,070	7,300	7,775
필리핀	3,510	3,330	3,580	3,620	3,860	4,440
몽골	4,310	3,970	4,480	4,950	5,350	7,58

살기 힘들다고 희망과 비전을 포기하거나 자녀를 낳지 않고 순간적인 즐거움만 찾는 것을 보면, 배를 곯으면서 희망을 잃지 않고 하루하루를 인생을 살아온 전 세대들은 이해를 못 할 것이다. 표 5.1은 1960년대 최빈국에서 2018년도에 처음으로 한국이 3만 불을 넘어선 것을 나타낸 것이다. 1960년대 한국보다 앞섰던 나라들은 이미 한국보다 훨씬 뒤쳐져 있다.

그림 5.1과 5.2는 더 많은 나라들과 비교한 내용이다.

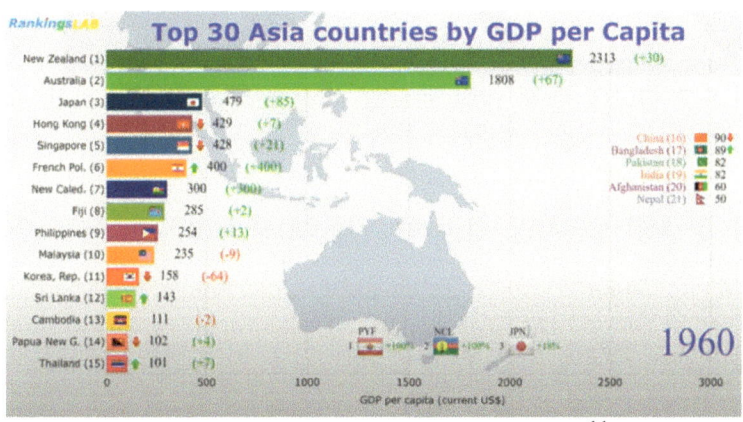

그림 5.1 각국의 1960년대 1인당 국민소득 비교.[11]

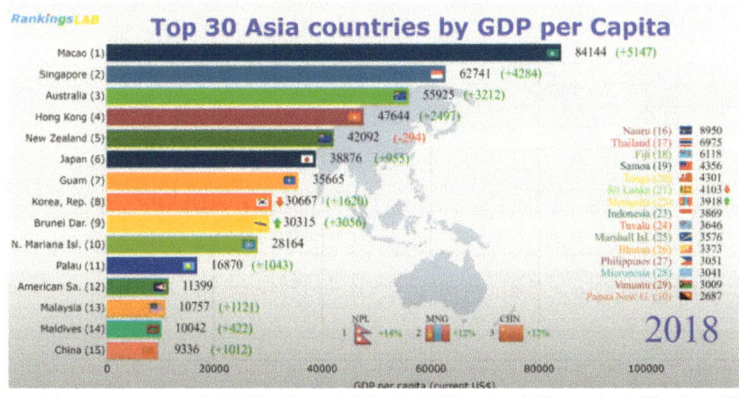

그림 5.2 2018년 한국이 3만 불 달성할 때 각국 1인당 국민소득 비교.

---

[11] https://www.youtube.com/watch?v=3ZZDdcGTwoM

그림 5.3 한국의 인재 양성 로드맵. 국민소득당 각국의 과학 기술 투자비율.[12]

한국 경제를 발전시킨 가장 큰 원동력 중의 하나는 인재 양성 정책이었다.

과연 그 정책은 어떠했는가?

그림 5.3은 시대에 따른 한국의 과학 기술 정책 변화를 나타낸다. 1960년대에는 산업 기반이 없었던 시절로 주로 경공업, 수공업 시대여서 정책과 인력 양성도 이에 맞도록 정책이 입안되었으나 산업이 발전됨에 따라 그 정책도 시대에 맞게 달라졌음을 나타내고 있다. 이 그림은 여러 자료를 바탕으로 필자가 재구성한 것으로 독자들이 이해하기 쉽도록 간결하게 요약했기 때문에 자세한 것은 생략하였다.

한국은 최근 GDP 대비 연구비를 가장 많이 투자하는 나라다. 2023년도 국제 통계 지표로 연구비를 많이 투자하는 국가들의 현황을 보면 한국은 약 5% 가까이를 연구비로 지출하고 있어 이스라엘은 물론 핀란드, 일본을 앞지르고 있다. 이러한 공격적인 연구비 투자가 최근 한국의 위상을 높이는 가장 큰 원동력이 된 것으로 판단된다.

5.8.3 한국의 인공지능(AI) 인재 양성 정책

한국정부의 인공지능 정책은 3대 분야, 9개 세부 실천 사항들로

---

[12] https://www.rdworldonline.com/2021-global-rd-funding-forecast-released/

구성하였다. 그림 5.4는 정부 발표 자료(한국정부 인공지능 정책 : 정책 브리핑 자료) 를 필자가 요약한 것이다.

그림 5.5는 인공지능 교육정책 현황 중 교사 연수와 시설 영역으로 나누어 일정을 필자가 간략히 요약한 내용이다.

한국의 2024년도 인공지능 예산은 900억달러(1조2천억)이다.

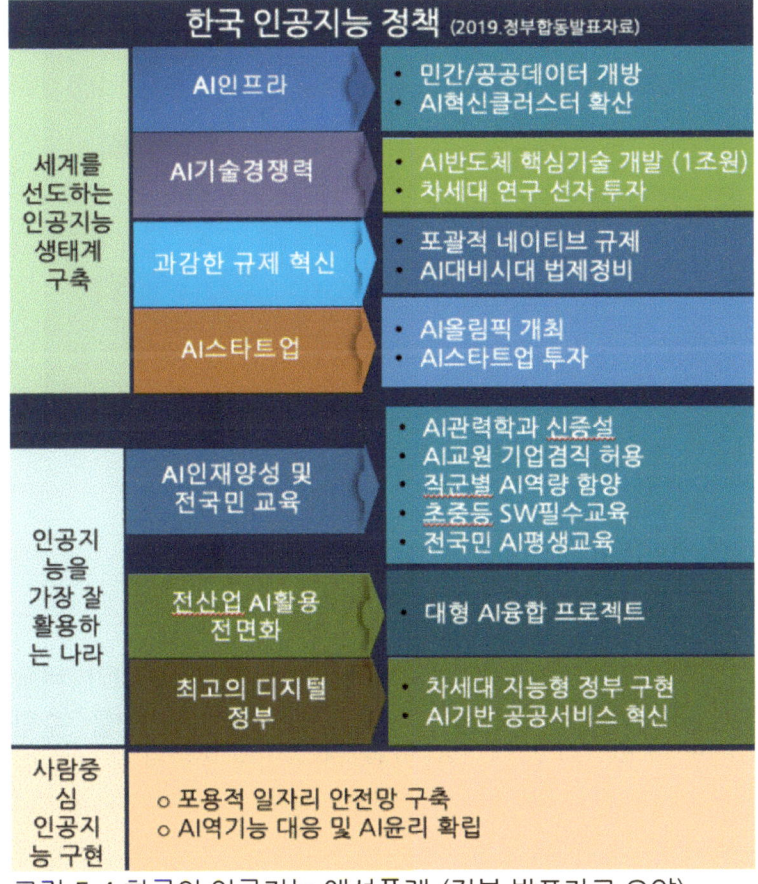

그림 5.4 한국의 인공지능 액션플랜.(정부 발표자료 요약)

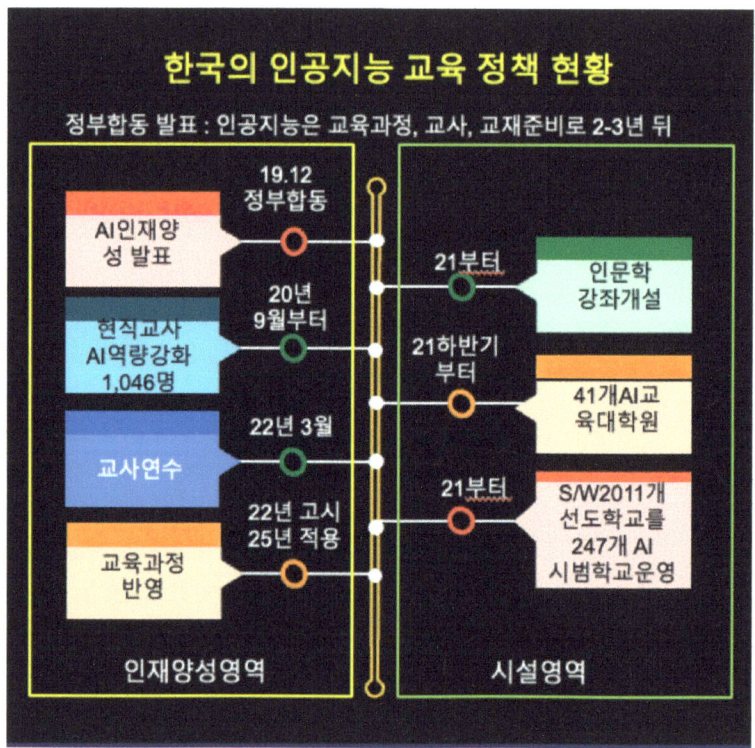

그림 5.5 교육정책 요약.

5.9 국가별 인공지능(AI) 경쟁력

제 1 장 배경설명에서 인공지능이 2016년도 알파고가 바둑을 이기면서 인공지능의 중요성을 각국이 인식하여 정책을 수립해 시행한다고 언급한 바 있다. 2017년도부터 일찍 수립한 국가도 있고 2018년도 부터는 많은 국가가 수립하여 정책을 시행 중이다. 2025년도 현재는 대부분 국가에서 중요성을 인식하고는 있으나 그 기술 편차는 매우 크다.

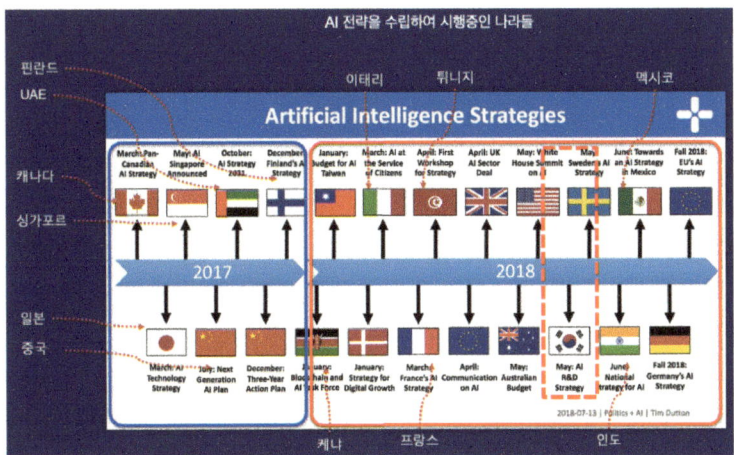

그림 5.6 각국의 인공지능 정책.

그림 5.7은 한국 과학기술 평가원이 2024년도 발간한 인공지능 국가 경쟁력을 종합적으로 평가한 지수인데 한국은 6위를 차지 하고 있다.

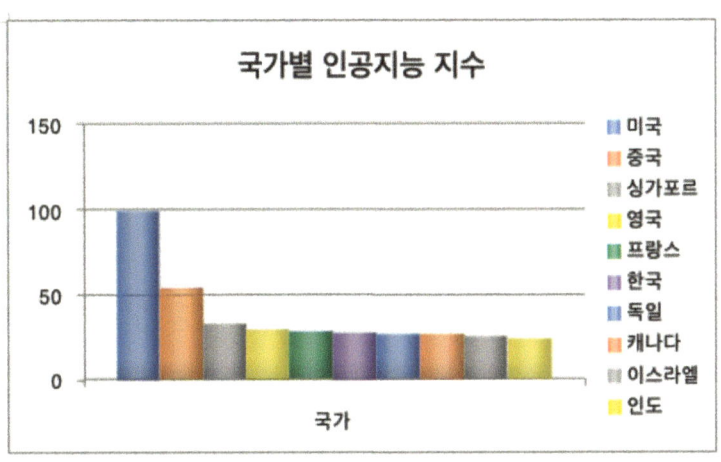

그림 5.7 국가별 인공지능 지수.[13]

---

[13] 한국과학기술 평가원 2024 보고서

그림 5.8 국가별 인공지능 상위국가[14]

Overall Rank		Talent	Operating Environment	Infrastructure	Government Strategy	Commercial	Research	Development
1	USA	1	2	1	2	1	1	1
2	China	9	21	2	5	2	2	2
3	Singapore	6	48	3	9	4	3	5
4	UK	4	4	17	6	5	4	16
5	France	10	19	14	8	8	6	4
6	South Korea	13	35	6	4	12	13	3
7	Germany	3	8	13	7	9	8	11
8	Canada	8	16	18	3	6	9	10
9	Israel	7	65	26	31	3	7	6
10	India	2	3	68	10	13	14	13

그림 5.9 인공지능 상위 10개국 종합평가.[15]

그림 5.9는 글로벌 인공지능 상위 10개국을 종합적으로 평가한 지수로 한국은 6위를 기록하고 있다. 언급한 그림들을 종합해 보면 한국은 6위정도의 국제 경쟁력을 갖는다고 판단된다

---

[14] Standford University Human-Centered AI
[15] Tortoise

제6장
글로벌 인공지능(AI) 플랫폼

- 어느 회사가 앞선 기술을 가지고 있을까?
- 어떤 인공지능 플랫폼을 제공하고 있을까?
- 인공지능 회사들의 핵심 기술은 무엇인가?

6.1 인공지능(AI) 플랫폼 개요

인공지능이 최근의 기술 트렌드 중 가장 주목을 받고 다방면에 영향을 크게 미친다는 것이 확실해지면서 각국은 물론 기업들은 사활을 걸고 이를 개발하거나 응용하고자 한다. 작은 중소기업들도 이를 도입하는 것을 적극 검토하고 있다. 관련 시장도 천문학적으로 증가하고 있다. PWC는 2030년까지 시장 규모가 $15.7 trillion(약 20조원)가 될 것으로 전망하고 있다. 인공지능을 리드하는 기업들을 살펴본다.

그림 6.1 자료는 가드너 자료를 기초로 다시 요약한 것으로 현재 서비스되고 있는 인공지능 플랫폼들의 수준 상황을 나타낸다.

2020년에는 알리바바가 매우 적극적으로 활동하는 것으로 나타났으나 2022년 11월 검색 시에는 아예 시장에서 사라졌고, 구글과 아마존이 선두 그룹에 있다.

이를 바탕으로 본 장에서는 아마존, 구글 등 중요한 플랫폼에 대한 것만을 기술한다.

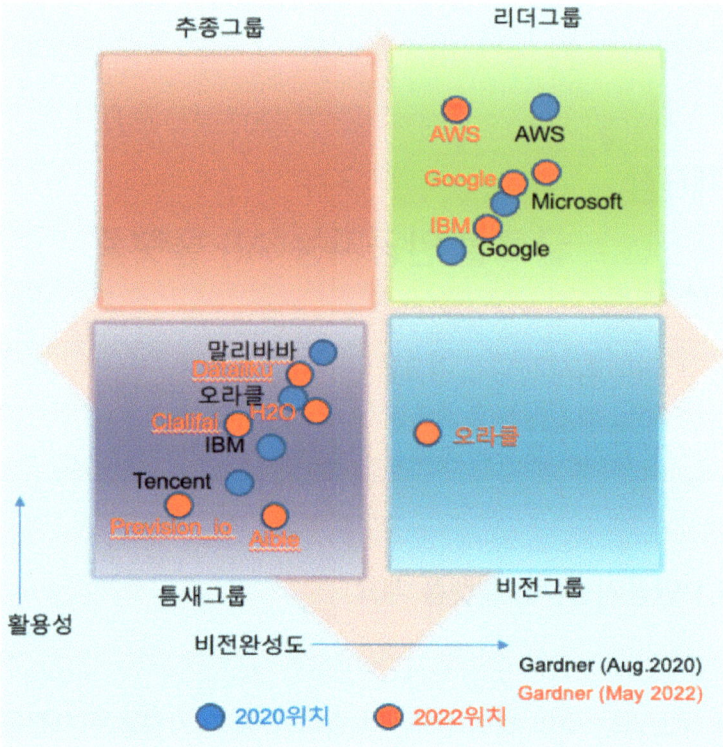

그림 6.1 인공지능 플랫폼 회사들의 활용성 평가(2020년도 위치는 청색, 2022년도 위치는 붉은색이다. 아마존 AWS, 구글, 마이크로소프트가 선두 그룹에 있다).[16]

6.2 아마존

6.2.1 아마존 요약

아마존은 1994년 7월 5일 Jeff Bezos가 설립한 회사로 가장 빨리 성장하고 인공지능을 활발히 상업적으로 제공하고 있는 회사다.

---

[16] https://awsinsider.net/articles/2021/03/16/aws-cloud-ai-development.aspx

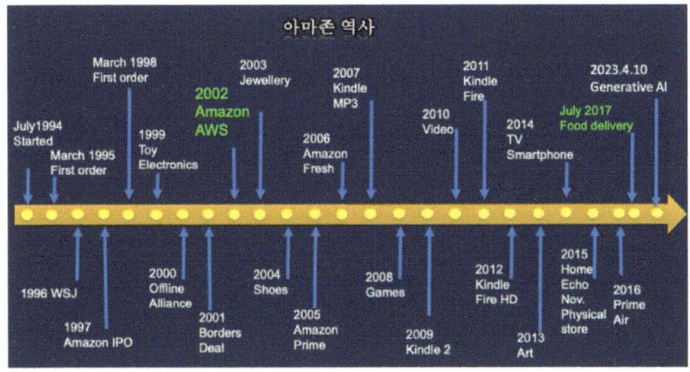

그림 6.2 아마존 역사 요약.(강의 ppt)

6.2.2 아마존 AI 서비스(AWS) 개요

그림 6.2는 아마존의 개략적인 역사, 그림 6.3은 아마존의 인공지능 서비스 플랫폼 내용을 소개한 것이다. 인공지능에 필요한 AI services, AI platforms, AI frameworks, AI Infrastructure의 전 내용을 필요한 영역별로 제공하고 있다. 뿐만 아니라 이 아마존 툴을 이용하여 인공지능이 필요한 회사에 서비스를 제공하는 사업도 많이 지원하고 있다.

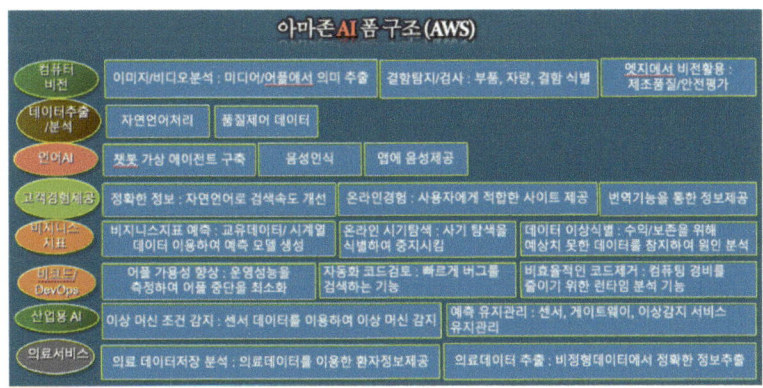

그림 6.3 아마존 플랫폼 구조(AWS).[17]

---

[17] https://blog.cloudyali.io/aws-services-how-many-are-there-really

Alexa Voice Service와 AWS는 175개 이상의 저장, 데이터베이스, 네트워킹, AI, IoT, 모바일, 보안, 하이브리드, VR and AR, 미디어 응용, 지역에 대한 영역(geographic regions) 등 서비스를 해 오고 있다. 이들의 이용자 수는 빠르게 증가하고 있다. 아마존은 2005년부터 AWS 이름으로 다양한 서비스를 해 오고 있다.

• 컴퓨터 비전(Amazon Rekognition) : 이미지 및 비디오 분석을 위한 영역으로 미디어 및 애플리케이션에서 분석하고자 하는 의미를 추출한다.
• 결함 탐지 및 검사 자동화(Amazon Lookout for Vision) : 포괄적인 품질 제어를 위해 누락된 제품 부품, 차량 및 구조 결함, 불규칙성을 식별한다.
• 엣지에서 컴퓨터 비전 활용(AWS Panorama) : 제조 품질 및 안전을 평가한다.
• 텍스트 및 데이터 추출(Amazon Textract) : 빠르게 수백만 개의 문서에서 중요한 정보를 도출한다.
• 인사이트 확보(Amazon Comprehend) : 자연어 처리(NLP)를 통해 비정형 텍스트의 가치를 극대화한다.
• 품질 제어(Amazon A2I) : 검토 프로세스에 인간 작업자를 투입하여 민감한 데이터의 정확성 및 규정 준수를 보장한다.
• 챗봇 및 가상 에이전트 구축(Amazon Lex) : 고객 서비스를 개선하기 위해 자동화된 대화 채널을 생성한다.
• 음성 인식 자동화(Amazon Transcribe) : 자동음성 인식을 통해 애플리케이션 및 워크플로를 개선한다.
• 앱에 음성 제공(Amazon Polly) : 텍스트를 실제와 같은 음성으로 변환하여 사용자 경험과 접근성을 개선한다.
• 정확한 정보를 더 빨리 찾기(Amazon Kendra) : 사용자가 필요한 내용을 빠르게 검색할 수 있도록 자연어 음성으로 웹 사이트 및 애플리케이션을 개선한다.
• 온라인 경험의 개인화(Amazon Personalize) : 기계학습을 사용하여 각 개별 사용자에 맞게 애플리케이션 및 웹사이트를 사용자 지정한다.

• 모든 언어로 대상 참여(Amazon Translate) : 빠르고 정확하며 사용자 지정 가능한 번역을 통해 이해 영역과 접근성을 확장한다.
• 비즈니스 지표 예측(Amazon Forecast) : 고유한 데이터 유형과 시계열 데이터를 이용하여 정확하고 포괄적인 예측 모델을 생성한다.
• 온라인 사기 탐지(Amazon Fraud Detector) : Amazon.com에서 오랫동안 사용해 온 기술을 통해 잠재적 공격을 식별하고 공격을 중지시킨다.
• 데이터 이상 식별(Amazon Lookout for Metrics) : 수익 및 보존과 같은 지표의 예상치 못한 변경의 근본 원인을 탐지하고 식별한다.
• 애플리케이션 가용성 향상(Amazon DevOps Guru) : 운영성능 측정을 간소화하고 애플리케이션 가동 중단을 줄인다.
• 자동화된 코드 검토 Amazon Code Guru) : 보다 뛰어난 품질의 코드를 위해 빠르게 버그를 탐지하고 중요한 문제와 취약성을 평가한다.
• 고가의 비효율적인 코드 제거(Amazon Code Guru Profiler) : 런타임 동작 분석을 사용하여 애플리케이션 성능을 개선하고 컴퓨팅 비용을 줄인다.

6.2.3 산업용 AI

① 이상 머신 조건 감지(Amazon Lookout for Equipment) : 센서데이터를 분석하여 이상 머신 조건을 자동으로 감지
② 예측 유지 관리(Amazon Monitron) : 센서, 게이트웨이, 이상 감지 서비스 및 최종 사용자 어플리케이션이 포함된 엔드 투 엔드 예측 유지 관리 시스템.

6.2.4 의료 서비스

① 의료 데이터 저장 및 분석(Amazon Healthlake) : 의료 데이터를 안전하게 저장, 전송, 쿼리 및 분석하여 환자 의료 기록의 전체적인 보기 제공.
② 의료 데이터 추출(Amazon Comprehend Medical) : 비정형 의료 텍스트에서 정확하고 빠르게 정보 추출.

그림 6.3에서 기능을 간단히 그림으로 나타낸 바와 같이 AWS에는 많은 기능들이 있다. 그러나 이 기능들은 필자가 검색했을 당시 메뉴이고 독자들이 검색했을 때는 다른 내용일 수도 있다. 수시로 메뉴가 바뀐다.

앞서 기술한 모든 영역을 한 사람이 모두 알고 자기가 원하는 인공지능을 구현할 수 있으면 좋겠으나 현실적으로 모두 구현한다는 것은 어렵다. 따라서 영역별로 협업하는 것이 필요하다. 한국에서는 서울 교육센터에서 수시로 무료 교육이 있어 관심있는 사람들은 교육을 받을 수 있다. 필자도 무료 교육을 받아 본적이 있다.

6.3 구글

구글은 세계에서 아마존과 함께 가장 강력한 인공지능 서비스를 제공하는 회사 중 하나다. 인공지능이 구글을 대표하는 사업이라 해도 된다. 구글은 이미 2017년도에 24시간 AI를 한다고 발표한바 있다.

구글코랩은 GPU 없이도 사용자가 편리하게 파이선을 돌릴 수 있도록 서비스를 제공하고 있다.

그림 6.4 구글 딥마인더 개발자.

6.3.1 구글 인공지능(AI) 연구 주제들

구글은 다양한 인공지능 관련 사업을 위해 많은 대학들과 연구를 진행하고 있다. 그림 6.5는 구글의 역사를 간단히 요약한 것이다.

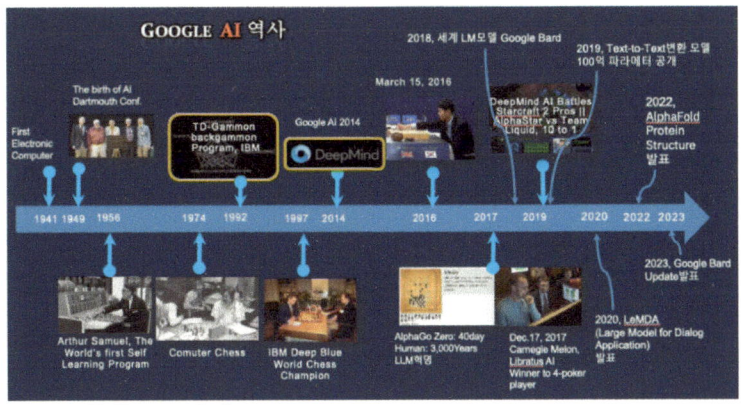

그림 6.5 구글 AI 역사.

6.3.2 구글 인공지능(AI) 플랫폼

표 6.1 및 그림 6.6은 구글 AI의 플랫폼 내용을 요약한 것이다. 크게 나누어 데이터 AI, 개발자 AI, 인프라로 나누어져 있다. 데이터 AI는 데이터를 관리, 배포, 교육, 실험하는 데 필요한 인공지능 툴이고, 개발자 AI는 인공지능 모델 개발, 응용, 데이터를 이용한 모델 실험/출력 등을 하는 인공지능 툴이다.

각각 활용방법을 본 책에서 상세히 소개하는 것은 지면상 어렵기 때문에 각각 모듈 안내에 따라서 수행하여야 한다.

본 책은 인공지능을 처음 배우고자 하는 사람들, 어느 정도 관심은 있으나 실제 접근을 어떻게 하여야 하고 현재 나와 있는 툴들의 장단점이나 수준, 접근방법을 알고자 하는 독자들에게 어떻게 하여야 하는지를 소개하는 데 있다. 따라서 개발자들의 수준으로 진입하는 것은 별도 다른 서적을 참고하여야 한다.

필자의 경우 대부분의 인공지능을 다루어 보았고 많은 논문도 발표한 바 있으나 실제 초기 진입자들은 상황 판단을 하기가 쉽지 않다는 점을 알기에 본서를 집필하게 되었다.

표 6.1 구글 AI 플랫폼 내용.

데이터 AI	Vertex AI. 새로운 통합 머신러닝 플랫폼	- 데이터 준비 가속화, 데이터 확장 - 교육 및 실험 - 모델 배포
데이터 AI	Vertex AI Workbench. 전체 데이터 과학 워크플로를 위한 개발 환경	- 프로토타입 모델 제작 및 모델 개발 - AI 솔루션 개발/배포
개발자 AI	AutoML. 머신러닝 모델 구축	- 머신러닝 모델 구축 - 설계 목적에 맞는 모델 학습
개발자 AI	Cloud Natural Language. Google 머신러닝을 사용하여 구조화되지 않은 텍스트에서 유용한 정보를 도출	- 자연어 이해 적용 - 개방형 ML 모델 학습으로 감정 분류, 추출, 감지
개발자 AI	Dialogflow. 다양한 기기와 플랫폼에서 대화형 환경을 구축	- 복잡한 대화를 위한 상호작용 만들기 - 신속한 고급 에이전트 구축 및 배포 - 실제 사용 가능한 모델 구축
개발자 AI	Media Translation(베타). 콘텐츠와 애플리케이션에 실시간 오디오 번역	- 오디오 데이터에서 실시간 음성 번역 제공
개발자 AI	Speech-to-Text. Google AI 기술로 지원되는 API를 사용하여 음성을 텍스트로 변환	- 자동 음성 인식 만들기 - 실시간 텍스트 변환 - Google Contact Center AI 지원
개발자 AI	Text-to-Speech. Google의 AI 기술을 기반으로 한 API를 사용하여 텍스트를 음성으로 변환	- 고객 상호작용 개선 - 음성 사용자 참여 유도 - 커뮤니케이션 맞춤설정하기
개발자 AI	시계열 API 실시간으로 대규모 시계열 예측 및 이상 감지	- 시계열 데이터 세트에서 유용한 정보 수집 - 실시간으로 비정상 이벤트 감지 - 대규모 데이터 세트 처리 및 초당 수천 개의 쿼리 실행

생성형 AI 활용과 교육 (AI 및 챗 GPT 활용, 교육)

개발자 AI	Translation AI. 동적 기계 번역으로 다국어 콘텐츠 및 앱 구축	- 실시간 번역을 통한 원활한 사용자 경험 제공 - 콘텐츠의 적절한 현지화를 통해 잠재고객 참여 유도 - 제품의 국제화를 통해 글로벌 시장 진출
개발자 AI	동영상 AI. 콘텐츠 탐색 기능 및 동영상 환경 지원	- 동영상, 샷 또는 프레임 수준의 다양한 메타데이터 추출 - AutoML Video Intelligence를 사용하여 커스텀 항목 라벨 만들기
개발자 AI	Vision AI. AutoML Vision을 사용하여 클라우드나 에지 이미지에서 유용한 정보 도출, 선행 학습된 Vision API 모델을 사용하여 감정 인식, 텍스트 이해 등을 이해	- ML을 사용하여 이미지 이해 - Auto ML Vision을 사용하여 이미지 분류하여 ML 모델 학습
AI 인프라	Deep Learning Containers. 딥러닝 환경 구축	- AI 애플리케이션 프로토타입 제작
AI 인프라	Deep Learning VM Image. 딥러닝 애플리케이션을 위해 사전 구성된VM	- 모델 학습 및 배포 가속화
AI 인프라	GPU. 머신러닝, 과학 컴퓨팅, 3D 시각화에 활용할 수 있는 Google Cloud GPU	- 머신러닝 및 HPC 등의 컴퓨팅 작업 속도 향상 - VM에서 특정 워크로드 가속화
AI 인프라	TensorFlow Enterprise. AI 애플리케이션을 위한 안정성과 성능을 지원, 실제 사용할 수 있는 관리형 서비스를 제공	- 개발 지원 - CPU, GPU, Cloud TPU 전반에서 리소스 확장 - 관리형 서비스 전반에서 TensorFlow 개발 및 배포
AI 인프라	TPU. 빠르게 머신러닝 모델을 학습	- Google Cloud에서 AI 서비스로 머신러닝 모델 실행 - 머신러닝 솔루션을 빠르게 구동 - 실제 사용 사례에 적합한 ML 기반 솔루션 빌드

그림 6.6 구글 인공지능 구현 포트폴리오.

6.4 마이크로소프트

마이크로소프트는 구글이나 아마존에 비해 비교적 늦게 인공지능 서비스를 시작하였다. 그러나 Azure를 출시하여 이미지, 대화 이해 등 서비스는 물론 다른 회사와 같이 활발한 인공지능 서비스를 제공하고 있다. 그림 6.7은 MS AI 플랫폼 구조를 나타낸다.

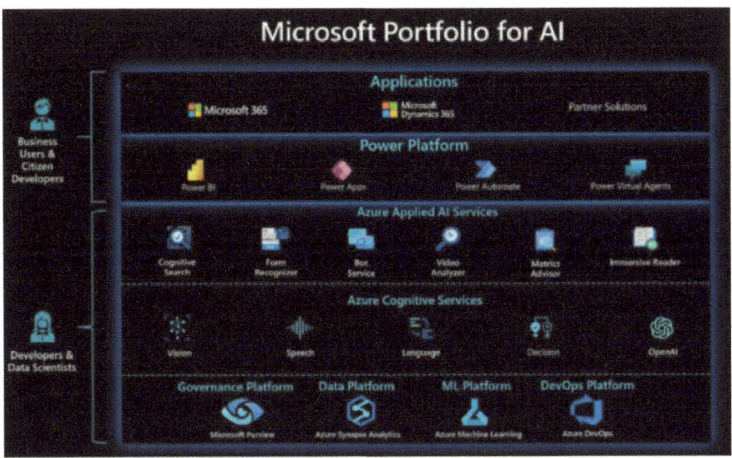

그림 6.7 MS AI 플랫폼 구조.[18]

6.5 IBM 왓슨

- CEO : Arvind Krishna
- 설립년도(Founded) : 1911
- 본사 : Armonk, New York, NY

IBM 왓슨(Watson)도 다양한 인공지능 플랫폼을 제공하고 있다.
그림 6.8은 IBM 왓슨의 인공지능 플랫폼 구조를 나타낸다. IBM 왓슨은 MIT와 공동으로 MIT-IBM Watson AI Lab를 운영 중이다. 이 웹사이트에 들어가 보면 연구 주제, 연구원 멤버, 인력 초빙, 코드 등 다양한 자료가 있어 관심 있는 사람들은 좋은 기회를 찾을 수 있다.

---

[18] https://mlonazure.com/ml/

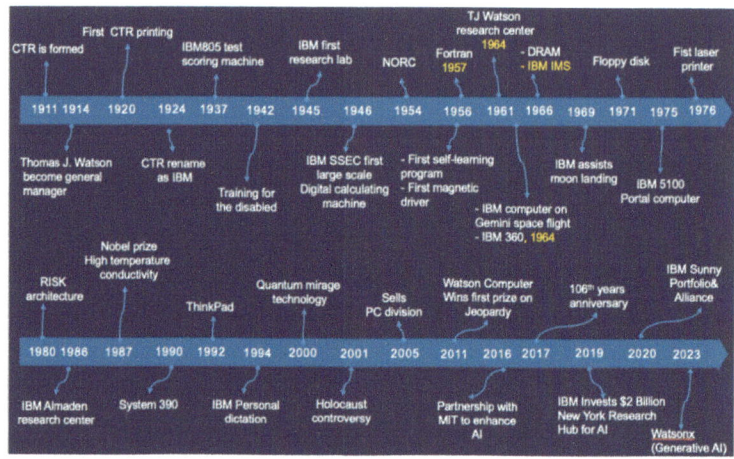

그림 6.8 IBM 왓슨의 AI 플랫폼 역사.

그림 6.9 IBM 왓슨 연구 센터(2019. 8. IBM 왓슨이 $2 Billion을 투자한 AI 연구 센터(뉴욕주립대 캠퍼스, SUMY)).

IBM 왓슨은 인공지능 플랫폼 이름으로 기업용, 개인용, 데이터 관련 사업이나 연구를 하는 데 지원하고 있으나 일정 금액의 수수료를 지불하여야 접속이 가능하다.

① AI-powered insights : IBM-AI는 글자, 숫자, 오디오 등 데이터를

분석하는 기능을 제공한다.
② Natural language understanding : 자연언어를 이용해 사용자와 데이터를 활용하도록 한다.
③ Machine learning integration(영어 철자 확인해 주세요) : AI로 문제를 해결하고자 할 때 제공한다. 예측, 진단, 알고리즘 개발 등에 사용된다.
④ Domain-specific solution : AI를 채택할 때 도움을 준다.
⑤ Natural language generation : 사람과 같은 언어를 생성한다. 이외 Matlab와 데이터를 호환할 수 있고 구글이 제공하는 Vertex AI와도 호환이 가능하다.

6.6 메타(페이스북) AI

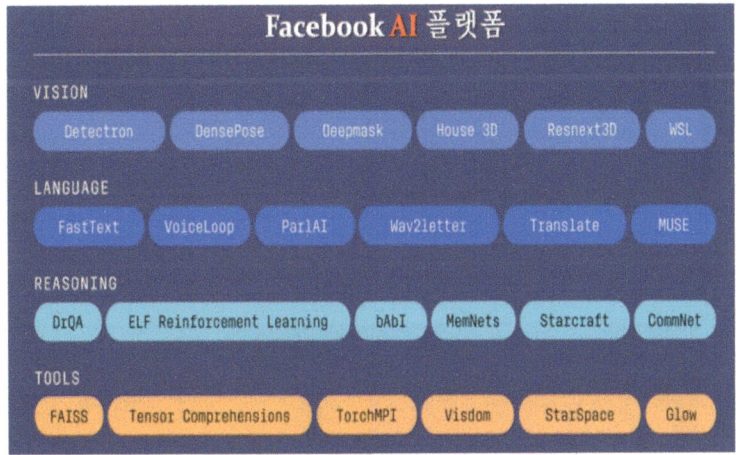

그림 6.10 페이스북 인공지능 플랫폼.(홈피 자료)

페이스북(Facebook) 인공지능 연구실(Facebook's AI Research lab : FAIR)은 파이토치(PyTorch)를 개발하여 공급한 중요한 회사다. 파이선이 초보자에게는 아주 쉽고 간결하지만 개발자들에게는 다소 유연한 변형이 어렵다는 것을 고려하고 개발하여 제공하고 있는데 개발자들은 빠르게 파이선에서 파이토치로 이동하고 있다.

파이선과 마찬가지로 오픈 소스이고 동호회(community)도 있으나 시간상 파이선보다는 늦게 개발되어 규모가 작다.

파이토치는 C++와도 매우 잘 호환되는 것으로 파악된다. 테슬라(Tesla Autopilot), 위버(Uber's Pyro), 얼굴 인식(Hugging Face'sTransformers) 등도 이것을 사용하는 것으로 알려졌다. 메타의 LLM모델, 챗GPT관련 소스를 공개하여 혁신적으로 인공지능을 이끌고 있다.

6.7 삼성전자

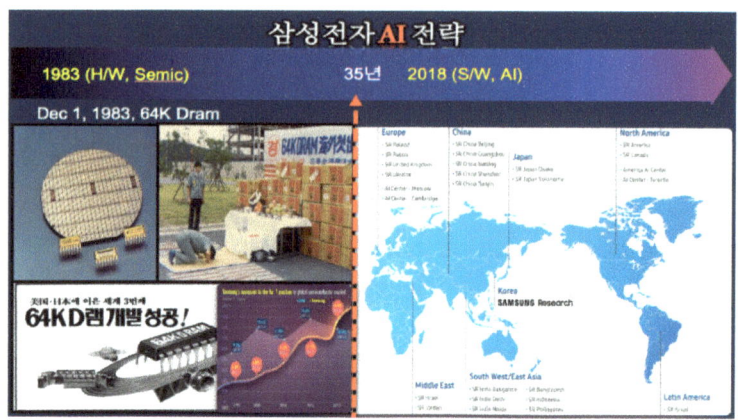

그림 6.11 삼성전자 인공지능 전략.(삼성 자료 요약)

그림 6.12 삼성전자 글로벌 인공지능 연구실.(삼성 자료)

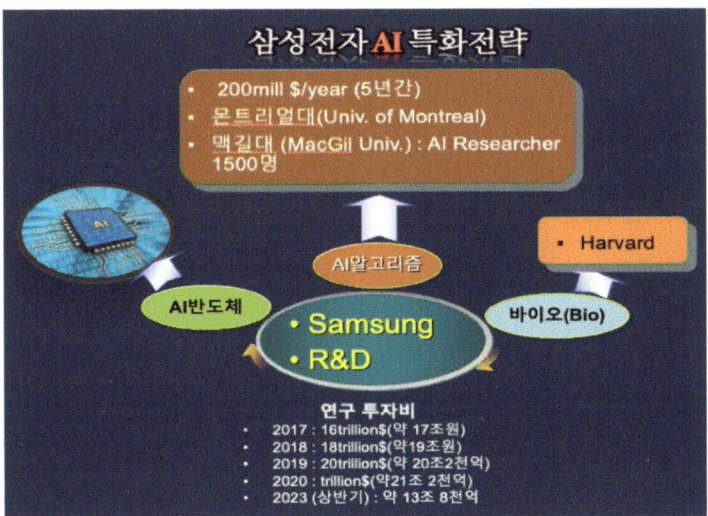

그림 6.13 삼성전자 AI와 바이오 파트너.(삼성 자료)

   삼성전자는 인공지능 플랫폼 전문 영역에 넣기는 어렵지만 한국의 전자산업 대표이고 인공지능에 대한 영향력이 막강하여 언급한다. 그림 6.13은 삼성전자의 인공지능과 IoT, 데이터 관련 사업의 전략을 요약하여 나타낸 것이다. 그림 6.11에서 볼 수 있듯이 1983년도에 처음으로 반도체 개발에 성공하여 그동안 35년 동안 자타가 공인하는 세계적인 반도체 생산 회사로 성장하였다.

   1983년 세계의 모든 사람들이 삼성의 당시 자본금과 기술, 한국의 인프라를 고려할 때 불가능이라 했던 반도체 제조사업을 세계 최고의 반도체 회사로 성장시켰다. 삼성이 한국에 차지하는 비중과 기여도는 이루 말할 수 없다.

   한 사람의 현명한 판단력이 국가와 민족을 살리는 데 얼마나 중요한지를 잘 증명하고 있다. 그런 삼성도 2018년도부터 인공지능을 중요한 핵심사업으로 선정하고 2018년도에만 전세계 8군데에 글로벌 인공지능 센터를 설립했다.(그림 6.12)

6.8 데이터로봇(DATAROBOT)

- CEO : Dan Wright
- 설립년도(Founded) : 2012
- 본사 : Boston, Massachusetts

이 회사는 AI cloud 서비스를 하는 회사로 자동코딩(AutoML)을 지속적으로 개선시키고 있다.

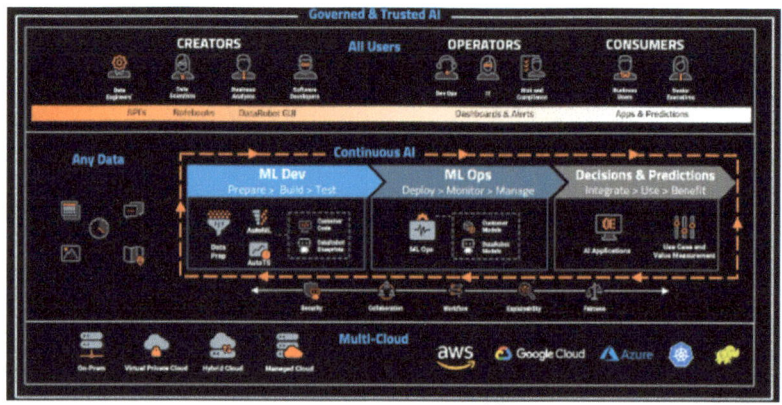

그림 6.14 DATAROBOT AI 플랫폼 구조.[19]

포춘지(Fortune) 500대 기업에 등록되었고, 다양한 인공지능 결과물을 제공하고 있다.

6.9 와이프로(WIPRO)

- CEO : Manoj Madhusudhanan
- 설립년도 : 1945
- 본사 : Bangalore, Karnataka

---

[19] https://www.datanami.com/2021/05/11/datarobot-refreshes-ai-platform-nabs-zepl/

이 회사는 인공지능 솔루션은 물론 컨설팅, 자동화, 출판, 검침(Metering), 관리(Governing) 등 서비스(software-as-a-service : SaaS)를 제공하고 있다.

이 회사는 인도계로 Bangalore, Karnataka에 본사를 두고 있고 인력 규모는 221,000명으로 인도 내에서는 9번째로 인력이 많은 회사이다.

그림 6.15 WIPRO AI 플랫폼.[20]

6.10 H2O AI

H2O는 머신러닝 분야에서 오픈소스(a fully open-source, distributed in-memory machine learning platform)를 제공하고 있다. 폭넓은 통계 외 리니어 알고리즘(generalized linear models), 경사 기반 머신러닝 및 딥러닝 알고리즘(gradient boosted machines)을 제공하고 있다.

이들 알고리즘과 하이퍼 파라미터(hyper parameters)를 이용해 자동코딩(AutoML) 제공 분야의 리딩 그룹 중 하나다.

직원은 약 18,000여 명 정도이고 파이선(Python) 분야에서 큰 동호회(community)를 운영하고 있다.

---

[20] https://en.wikipedia.org/wiki/Wipro

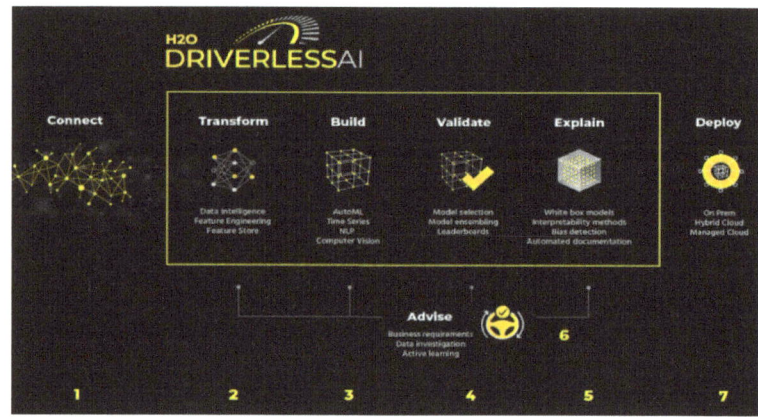

그림 6.16 H2O AI 플랫폼.[21]

6.11 세일스포스(SALESFORCE)

Parker Harris, Dave Moellenhoff, Marc Benioff와 Frank Dominguez 4명이 1999년에 설립한 회사다. S/W 기반 서비스(Softwareas a Service : SaaS)를 하는 회사로 AI 기반 마케팅, 세일즈 등을 제공하고 있다.

이 회사는 데이터 기반 고객 성별, 이메일, 사회적 환경, 일정표, 이미지 등의 데이터를 기반으로 세일즈와 마케팅 관련 서비스를 제공하고 있다. 물론 이러한 데이터를 이용해 미래 예측도 가능하다.

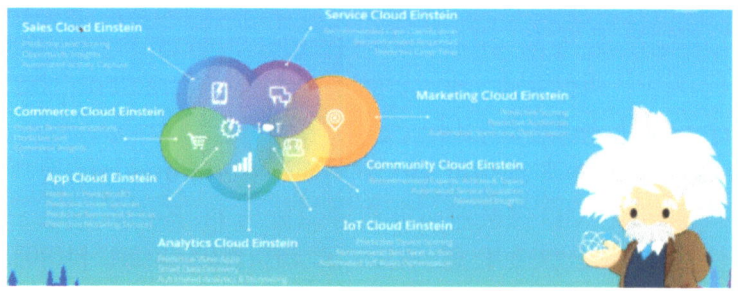

---

[21] https://www.h2o.ai/products/h2o/

그림 6.17 Salesforce AI 플랫폼.[22]

6.12 인포시스(INFOSYS)

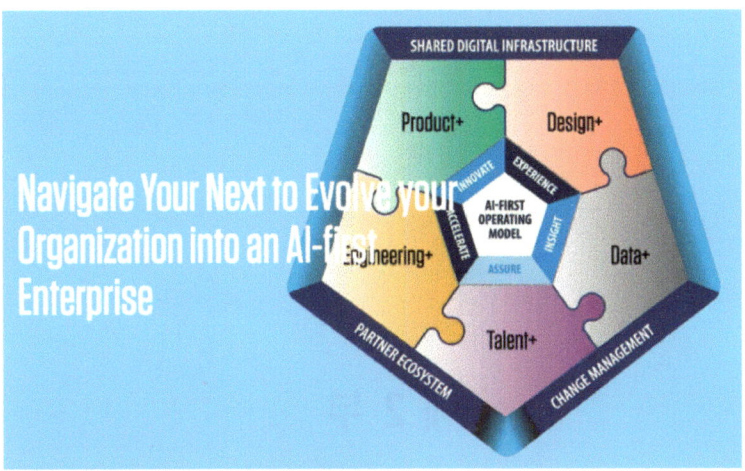

그림 6.18 인포시스 AI 플랫폼.[23]

이 회사는 기업의 디지털 일을 도와주는 데 초점(enterprises build a digital workforce)이 맞춰져 있다. 따라서 인공지능 기반으로 투자, 인력 관리 등을 하는 데 도움을 받을 수 있다.

---

[22] https://www.itworldcanada.com/article/salesforce-updates-its-crm-platform-with-ai-capabilities/386511
[23] https://www.infosys.com/services/applied-ai/overview/applied-ai-cloud.html

제 2 부

활 용 편

제7장

생성형 AI는 어떻게 활용하나?
인공지능은 우리 삶을 어떻게 변화시킬까?

> - 인공지능은 우리 삶에 어떤 영향을 미칠까?
> - 사회 패턴을 어떻게 변화시킬까?
> - 인공지능은 우리 직업에 어떤 양향을 미칠까?

7.1 개요

인공지능의 활용 분야는 이루 말 할 수 없이 넓다. 이 장에서는 파급효과가 크고 교육의 필요성을 이해하는데 도움이 될 만한 사항만을 요약한다.

7.2 의료 분야

의료 분야는 인공지능의 적용 결과가 가장 크게 나타나는 분야이다. 그림 7.1에서와 같이 각 영역에 모두 활용할 수 있고 실제 지금 활발히 이용 중이다. 창업도 가장 활발하게 이루어지고 있다.

그림 7.2는 MRI와 CT 영상을 이용해 유사한 데이터(영상)을 합성하거나 비교하여 더 정밀한 진단을 할 수 있는 사례로 이러한 영상 비교는 인공지능이 아니면 할 수 없다.

따라서 의료, 헬스케어 분야는 인공지능 활용 부가가치가 가장 크게 나타나는 유망한 분야이다.

인공지능을 이용한 건강관리 분야의 예는 그림 7.3(a)에 나타나 있다. 그림과 같이 전 생애 동안 데이터를 이용해 예측진단 의료 서비스와 실시간 진단이 가능하다.

그림 7.1 의료 분야 인공지능 활용방법.

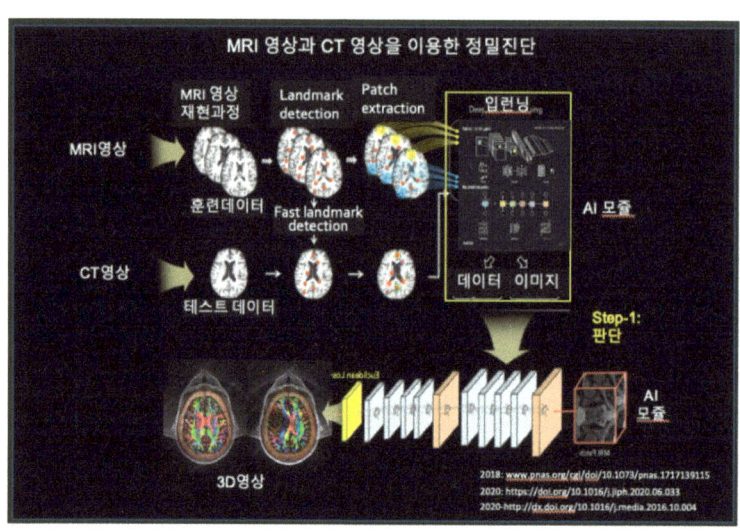

그림 7.2 인공지능을 이용한 정밀진단 사례 (필자의 강연 자료중).

그림 7.3(a) 인공지능 기반 헬스케어. (사후는 관련 데이터를 이용해 다음 세대의 출생 정보와 비교하여 질병을 예측 하는데 활용된다.)

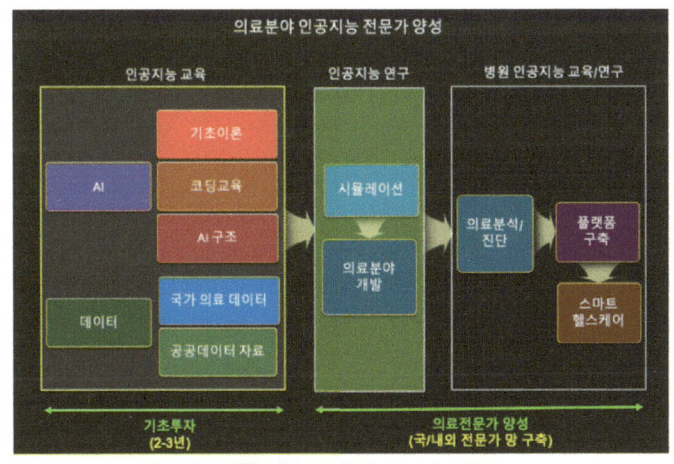

그림 7.3(b) 의료 분야 인공지능 인력 양성 방법.

그림 7.3(b)는 인공지능을 의료 분야에 적용하기 위해 적절한 인재를 육성하기 위한 방법을 필자가 국제 학술대회에서 제시한 내용이다.

그림 7.4(a) 인공지능을 이용한 암진단 사례 1.

그림 7.4(a)는 삶의 전 주기 동안 인공지능(AI)으로 분석하거나 질병을 진단 할 수 있는 영역을 나타낸 것이다.

개인의 생체정보를 이용해 조기에 질병을 진단하고 예측할 수 있다. 세계적인 명의들이 인공지능과 암진단을 대결하여 이미 인공지능이 더 빠르고 정밀하게 함을 인정하였다. 그림 7.4(b)는 인공지능으로 분석하여 암 진단하는 연구를 나타낸 자료이다.

그림 7.5와 그림 7.6은 WHO가 인공지능을 이용해 인류 전 생애에 걸쳐 예측 진단 할 수 있는 시스템을 구축하겠다는 것을 이미 2018년도 발표한 내용이다.

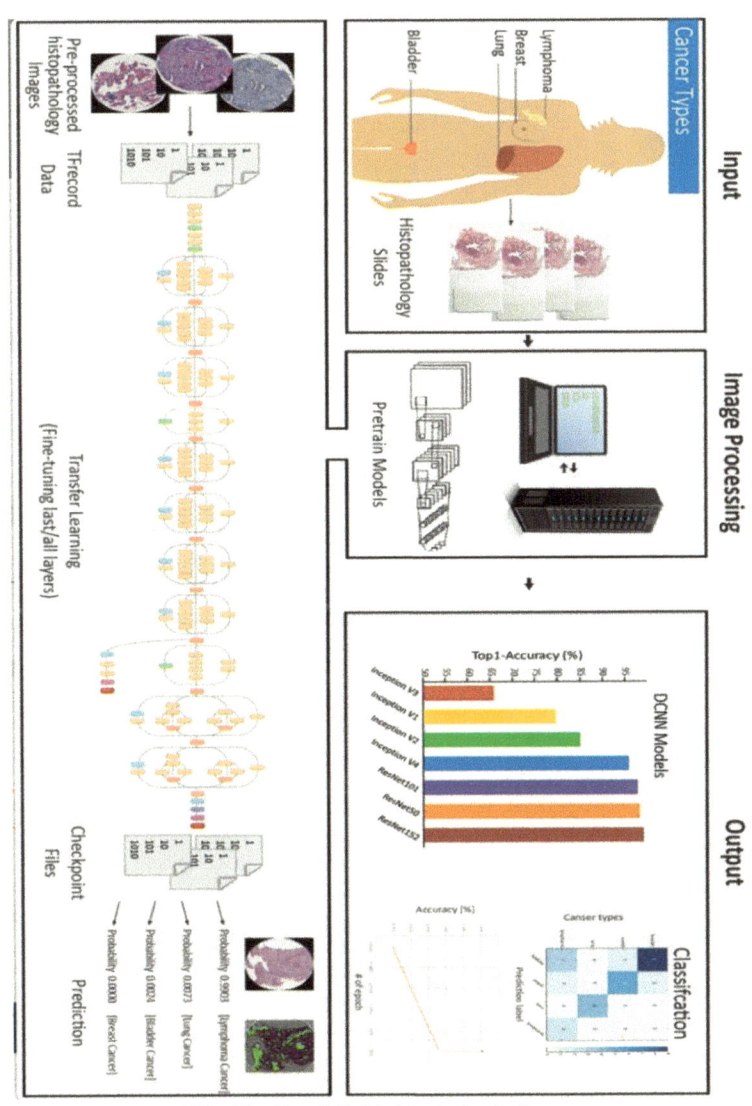

그림 7.4(b) 인공지능을 이용한 암진단 사례 2.

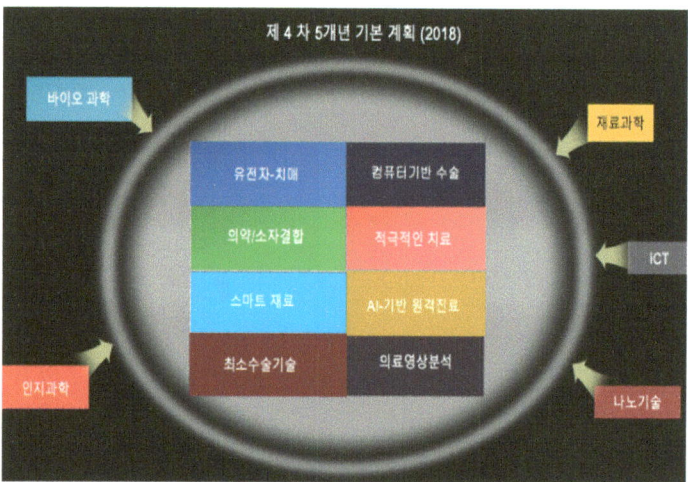

그림 7.5 WHO 생애 주기에 대한 인공지능 활용 전략.

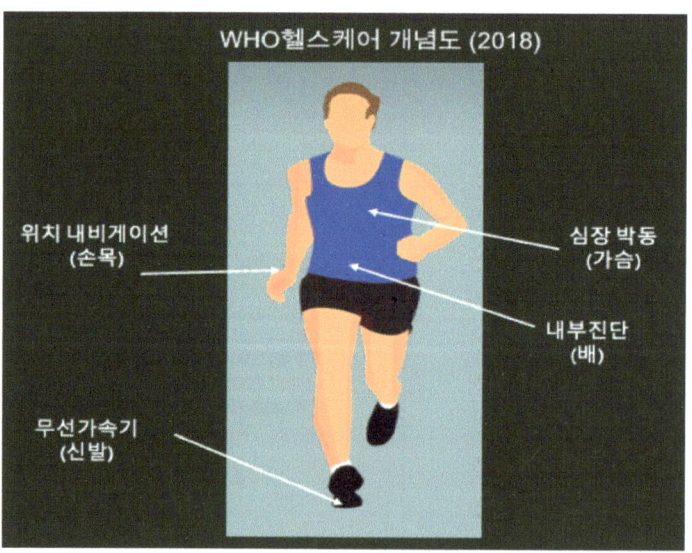

그림 7.6 WHO의 인공지능 기반 의료 시스템 구축(2018년 계획).

7.3 스마트 시티

최근의 도시는 거주의 개념을 넘어서 교육, 휴식, 즐거움, 건강관리를 모두 통합적으로 제공하여 행복하게 살 수 있도록 하는데 초점을 맞추고 있다.

따라서 다양한 정보를 제공하고 안전성을 유지하기 위해서는 얻은 데이터를 효과적으로 활용하여야 하는데 이를 위해서는 인공지능이 필수로 사용된다.

그림 7.7은 스마트 시티의 개념도다. 일부분은 지금 실현되고 있다. 다만 드론 택시가 아닐 뿐이다.

수많은 건물들, 교통신호, 환경 모니터링을 위한 센서들은 IoT에 의해 연결되는데 방대하게 들어오는 정보를 효과적으로 상황에 맞게 처리하여야 하는 것이 인공지능(AI)이다.

7.3.1 보안 문제

도시에는 수많은 CCTV 카메라가 설치되어 있다. 이 카메라를 이용해 도시의 테러범, 이상행동자, 범죄 행위 가능성이 있는 자들을 안면인식, 행동 판독 이미지 자료를 통해 인공지능이 검색하여 판별할 수 있다. 따라서 인공지능 가동을 위해서는 관련 데이터를 지속적으로 생성하고 라벨링화 해야 한다. 이미 중국에서는 실시각으로 대중들의 얼굴을 인식하여 범인들을 색출하는 CCTV가 가동 되고 있다는 보고서가 있다.

공산국가에서는 개인정보를 무시하고 국가 권력을 이용해 탐색 할 수 있기 때문에 가능하나 개인정보문제를 더 중요시 하는 국가 들에서는 데이터 때문에 불가능하다.

7.3.2 교통 문제

교통은 도시에 사는 사람은 물론 선진국, 후진국들 모두 중요한 문제다. 교통체증으로 인한 시간, 에너지, 자원 낭비는 지구 온난화와 더불어 더 심각해지고 있다.

현재의 도로 중심 교통이 드론 중심이나 다른 교통수단으로 대체되기까지는 많은 시간이 걸릴 것이다. 그러나 체계적인 교통 신호등과 함께 대중교통의 체계적인 관리는 데이터와 인공지능을 이용해 문제를 해결할 수 있다.

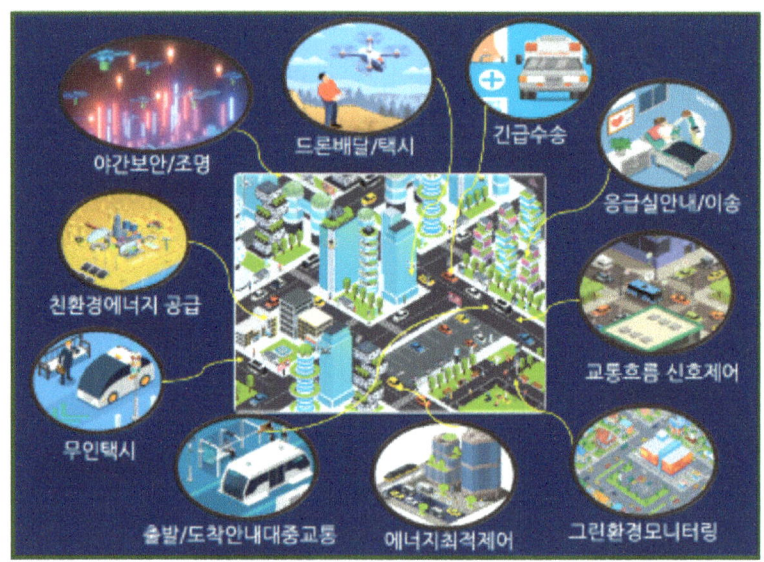
그림 7.7 스마트 시티 개념도.

7.3.3 드론 배달·무인택시

곧 드론 배달이나 무인 택시가 실현화 되는데 스마트 시티가 주도적인 역할을 한다. 지금도 모든 도시에서는 대중교통의 도착 안내 서비스를 제공하고 있다. 2025년말에는 세종시가 무인 버스를 운행한다고 발표한 바 있고 중국의 일부 도시에서는 운행 중이다.

몇 년 전만 해도 상상할 수 없는 서비스였다. 월드뱅크에서는 아프리카의 교통문제를 해결하기 위해 드론을 활용하는 주제를 가지고 몇 년간 포럼을 개최 한 바 있다. 지금과 같은 도로를 건설하는 것은 불가능하기 때문이다. 유선전화를 뛰어넘어 바로 스마트 폰 시장으로 진입한 것과 같이 새로운 교통 시스템으로 무궁한 아프리카의 시장이 열릴 수 있다. 한국의 젊은이들이 개척 하면 좋은 기회가 될 수 있다고 판단된다.

7.3.4 에너지 및 물 소비 관리

도시의 공공에너지, 계절마다 생산과 소비가 다른 에너지 문제 등은 인공지능을 활용하여 피크타임, 에너지 효율 및 과소비 형태 등을 데이터를 분석함으로써 해결 가능하다.

7.3.5 긴급상황

위험한 상황인 화재, 빨리 갈 수 있고 비어 있는 병원 응급실 상황 등을 인공지능과 데이터를 활용해 필요한 고객에게 안내해 준다.

7.3.6 환경모니터링·그린에너지 공급

대기오염, 자외선 농도, 날씨, 온도 등은 물론 활동에 적합한 다양한 정보를 고객 맞춤형으로 제공한다. 그동안의 고객(시민)들에 대한 데이터와 날씨, 계절적 대기오염 등에 대한 데이터를 기반으로 인공지능으로 선택하여 제공한다.

7.3.7 공간 없는 교육

스마트 시티는 교육 분야에서도 혁명적인 변화를 가져온다. 바로 장소와 공간에 관계없이 교육이 가능하도록 정보는 물론 시스템이 갖춰진다. 지금도 많은 콘텐츠와 유튜브를 통해 공개되지만 실질적으로 교육으로 시스템이 갖춰진 것은 아니다.
초·중등은 물론 평생교육까지 체계적으로 온라인과 별도의 시스템으로 운영된다.
그림 7.8은 모바일 스마트 시티의 개념도인데 2025년 시점에서 볼 때 대부분 인프라는 되어 있다고 볼 수 있다. 드론 택시와 교통 문제, 드론 택배 정도만 추가로 도입되고 서비스 부분에서 좀 더 편리한 것만 도입되면 스마트 시티가 실현될 것으로 생각된다.

생성형 AI 활용과 교육 (AI 및 챗 GPT 활용, 교육)

그림 7.8 스마트 시티의 무인 이동 택시 (ChatGPT그림).

7.3.8 한국의 스마트 시티 현황

한국은 대부분의 도시에서 스마트 시티를 도입하고자 한다. 2030년도까지 70%의 도시가 스마트 시티가 되고 인구로 보면 약 60%가 스마트 시티에 거주할 것으로 보고 있다.

그림 7.9 송도 스마트 시티.

그림 7.9는 한국에서 가장 먼저 인프라를 구축한 송도의 스마트 시티인데 한국보다는 외국에서 더 잘 알려져 있다.

7.4 스마트 팜

스마트 팜은 6차 산업이라 불릴 만큼 미래 유망 산업이다. 그동안은 아날로그 형태의 운영이나 관리였으나 빅데이터와 인공지능을 활용하여 쉽게 구현이 가능하다.
모든 농산물과 식품에 대한 이력은 물론 소비자까지 연계를 두고 가장 최적으로 운전, 운영이 가능하다. 농사를 짓는 사람과 소비자의 구분이 없고 지금과 같은 계절적 농사를 탈피하여 공장과 같은 방법으로 생산이 가능해 진다.

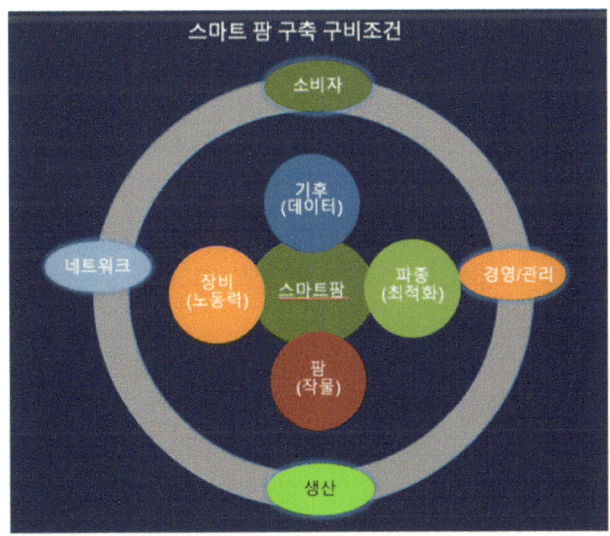

그림 7.10(a) 스마트 팜을 구축하기 위한 기본 요소.

그림 7.10(b) 스마트 팜을 구축하기 위한 기본 요소.

그림 7.10은 스마트 팜을 구축할 때 기본적으로 고려하여야 할 사항들이다. 이들을 종합해서 운영하기 위해서는 관련 데이터를 잘 활용하여야 하기 때문에 인공지능이 핵심 기술로 들어간다.
 현재의 기술로도 모두 가능한 것들이다.
 그림 7.11은 앞서 설명한 기본 기술들을 실제로 펼쳐서 보인 것인데 작물에 필요한 모든 정보를 센서를 이용해 측정하여 얻고, 관련 데이터를 활용해 작물 성장에 필요한 요소들을 자동화하여 공급하는 시스템이다.
 이 개념은 미래의 농업이 아니라 당장 할 수 있는 농법이나 투자에 대비 매출을 높이는 문제가 남아 있다.
 그림 7.12는 2019년도에 미국의 캘리포니아에서 벤처기업이 설치한 스마트 팜인데 일종의 식물공장과 같다. 24시간 가장 적합한 환경에서 식물을 만들 수 있다. 파종 및 수확은 로봇이 하고 LED 등을 이용해 햇볕을 공급하고 습도 등 모든 조건을 자동으로 한다.
 이 조건으로 작물이 재배되는 경우는 공장에서 저렴하게 생산되기 때문에 후진국들이 노동력으로 작물을 재배하는 방식으로는 국제 시장에서 도저히 가격 경쟁력이 안 되어 경제적 종속(노예)이 된다고 필자가 아프리카 대학에 있을 때 강조한 바 있다. 그러나 후진국들은

아직도 종래의 노동집약적 중농정책을 고수하고 있다.

먼 미래가 아니라 현재의 기술도 모든 것을 해결할 수 있기 때문에 곧 시장의 재편이 올 것이다.

그림 7.11 스마트 팜의 기본 원리도.

그림 7.12(a) 미국 캘리포니아 벤처기업의 스마트 팜.[24]

---

[24] https://www.aerofarms.com/about-us/

그림 7.12(b) 미국 캘리포니아 벤처기업의 스마트 팜의 육성 및 로봇 수확.

그림 7.13 경북 상주에 설치된 스마트 팜 단지.

그림 7.13은 한국이 경북 상주에 설립한 스마트 팜이다. 상주 스마트 팜 혁신밸리는 총사업비 1,606억 원을 들여 2021년 12월 준공하였다. 자세한 관련 정보는 다른 문헌을 참고해 주기 바란다.

스마트 팜은 단순히 한국에만 국한된 것이 아니고 국제적으로도 전망이 매우 밝다. 작은 지하철 공간에서 하는 방법, 사막에서 구축하는 방법(UAE, 카자흐스탄 팜) 등 판로도 많아 젊은 세대들이 눈여겨볼 분야다. 스마트 팜이 가장 발달한 나라는 네덜란드로 한국의 많은 기업들이 벤치마킹하기 위해 방문한다. 매년 6월이면 스마트 팜 전시회가 열린다. 2025년도에는 6월 10일-12일 (3일간), 암스텔담에서 열린다.

7.5 인공지능(AI)과 식품 산업

인공지능은 식품 산업에 큰 영향을 미칠 것으로 판단된다. 식품은 지금까지는 재료와 만드는 사람들의 기술에 따라 전연 다른 결과를 생산하기 때문에 표준화가 어렵고 맛과 질도 천차만별이다.

그러나 인공지능에 관련 데이터를 학습시키면 인간이 만든 것보다 더 다양한 음식을 만들 수 있고 표준화가 가능하다. 또, 노동비도 저렴하여 향후 사업이나 연구에 유망 산업 중의 하나다.

그림 7.14 한국의 롯데 쿠키.   그림 3.15 인공지능에 의한 피자 배달 로봇.[25]

그림 7.14는 롯데제과에서 처음으로 인공지능으로 만든 빼빼로 과자다. 2016년 12월 도입하여 2017년 10월 출시했다. 사용된 인공지능 플랫폼은 IBM 왓슨이다. 필자는 이 과자를 사람이 만든 것과 얼마나 다른지 시음 해 보았다. 해외 강연시에는 한국에서 만든 이 과자를 나누어 주면서 학생들의 호기심을 자극하였다.

그림 7.15는 로봇을 이용해 음식을 배달하는 장면인데 이미 한국의 대학 캠퍼스에서 시연한 바 있다. 식당에 로봇을 도입하여 배달하는 것이 아주 짧은 시간에 이루어지듯 드론 도입도 일시에 보급 될 것으로 본다.

그림 7.16은 커피의 맛에 절대적으로 영향을 미치는 원두의 상태를 판별하는 공장의 인공지능 활용을 나타낸 것이다.

---

[25] https://www.mk.co.kr/news/economy/view/2021/05/434464/

그림 7.16 딥러닝을 이용한 커피콩 결함 제거.[26]

그림 7.17 커피 맛에 영향을 미치는 다양한 요소들.[27]

---

[26] https://www.mdpi.com/2076-3417/9/19/4166
[27] https://theprimadonnalife.com/coffee/coffee-101/what-does-your-coffee-taste-like/

그림 7.18 다양한 맛을 낼 수 있는 커피 기계.

그림 7.17은 커피에서 다양한 맛을 내는 요소를 정리한 것이고, 그림 7.18은 인공지능을 이용해 소비자 기호에 맞게 커피 맛을 제공하는 커피 기계다.

많은 데이터를 인공지능에 학습시키면 소비자 기호에 가장 최적화된 커피를 다양하게 제공할 수 있다. 이와 같은 아이디어를 에티오피에 대학에 있을 때 석박사과정 학생들에게 강의하여 벤처를 설립 할 것을 독려 하였으나 귀국하는 관계로 뜻을 이루지 못하였다.

한국 간식 치킨의 맛을 결정하는 요인은 여러 가지가 있겠으나 중요한 것은 튀기는 시간과 온도이다. 사람이 일일이 하는 것은 노동 강도가 많아 소규모 가게들의 고민 거리다. 인공지능을 탑재한 로봇을 도입하면 기호에 맞는 치킨을 만들 수 있다는 것이 필자의 생각이다. 인공지능으로 육질상태, 레시피 데이터 등을 학습시키고 여기에 따른 튀김온도, 시간을 학습 시키면 자동화로 최고의 맛을 낼 수 있는 치킨을 얻을 수 있다. 이러한 생각을 중소기업에 조언한 바 있다. 인공지능 치킨 로봇이 급속히 확산 될 것으로 본다.

7.6 디자인 및 패션

인공지능을 이용한 디자인 분야는 지금 가장 활발하게 응용되고 있는 분야다.

그림 7.19는 아마존에서 인공지능을 이용해 최초로 디자인한 결과를 2017년에 발표한 사진이다.

그림 7.19 아마존의 인공지능 패션 발표.[28]

한국의 한국전자통신연구소(ETRI)에서 개발한 인공지능 기반 패션 툴은 6억 개의 패션 데이터를 입력한 것으로 발표하고 있다. AI와 메타버스를 융합한 방법도 소개되고 있다(그림 7.20).

그림 7.20 AR/VR/AI을 이용한 패션 디자인.[29]

---

[28] https://www.technologyreview.com/2017/08/24/149518/amazon-has-developed-an-ai-fashion-designer/

[29] https://www.joongang.co.kr/article/23965027#home

7.7 인공지능(AI) 뷰티

최근에는 그림 7.21과 같이 문자를 넣으면 이미지로 변화해 주는 챗GPT 디자인 툴도 매우 많이 출시되었다. 이에 대해서는 필자 논문을 참고하면 여러 개를 볼 수 있다.

그림 7.21 텍스트 이미지 변환 챗GPT 출력 패션 디자인.

그림 7.22는 삼성에서 이미 2015년도에 개발하여 국제 전시회에서 공개한 인공지능 기반 뷰티 시스템이다.

인공지능을 이용한 뷰티는 직접적으로 활용이 가능하고 효과가 커서 많은 어플들이 출시되어 있다.

그림 7.22 AI를 이용한 뷰티.

AI와 가상체험을 통해서 이상형의 미용을 만들고, 기업에서는 고객에 맞는 서비스를 AI의 데이터를 이용해 할 수 있다. 생성형 신경망(GAN)은 얼굴의 노화, 색, 얼굴형에 적합한 미용을 시뮬레이션하여 제공할 수 있다.

시뮬레이션 결과를 이용해 고객에 적합한 화장품을 추천할 수 있고 미용법도 제공할 수 있다. AI 기술은 고객의 얼굴 잡티, 주름, 피부결, 다크 서클, 홍조, 유분, 수분, 여드름, 눈밑 지방, 탄력, 광채, 상안검 및 하안검, 모공 등에 대한 것을 시뮬레이션하고 다양한 가상 얼굴도 만들 수 있어 미용 비즈니스에 있어서는 필수다.

그림 7.23 인공지능을 이용한 미용 분석.

그림 7.23은 인공지능이 화장하는 방법을 제시한 것인데 ChatGPT가

필자의 프롬프트 명령에 대답한 것이다. 얼굴형태, 피부색, 얼굴의 반점 등 데이터에 따라서 얼굴색, 피부색, 얼굴모양을 분석하고 이에 적합한 미용법을 제공하는 것이다. 퍼펙트[30]는 인공지능(AI)과 증강현실(AR) 기술이 탑재된 가상 뷰티 피팅 방법을 제공하는 솔루션이다.

이 솔루션은 '인공지능 얼굴 분석(AI Face Analyzer)' 플랫폼으로 AI 기술로 얼굴, 눈, 눈썹 및 입술 모양을 포함한 70개 이상의 얼굴 특성과 눈, 눈썹, 입술, 머리카락 색, 피부색은 물론 음영 상태를 반영해 메이크업 할 수 있도록 하고 있다. 이 프로그램은 안경, 귀걸이, 기타 보석, 모자 등에 대한 맞춤형 제품 추천에도 활용할 수 있다.

롯데백화점에서도 인공지능을 이용해 여성들의 화장에 대한 것을 상품 홍보에 활용한 정보가 보도된 바 있다. 고객들의 화장에 필요한 다양한 정보(피부색, 화장품 특징, 기타)를 이용해 고객들의 화장방법을 제안하는 마켓팅-기술이다.

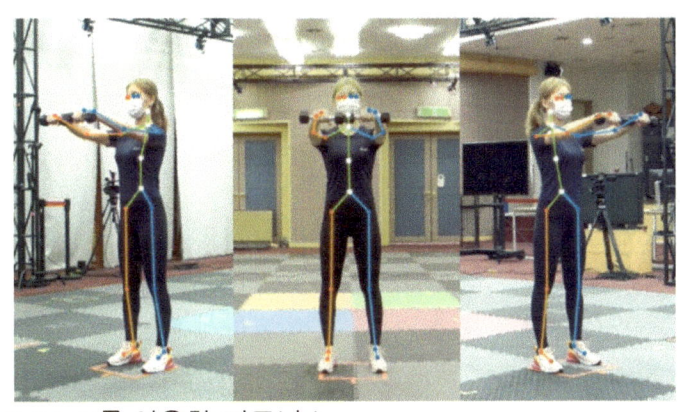

그림 7.24 AI를 이용한-피트니스.

그림 7.24는 건강관리를 위해 운동하는 피트니스에 인공지능을 도입한 경우다. 사람의 체형에 맞게 운동기구의 운동 강도와 방법 등을 맞춤형으로 할 수 있도록 한 것이다.

일본 대학교수인 히도시 마쓰바라는 인공지능을 이용해 소설을 썼는데 2016년 '호시문학상'에서 1,450명의 응모자 중 11위를 차지한 바 있다.

---

[30] https://www.aitimes.kr/news/articleView.html?idxno=22915

그림 7.25 인공지능이 그린 그림.(2018.10., NY Times)

그림 7.25는 인공지능이 그린 최초의 그림으로 2018년도에 75,000불에 매각되었다.

7.8 인공지능(AI)과 음악

음악에는 인공지능이 다양하게 이용되고 있다. 음악의 장르 구분, 음원 특성 구분, 작곡 등 상업적으로 활발하게 활용되고 있다. 따라서 음악 분야에 인공지능을 활용한 창업이 활발하게 이루어지고 있다.

① IBM 왓슨(Watson) 음악 인지능력 : IBM 왓슨은 불규칙한 음악 데이터를 이용해 감정을 인지할 수 있다. 2만 6천여 개의 음악 형태를 입력하여 음악의 패턴을 분석할 수 있다.
② 소니 CSL : 사람과 같이(음악 작곡자) 음악을 재생할 수 있는 능력을 갖고 있다.
③ 구글의 AI듀엣(Duet) : 구글이 개발한 것으로 사람과 같이 듀엣으로 멜로디를 연주할 수 있다.
④ Jukedeck : 인공지능을 기반으로 작곡을 할 수 있다.
⑤ Spotify : 수백만 개의 노래를 제공할 수 있는 서비스 회사다.

⑥ LANDR : AI로 음악을 작곡하는 벤처기업이다.
⑦ Shazam : 모바일로 음악을 찾을 수 있도록 하는 인공지능 기반 음악 벤처기업이다.

수많은 음악 곡을 선정하여 듣고자 하는 사람들에게 선곡을 할 수 있는 등 활용방법이 무궁하여 벤처기업이 많다.
필자는 음원데이터의 주파수를 인공지능으로 시각화한 후 이 시각화한 데이터를 이용해 인공지능으로 음악의 장르를 구분할 수 있는 방법을 구글의 코랩 프로그램을 이용해 실현하여 국제 학술지에 발표한 바 있다.

7.9 인공지능(AI)과 스마트 공장

인공지능의 파급이 가장 큰 영역 중의 하나가 스마트 공장이다. 스마트 공장은 많은 데이터를 수집하고 이를 생산 공정에 맞게 운영하여야 하는데(자동화공정) 이때 인공지능의 역할이 절대적이다. 많은 데이터를 활용해 판단하고 작업을 하도록 지원하여야 하는데 그림 7.26 (a)은 운영에 필요한 요소 기술들의 개략도를 나타낸다.

7.9.1 블록체인(Blockchain)과 인공지능 협업

스마트 공장은 물론 인공지능을 이용한 크라우드 컴퓨팅, 뱅킹, 각종 서비스 산업에 인공지능이 다양하게 도입된다.
이때 보안 문제는 가장 중요하게 생각하여야 할 문제인데 지금도 각종 해킹, 보안 유출이 문제가 되고 있다. 이를 방지하기 위해 오래전부터 블록체인의 보안 능력을 인공지능 서비스에 도입하기 위한 연구가 활발히 진행되고 있다. 향후 이러한 기술은 더 적극적으로 도입될 것으로 본다. 관련 기술들은 블록체인에서 다룬다.

7.9.2 인공지능의 예측 진단 기술

인공지능의 탁월한 능력 중의 하나는 많은 데이터를 이용해 시스템을 자동화 하고 예측하고 사고를 진단할 수 있는 능력이다. 공장의 대형사고나, 사고가 날 위험성 등 진단에 매우 효과적으로 이용된다.

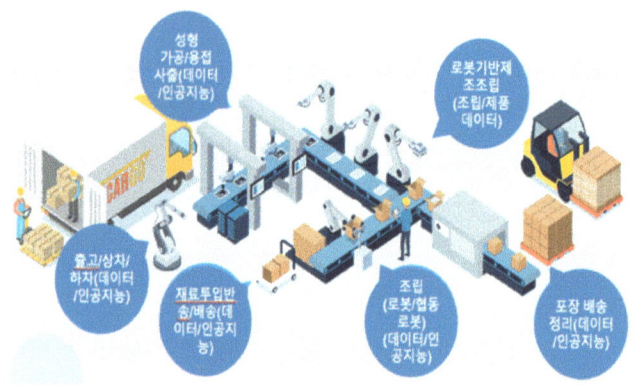

그림 7.26(a) 인공지능 기반 스마트 공장.

그림 7.26(b)는 대형 빌딩을 자동제어 할 수 있는 방법을 나타낸 것이다. 온습도를 환경에 적합하게 학습하여 제어하 하는 구조이다.

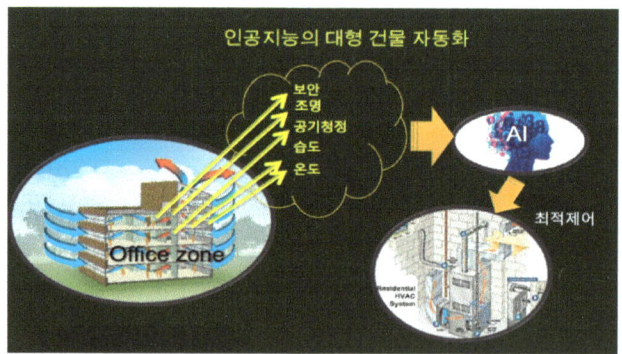

그림 7.26(b) 인공지능을 이용한 대형 빌딩의 자동화 방법.

7.10 인공지능(AI) 메타버스, IoT

인공지능과 서비스가 가장 효과적으로 나타난 것이 메타버스 분야다.

인공지능이 최근 화두가 되기전에 메타버스 열풍이 분 적이 있다.

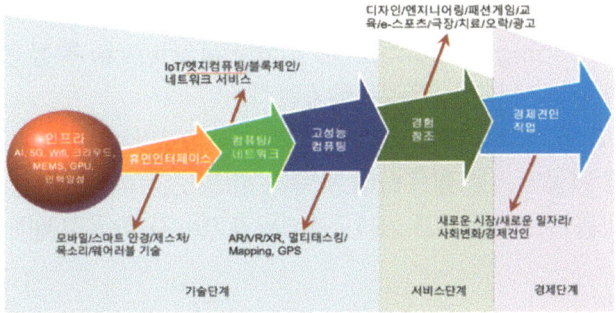

그림 7.27 메타버스의 영향.(강의자료 중에서)

7.11 인공지능(AI)과 신물질 창출

그림 7.28은 우리 삶에서 인공지능이 사용되고 있는 사례들이다. 우리 삶을 볼 때 다양한 영역에서 협력이 이루어져야 가능하다. 이때 어느 영역에 인공지능이 필요한지를 나타낸 것이다.

그림 7.29는 신물질 창출을 위해 인공지능이 어떻게 이용되는지 그 절차를 나타낸 것이다. 이미 알고 있는 물질의 데이터를 인공지능에 학습시켜 새로운 것을 만들고자 하는 것이다. 또, 물성의 성질을 인공지능으로 예측하는 분석도 할 수 있다.

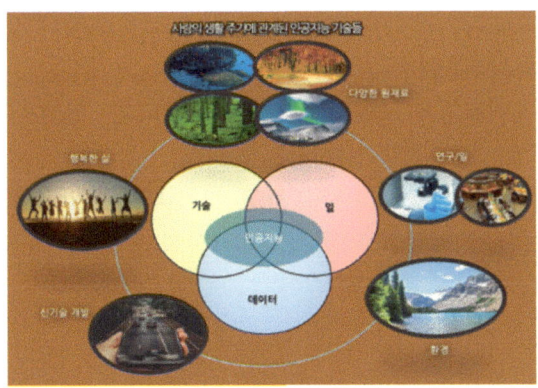

그림 7.28 우리 삶의 인공지능 활용 분야.

이들 자료는 필자가 해외 대학에서 강연을 위해 영문판으로 나온 자료들을 정리한 것이다.

캐나다 대학에서는 인공지능을 이용한 슈뢰딩거 방정식(Schrödinger equation in material science) 특성 연구도 하고 있어 과학 분야에 대한 응용은 무궁하다.

우리나라의 경우 포항제철이 꿈의 강판이라는 자동차용 강판을 개발할 때 인공지능을 활용하여 사람이 하면 8,834년 걸리는 일을 10일 만에 성과를 낸 바 있다고 2017년 6월 17일 자 한국경제에 보도된 바 있다.

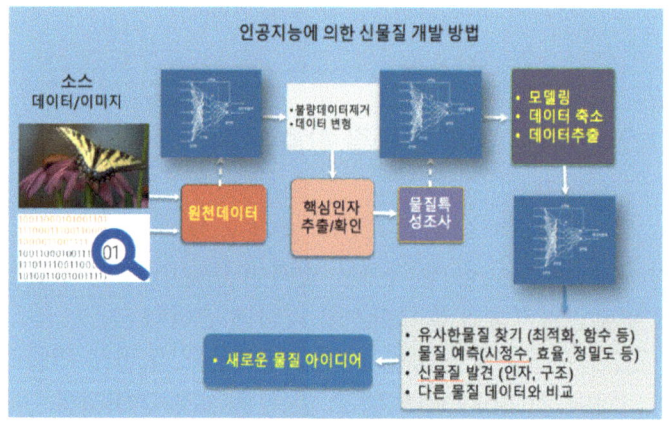

그림 7.29 인공지능을 이용한 물질 창출 순서.

자동차용 강판은 가볍고 사고 시 모양을 가능하면 지탱해 줄 수 있도록 질겨야 한다. 이러한 강판을 개발하기 위해서는 수많은 실험을 거쳐야 하기 때문에 시간이 많이 걸린다.

그러나 포항 제철은 이러한 실험을 거치지 않고 인공지능으로 시뮬레이션을 하여 해결한 것으로 판단된다.

인공지능의 역할이 얼마나 중요하고 왜 배워야 하는지를 실질적으로 보여 준 중요한 사례다. 제약회사, 바이어회사 들이 인공지능 연구에 사활을 거는 이유다.

7.12 인공지능(AI)과 군사

2022년 2월 24일 시작된 러시아와 우크라이나 전쟁에서 가장 두드러진 기술은 드론이다.

탱크나 기타 무기들은 종전의 것들이었지만 드론이 전쟁에서 얼마나 유용하고 무서운 무기가 될 수 있는지를 뚜렷하게 입증하였다.

이 드론의 핵심 기술은 인공지능이다.

그림 7.30 군사 드론(ChatGPT 4o로 생성된 군사드론).

인공지능으로 데이터(문자, 이미지, 기타 통신 데이터 등)를 학습시켜 목표지점에 정확히 폭격과 물체를 이동시킬 수 있다. 드론에 대한 상세한 기술은 별도 참고서를 이용해 주기 바란다.

7.13 일자리 변화

4차 산업혁명 중에서 가장 중요한 핵심 기술은 인공지능이다. 이 기술이 여러 곳에 침투하면서 가장 크게 달라지는 것은 일자리 즉, 직업의 변화다.

대부분의 일들이 자동화되고 인공지능으로 학습시켜 무인으로 되는 등 크게 일자리가 변한다. 일자리 변화에 대해서는 본서 다른 장에서 언급하였다.

7.14 국가에는 어떤 영향을 미칠까?

인공지능이 중요한 핵심 기술이고 그 파급이 크기 때문에 각국은 이를 중요한 핵심 기술로 보고 정책을 추진 중이다.

선진국들은 대부분의 첨단 기술을 이용해 비싼 노동력 대신 인공지능과 로봇으로 저렴한 물건을 생산하게 된다. 지금까지의 산업혁명 시대와는 차원이 다른 방법으로 국제 시장을 선점하게 된다.

국제적으로 빈익빈 부익부가 더 심각해지게 된다. 저개발 국가들이 더 어려워지는 이유다.

그림 7.31은 월드뱅크 자료를 이용해 농업의 기여도를 나타낸 것인데 한국의 경우 1.7%만이 경제에 기여를 한다.

후진국들이 인기에 영합하여 단순 노동력을 많이 만들어 나눠 주고 땅이 넓다고 농업 정책을 펴는 것은 미래를 더 암울하게 만드는 자살 행위이다. 선진국들이 인공지능 정책을 어떻게 생각 하는지는 이 책 일러두기에서 언급한 바 있다.

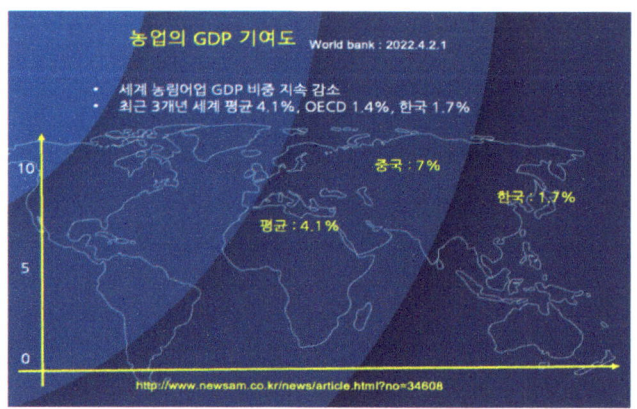

그림 7.31 농업의 GDP 기여도.

제8장

인공지능(AI)과 IoT

- IoT는 무엇인가?
- 어디에 사용할 수 있나?
- 핵심 기술은 무엇인가?

8.1 IoT 개요

IoT(The Internet of Things)는 멀리 떨어져 있는 기기와 연결하는 기술이다. 멀리 물체가 있으면 이것을 연결하여야 중앙 센터나 오피스에서 상황을 판단할 수 있고 통신이 가능하다. 이러한 연결 기술들을 IoT라 한다.

미래는 대부분의 장치나 기기는 물론 모든 시설과 장치들이 연결되어 하나의 장치로 제어가 가능하다.

지금도 원격으로 컴퓨터를 제어하고 있다. 이와 같은 기술이 가능한 것은 많은 데이터를 이용해 인공지능이 학습하여 상황을 쉽게 판단할 수 있기 때문이다.

8.2 미래 기술 IoT

IoT에 대한 발상은 1970년대 간단한 장치를 연결하자는 뜻에서 시작되었다.

1980년대에 카네기 멜른 대학에서 코카콜라 기계를 원격으로 조종하기 위한 프로그램이 도입되어 발전되었다.

1999년도에는 Kevin Ashton(the Auto-ID Center at MIT)이

처음으로 IoT를 언급하였다.

미래 기술로서 IoT는 그림 8.1과 같이 사물과 연결하여 원격으로 정보와 제어를 하여야 하는 경우 절대적으로 필요한 기술이다.

스마트 홈, 스마트 팜, 스마트 그리드 등 모든 영역에 필요한 기술이다. 제조업에서는 생산 라인 모니터링을 하는 데 활용할 수 있다.

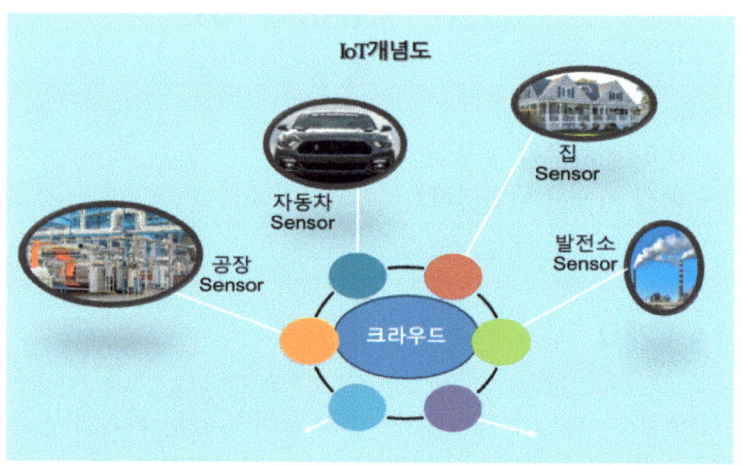

그림 8.1 IoT 개념도.

8.2.1 자동차

자동차 생산 라인에서 IoT 생산라인을 활용하는 것은 당연하지만 운행 중인 차량의 상황을 감지하여 사용자에게 상태를 알려 주는 데도 매우 중요한 역할을 한다.

명품 자동차를 만드는 곳으로 유명한 롤스로이스는 이미 2018년도에 IoT와 AI를 이용해 주행 중인 차의 엔진 진동, 상태 등을 분석하여 고객 관리를 함으로써 서비스 매출이 자동차 판매 매출가격을 웃돌았다.

타이어를 만드는 미셀린(Michelin)은 AI와 IoT를 이용해 주행 중 타이어 상태를 분석하여 제공함으로써 2018년도에 타이어를 판매한 것보다 서비스를 제공한 것이 더 많았다.

자동차·타이어 회사인지 서비스 제공 회사인지 구분이 안 간다.

8.2.2 운송 및 물류

운송 및 물류 시스템은 IoT 기술을 적극 활용하게 된다. 물류시스템에 IoT 각종 센서를 부착하고 데이터를 이용해 모니터링함으로써 기상 조건, 차량 상태, 위치, 선박, 화물 상태를 추적하여 모니터링하고, 경비를 절약할 수 있다.

8.2.3 소매 유통

IoT 애플리케이션을 통해 소매업체는 재고를 관리하고 데이터를 기반으로 고객과 연계된 서비스를 할 수 있다. 근거리 통신 기술로 맞춤형 상품 및 고객의 만족도와 연계된 상품 구입이 가능하도록 한다.

그림 8.2 스마트 홈과 다양한 서비스(IoT, AI가 연결되어야 가능하다).

8.2.4 공공 부문 및 건강관리

공공 부문 및 헬스케어에서 큰 역할을 한다. 의사, 간호사 및 기타 병원 종사자들은 휠체어를 사용하는 환자들 위치를 파악할 수 있어 관리에 편리하다.
병원에서 필요한 자산에 대해서도 같은 방식으로 모니터링이 가능하다.

8.2.5 홈 자동화 및 산업 안전

홈 자동화 및 모니터링은 물론 각종 산업의 시설에 IoT를 적용하면 안전 모니터링을 할 수 있다.

그림 8.2는 명령을 받는 스피커를 이용해 홈 모니터링은 물론 다양한 서비스를 하는 시스템을 나타낸다. 이러한 플랫폼 경쟁 때문에 그림에 나타낸 것과 같은 기업들이 스피커 경쟁에 돌입한 적도 있다.

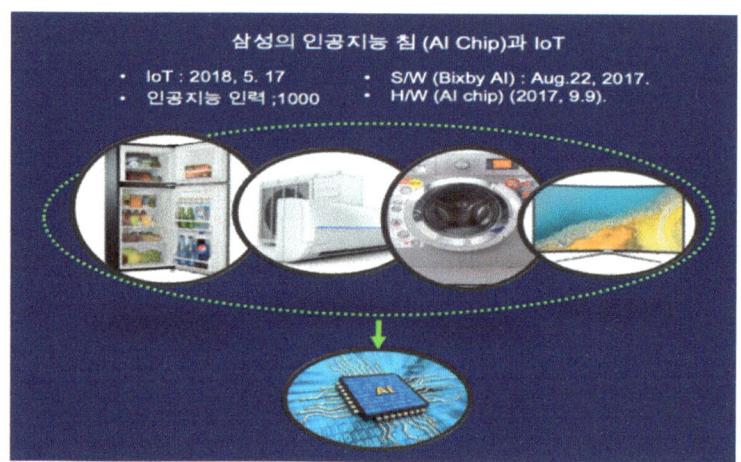

그림 8.3 삼성의 스마트 홈, IoT.

그림 8.3은 삼성전자의 IoT 구축 방법을 나타낸 것인데 자료는 이미 2017년도 CES에서 발표된 것이다. 인공지능 칩(반도체)을 이용해 모든 것을 연결하여 인공지능으로 구현하겠다는 내용인데 이미 이 기술들은 다 완성되었다고 볼 수 있다.

이 기술에 IoT와 인공지능이 핵심으로 들어가고 인공지능 인력도 1,000명 확보하겠다는 전략이었는데 2018년도에 삼성전자는 전 세계에 인공지능 센터를 설립하여 이미 인력도 확보한 것으로 보인다.

그림 8.4는 인공지능에 의해 미래 사회가 변하고 일자리도 크게 변하는 것을 나타낸 것인데 이미 모두 기반 기술이 확보되었다고 보면

된다. 다만 법적 문제, 사회적 문제로 적극적으로 도입이 되지 않고 있다. 그러나 급속히 변할 것은 분명하다.

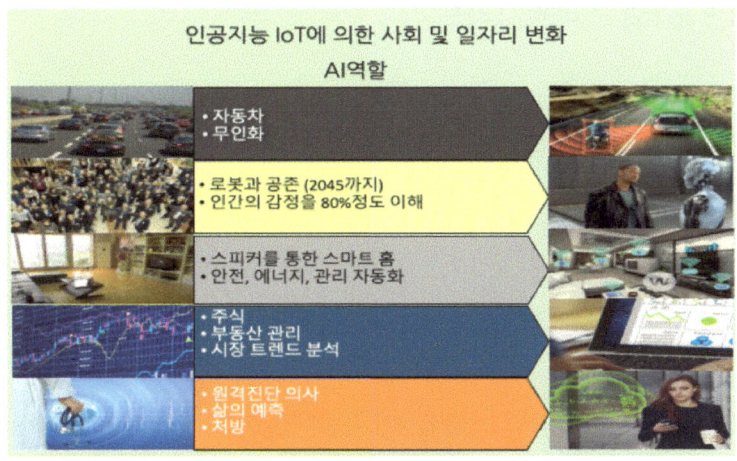

그림 8.4 인공지능에 의한 일자리 변화(필자의 강연자료 중).

그림 8.5는 인공지능, 데이터, IoT에 의해 모든 사물이 연결되고 운영되는 것을 나타낸다. 즉, 대부분의 사물들이 연결되어 운전되고 데이터가 축적되어 인공지능으로 상황을 판단한다.

그림 8.5 IoT, 인공지능, 데이터에 의한 사물 연결.

8.3 IoT와 스마트그리드

스마트그리드는 많은 전력 설비와 소비자를 연결하여 에너지를 절약하고 효율적으로 전기를 공급하고자 하는 시스템이다.

그림 8.6 스마트그리드 구조.

따라서 많은 시설을 서로 연결하여야 하는데 IoT가 핵심 기술이 된다. 스마트그리드는 근본적으로 에너지 절약, 안정적인 에너지 공급, 효율적인 운전 등이 포함되어야 한다.

따라서 많은 운전데이터가 필요하고 이를 적절히 이용하여 상황을 적시에 맞게 판단하여야 하기 때문에 인공지능도 필수로 들어간다.

제어 방법으로 스카다(SCADA : Supervisory Control and Data Acquisition System), PLC(Programmable Logic Controller), EMS(Energy Management System) 등도 도입 되어야 한다.

IBM 왓슨은 IoT 네트워크의 구축전략을 추진 중이다. 앞서 설명한 모든 사물을 접속하여 정보를 공유하겠다는 전략이다.

그림 8.7은 네트워크의 발전 역사를 간단히 요약한 것인데 차후는 보안 문제로 블록체인을 기반으로 구축된다는 것이 모든 전문가들

이야기고 이미 스위스 등에서는 모든 공공 행정이 블록체인으로 이루어지고 있다. 잘 사는 이유가 있다.

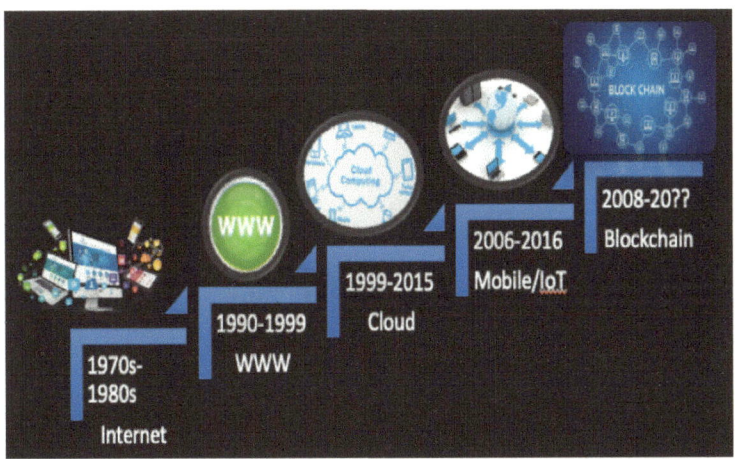

그림 8.7 네트워크 발전 역사.

제9장

인공지능(AI)과 메타버스

- 메타버스란 무엇인가?
- 왜 미래 기술인가?
- 어디에 사용할 수 있는가?

9.1 개요

메타버스(Metaverse), 디지털 트윈(Digital Twin), 사이버 물리 시스템(CPS : Cyber-Physical System), 이들 구현에 필수인 AR/VR(Augermented Reality/Virtual Reality)이 새로운 먹거리로 등장하고 있다. 2025년 2월에는 삼성이 신제품을 출시 했다는 보도도 있었다.

이들의 기본 기술과 동작원리를 자세히 알아야 연구 및 활용할 수 있으나 본 책에서는 인공지능 활용에 필요한 이해를 돕는 정도로만 소개를 한다.

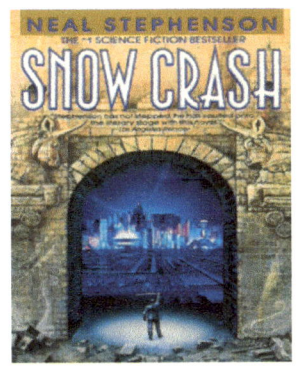

그림 9.1 메타버스를 처음으로 언급한 '스노우 크래시' 소설 표지.

그림 9.1 메타버스를 처음으로 언급한 '스노우 크래시' 소설 표지.

메타버스(Metaverse)는 '초월'을 의미하는 'meta'와 우주를 의미하는 'universe'의 합성어로 여러 영역에서 언급되고 있다.

메타버스라는 단어는 1992년 닐 스티픈슨(Neal Stephenson)이 쓴 SF 소설-Snow Crash에서 언급되었다. 그는 가상 미래 사회의 모습을 메타버스, 아바타, 세컨드 라이프 등 개념으로 이 소설에서 언급하였다.

30년 전에는 이 소설 속의 이야기가 불가능했으나 최근 통신, 네트워크, 플랫폼 소프트웨어 등이 급격히 발전하여 구현이 가능하게 되었다. 아울러 제조 분야에서는 CPS, 디지털 트윈이라는 용어가 도입되어 사용되어 왔다.

IT와 엔터테인먼트 업계에서 시작된 메타버스는 온라인 문화가 확산되면서 가상공간에서 다양한 콘텐츠를 구현할 수 있는 활용성 때문에 폭발적으로 증가하고 있다.

메타버스는 4차 산업혁명 시대의 가장 효과적인 기술로 마케팅, 모바일 네트워크, 증강현실, 소셜 미디어, 게임, 등 다양하게 활용될 수 있다.

시장조사 기업 리포트 링커의 2022년 2월 리포트에서는 글로벌 전체 메타버스 시장이 2026년까지 7,586억 달러(약 970조 원)에 이를 것으로 전망했다.

독일의 유명 통계 사이트 스타티스타(Statista)는 AR·VR·MR의 시장 규모가 2021년 307억 달러(약 36조 원)에서 2024년 2,969억 달러(약 350조 원)로 10배 가까이 급성장할 것으로 전망하고 있다.

한국의 경우 2020년 1월 발표된 디지털 뉴딜2.0 초연결 신산업 육성종합대책에서도 '메타버스 신산업 선도전략'이 제시되었다.

9.2 메타버스, 디지털 트윈, 사이버 물리 시스템은 어떻게 다른가?

4차 산업혁명은 다양한 기술들이 연결되어 완성되게 된다.

인공지능은 정보를 얻어 학습하고 그 결과를 제시함으로써 사용자가 판단을 할 수 있도록 하고 학습 데이터를 이용하여 소설이나 패션을 만들기도 한다. 또 음악 데이터를 이용하여 작곡과 장르를 구분하기도 한다.

이들이 완벽하게 동작하기 위해서는 데이터와 이들을 연결해 주는 네트워크가 필요하게 된다.

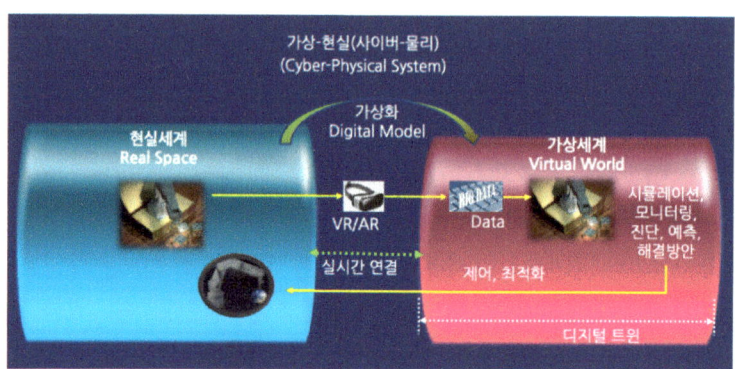

그림 9.2 사이버 물리 시스템/디지털 트윈의 정의.

최근 메타버스라는 단어가 많은 분야에 도입되면서 기존에 사용되던 사이버 물리 시스템(CPS : Cyber-Physical System), 디지털 트윈(DT : Digital Twin), AR, VR 등 언어들 간의 구분이나 정의가 명확하지 않아 일반 독자들이 이해하기가 어렵다. 전문가들 조차도 정확한 정의를 구분하기가 어렵다. 이와 같은 현상은 초기 발전 단계에서 태생이 달리 시작하여 발전되어 오다 영역이 서로 겹쳐서 일어난 현상이다.

그러나 지금도 메타버스는 논문이나 보고서에서는 사이버 물리 시스템, 디지털 트윈으로 많이 표기하고 있다.

사이버 물리 시스템은 엠베디드 시스템에서부터 시작되었다. 즉, 최근의 많은 기계장치나 IT장치들은 복잡한 조립을 피하기 위해서 크고 작은 엠베디드 시스템(H/W, S/W 모두 마찬가지임)으로 구성되어 있다.
　조립 단계에서 오차나 잘못된 결합을 방지하고 공정을 최적화하여 인건비를 줄임은 물론 운전 조건도 최적화하기 위해서 가상의 세계에서 다양한 시뮬레이션, 진단, 분석, 예측, 생산성 향상 분석 등을 시행한 후 실제 시스템에서 조립하는 것이다. 즉, 스마트 제조 엔지니어링을 위해서는 엠베디드 시스템, IoT, 센서를 이용한 계측제어, 공정모니터링 등이 필수이다.
　최초로 언급된 것은 2006년 미국 국립 과학재단(NSF)의 헬렌 길(Helen Gill)이다. 그 후 에드워드 리(Edward Lee) 교수가 2013~2015년에 제조업 분야에 대해 연구하였다.
　사이버 물리 시스템(CPS)과 디지털 트윈(DT)은 모두 상태 감지, 실시간 분석, 과학적 의사결정 및 정밀한 실행을 기반으로 디지털 세계와 물리적 세계 사이에 폐쇄 루프를 형성해 스마트 제조가 가능하도록 하고 있다.

9.3 디지털 트윈(Digital Twin)

　가상공간을 통해 새로운 것을 만든다는 점에서는 메타버스와 유사하지만, 시작된 배경, 기술 및 활용하는 점에서 차이가 있다.
　디지털 트윈(DT)라는 용어는 2003년 미시간 대학교의 제품 수명 주기 관리(Product Lifecycle Management, PLM) 발표에서 처음 제시되었다. 즉, 디지털 트윈은 당초 제조업에서 시작하였다.
　점점 복잡해지는 엔지니어링 시스템 문제를 해결하기 위해 미 항공우주국(NASA)과 미 공군은 항공우주 차량(우주캡슐)의 제품 수명 주기 관리나 가상 시뮬레이션에 디지털 트윈을 적용했다. 현재는 빌딩, 공장, 도시 설계, 건설, 거대한 시설에도 응용한다.
　이 방법 역시 복잡한 제조업 라인들을 디지털 트윈과 같이 가상의 세계에서 시뮬레이션, 진단, 분석, 예측을 한 후 실제 세계에서 조립한다.
　따라서, 최근의 디지털 트윈은 그림 9.3과 같이 제품 설계, 생산 라인설계, 생산 공정 최적화, 유지보수 관리 등 다양한 제조 분야에 적용돼 제품 성능, 제조 유연성 및 경쟁력을 높이고 있다.

디지털 트윈은 제조 과정에서 주로 사용되는 품질 관리, 제품 재설계, 시스템 기획, 물류 계획, 제품 개발에 IT 기술을 이용하는 기술로, 제조 데이터를 미리 가상 공장에 입력해 기계 고장, 공정 오차, 공정상의 문제점 등을 미리 파악하여 생산비용을 절감할 수 있다.

이미 GE, 지멘스, 다쏘시스템, SAP, 구글(Google), 아마존(Amazon), 메타(Meta), 애플(Apple), 마이크로소프트(Microsoft) 등은 디지털 트윈을 활용하고 있다.

메타버스는 사이버 물리 시스템, 디지털 트윈과 달리 현실 세계와 연결하지 않고 가상의 공간을 하나의 영역으로 취급하여 게임이나 영화처럼 실재하지 않는 것을 가상으로 만들어 내고, 우리가 경험하고 만져 볼 수 있는 공간과 사물을 가상공간에 그대로 복제할 수도 있다.

그림 9.3 디지털 트윈 항공기 엔진 사례.[31]

현재 가장 현실적으로 디지털 트윈이 잘 이용된다고 볼 수 있는 것이 스크린 골프로 볼 수 있다. 골프공이 스크린에 맞는 순간 화면 속 가상 골프장에 골프공이 나타난다.

메타버스는 앞의 9.1 개요에서 언급한 바와 같이 실제에 없는 가상의 세계에서 시작되었다. 각각의 가상 세계를 구현하기 위해서는

---

[31] https://www.ptc.com/ko/industry-insights/digital-twin

증강현실(AR : Augmented Reality), 가상현실(VR : Virtual Reality) 기술이 필요하다. 또한 인공지능과 같은 기술들도 필요하다.

이에 대한 자세한 요소 기술들은 후술한다.

그림 9.4는 지금까지 기술된 자료들을 바탕으로 정리한 현실세계와 메타버스 관계를 요약한 그림이다.

최근에는 이들 기술들이 서로 겹쳐 메타버스라는 용어로 많이 사용되어 가는 추세이나, 아직도 정확히 영역이 정의된 것이 없다는 것이 필자의 의견이다.

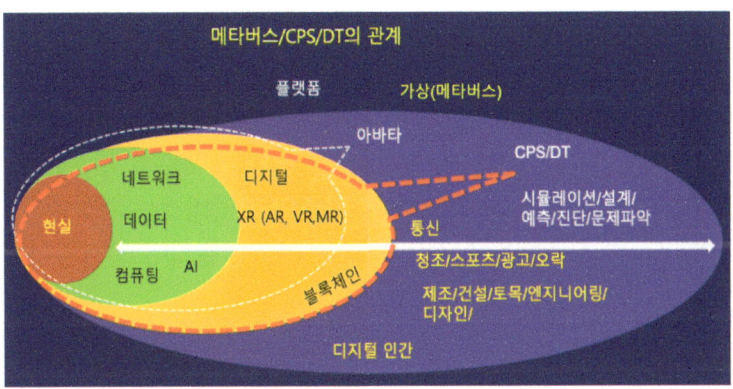

그림 9.4 메타버스 DT, CPS 관계.

9.4 사이버 물리 시스템(CPS : Cyber Physical System)

이것은 최근의 기술로 인공지능과 결합하여 공장 설계, 운영, 진단, 문제점 분석 등을 사이버상(가상공간)에서 구현하여 실제 공장을 건설하거나 운영하는 기술로 혁신적으로 공사기간이나 문제점을 파악할 수 있는 기술이다.

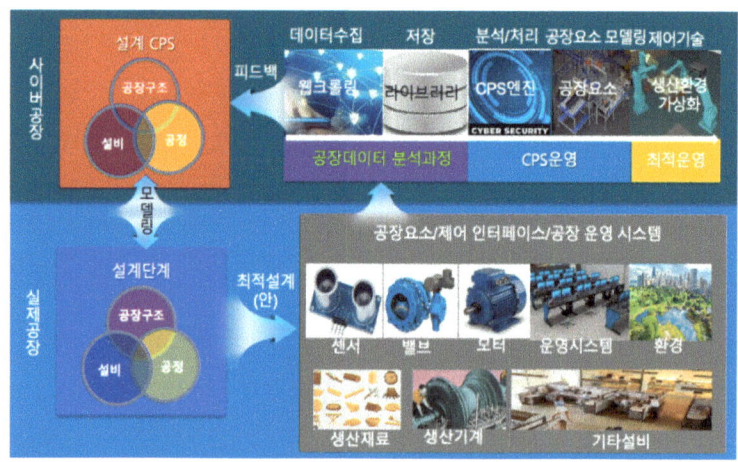

그림 9.5 사이버물리 시스템(Cyber Physical system).

따라서 단기간에 공사를 완성하고 모든 요소에 센서를 부착하여 공장의 상태를 감시하고 예측할 수 있다.

이 기술은 인공지능으로 공장의 모든 상태를 학습할 수 있기 때문에 가능하다. 메타버스의 한 영역이다. 기존의 메타버스는 가상공간에서만 이루어지나 이 시스템은 실제의 현실공간과 연결되어 운영된다는 점이 다르다.

9.5 증강현실(AR : Augmented Reality)

AR/VR이 최근 많은 영역에서 활용할 수 있고 그 기반 기술은 종래의 기술을 확장하면 되는 것들이어서 미래의 기술로 주목받고 있다.

AR(Augmented Reality)은 증강현실 기기로 알려졌다. 또, VR(Virtual Reality)은 가상의 세계를 실제의 현상처럼 보여 주는 영역이다. 이들 두 개의 기술을 합하여 최근에는 메타버스라는 단어로 크게 주목받고 있다.

증강현실은 가상현실의 한 분야로 실제로 존재하는 환경에 가상의 사물이나 정보를 합성해 마치 원래의 환경에 존재하는 사물처럼 보이도록 하는 컴퓨터 그래픽 기법이다.

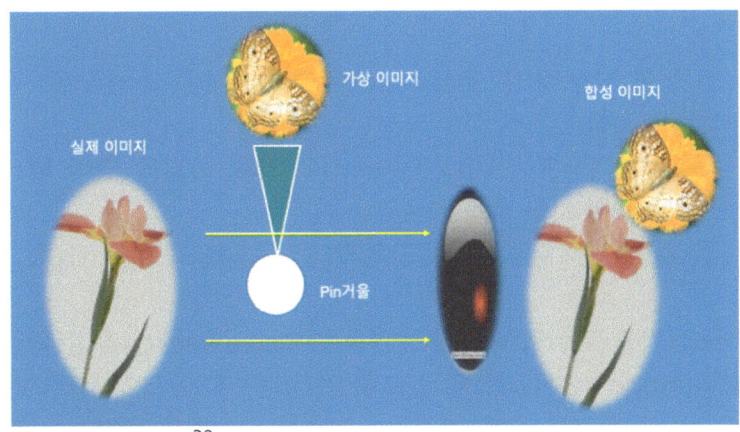

그림 9.6 AR 원리.[32]

완전한 가상세계를 전제로 하는 가상현실과는 달리 현실을 기반으로 가상의 대상을 결합해 현실의 효과를 더욱 증가시키는 기술이다. 즉, 가상현실에 현실 세계의 실제 모습이 추가된 형태다.

9.6 가상현실(Virtual Worlds, Virtual Reality)

AR(Augmented Reality)은 컴퓨터와 시각효과 등을 이용하여 실제 더 현실감 있게 느끼도록 할 수 있다. 그러나 이 장치만 활용하지 않고 VR과 접목시키면 가상으로 다양한 체험을 느끼도록 할 수 있다.

현혀 현실과 유사하거나 전혀 다른 세계를 3D 그래픽으로 구현한 가상세계(Virtual Worlds)는 게임, 엔터테인먼트, 제조업 등에서 활용이 가능하다.

9.7 AR/VR 기본 구성

AR/VR은 실제의 이미지와 가상의 이미지를 혼합하여 새로운 가상의 이미지를 산출하는 기술이다. 따라서 다음과 같은 기본 기술이 필요하다.

---

[32] https://www.frontiersin.org/files/Articles/180932/frobt-03-00003-HTML-r2/image_m/frobt-03-00003-g003.jpg

① 장면 발생 기술(Scene generator) : S/W와 H/W로 장면을 연출하는 기술.
② 추적 기술(Tracking System) : 실제 사물을 쫓아 영상으로 산출하기 위한 사물 추적 기술.
③ 디스플레이 기술 : 사용자에게 영상을 나타내 주는 기술

이들 장치를 모두 합쳐 혼합 현실장치(Mixed Reality) 또는 확장현실 XR(Extention reality)로 부르는데 2024년 CES에서 삼성이 보여 준 장치는 많은 관심을 모은 바 있다. 이들을 구현하기 위해서는 현실에 기반한 다량의 데이터를 학습하여 가상 영상을 만들어야 하기 때문에 인공지능이 필수다.

9.8 메타버스의 응용

메타버스는 수술, 군사, 스포츠, 설계/디자인, 교육, 엔터테인먼트 등에 다방면으로 이용할 수 있다.

통신 시설이 발전하고 속도가 빨라져 실제 환경과 컴퓨터 그래픽·문자 등을 겹쳐 실시간으로 볼 수 있는 증강현실이 가능하다.

이러한 장점을 이용해 스마트 웨어러블 장치를 이용해 건강이나 의료용으로 데이터를 클라우드 시스템에 업로드하여 소비자에게 헬스케어 서비스도 할 수 있고, 제조업에서는 가상으로 제조 상태를 볼 수도 있다.

또한, 산업 현장에서는 안전 및 최적화 동작을 제시하는 서비스도 할 수 있다. 모바일 지도(mobile mapping system)상에서 이동하며 수집한 포인트 클라우드(point cloud)를 이용해 GPS 신호가 끊기기 쉬운 도심의 빌딩 숲 안에서도 자율주행차가 정확하고 안전하게 현재 위치를 파악할 수 있어 자율주행차 연구에 큰 기여를 하고 있다.

대형설비의 가상운영(시뮬레이션)에 의한 경비 절감 : 항공기나 자동차와 같은 대형 제조업체들은 미리 공정 설비에 대한 시뮬레이션을 통해 제조업의 최적화 방안을 찾는 것이 중요하다.

이러한 곳에 확장현실(XR : Extended Reality) 기술을 활용해 공정의

테스트 모델을 가상으로 대체해 설계, 공정에 투입할 시간과 비용을 줄일 수 있다.

사물인터넷(IoT), 빅데이터, 인공지능, 사이버 물리 시스템(CPS), 디지털 트윈(Digital Twin) 등 4차 산업혁명을 견인하는 이들 기술들에 대한 연구가 제조 산업에서 활발하게 활용되고 있는 이유다.

제조 산업이 빠른 시간에 고품질의 제품을 저렴하게 제공하는 한편, 경험 서비스를 제공하여 고객의 요구조건에 맞는 제품을 제작 및 판매하면 최적 시간에 최저의 제품 배달(QCD : Quality, Cost, Delivery)이 가능하다. 전자통신연구원이 제시하는 2035년 디지털 트윈 도시를 제시하였다.[33]

이미 메타버스 기술은 제조업계에서 가상공간 회의나 기획, 마케팅, 제조, 생산, 유통, 판매, 서비스 등의 영역에 사용되고 있다.

앞서 기술한 기술들을 구현하기 위해서는 막대한 데이터를 기반으로 실시간으로 장면을 나타내 주어야 하기 때문에 인공지능은 필수다.

우리 생활에서 인공지능이 얼마나 중요한지 알 수 있다.

---

[33] https://www.aitimes.kr/news/articleView.html?idxno=20093

제10장
인공지능(AI)과 블록체인

- 블록체인이란 무엇인가?
- 왜 블록체인은 미래 기술인가?
- 인공지능과 블록체인은 어떻게 연결되나?

10.1 블록체인 개요

블록체인이란 단어는 일반인들에게는 다소 생소하게 들린다.
이 기술은 1997년 개념적으로 전해 오다가 2008년 사토시 나카무라(Satoshi Nakamuto)가 처음으로 논문으로 구체화하였다.
연구자나 정책 입안자들에게는 그 중요성이 알려져 많은 연구와 정책을 시행 중이다. 한국의 몇 대학에는 이미 블록체인학과가 있다. 블록체인 교육을 가장 먼저 한 나라는 지중해 연안의 작은 나라인 사이프러스이다.(면적 : 9,250평방킬로, 인구 : 126만, 개인소득 3만 4천불) 가장 먼저 교육을 특화 시켜 이 분야 세계적 명문 대학에 올랐다.
이 기술은 미래 인터넷 핵심 기술로 이미 다국적 기업들은 지목하고 네트워크에 활용하는 연구를 하고 있다. 인공지능은 IoT, 센서, 블록체인과 결합하여 스마트 시티, 의료, 금융과 연결되어 가고 있어 인공지능 활용을 위해서는 이 분야를 간단하게 나마 이해를 하여야 한다.
본 장에서는 인공지능을 활용하기 위한 간단한 내용만을 소개한다.

10.2 블록체인 기술

그림 10.1은 블록체인 기술 원리를 나타낸다.
이 그림은 필자가 문헌에 나와 있는 자료를 바탕으로 독자들이 이해하기 쉽도록 요약한 것이다. 블록체인이라는 명칭은 데이터가 정보 블록으로 저장되고 이러한 블록이 체인과 유사한 방법으로 연결되어

동작한다는 의미에서 유래한 기술이다.

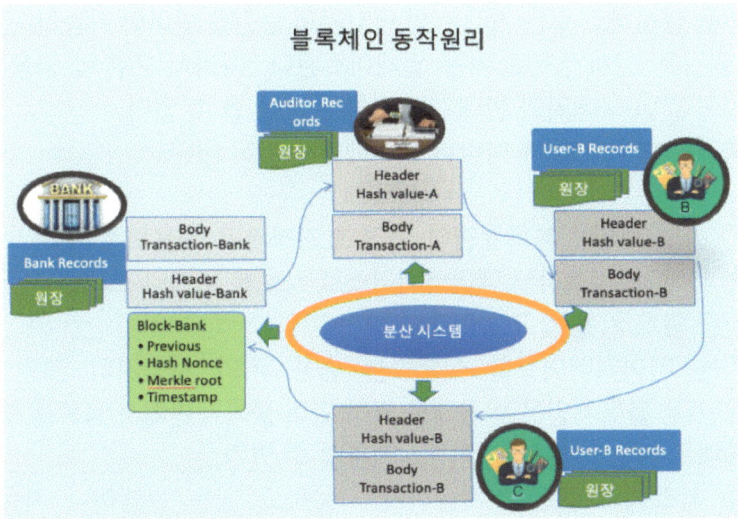

그림 10.1 블록체인 동작 원리.

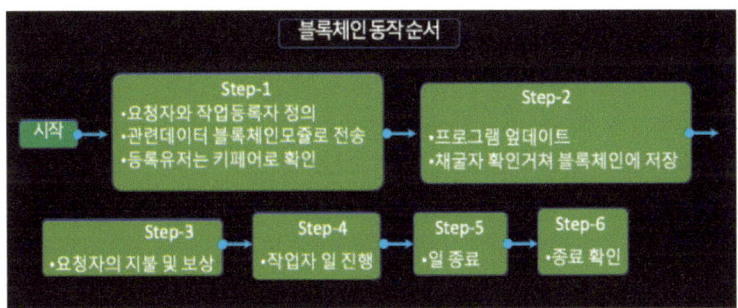

그림 10.2 블록체인 동작 순서.

이러한 블록체인 기술은 '금융 거래를 효과적으로 할 수 없을까?' 하는 발상에서 시작되었다. 동작 순서는 그림 10.2와 같다.

금융거래는 많은 돈이 거래가 되기 때문에 해킹을 당하지 않고 안전하게 거래하는 기술이 필수다.

그림 10.1에서 거래를 원하는 사람은 원장에 기록된 자료를 바탕으로 지금까지의 거래를 비교하여 정확하게 맞아야 거래가 가능하다.

거래를 할 때도 자기의 고유한 암호화된 키가 있어야 접근이 가능하다. 예를 들어 부동산을 거래할 때 구매자와 판매자 각각에 대해 하나의 원장을 생성하고 모든 거래는 양 당사자의 승인을 받아야 가능하다. 이때 두 원장은 실시간으로 자동 업데이트된다. 따라서 기존의 금융 거래 방법과 같이 구매자와 판매자가 다른 주장을 할 수 없다.

이러한 이점 때문에 다양한 분야에 활용되고 있다.

① 정보 보안 : 블록체인이 가장 효과적으로 사용되는 분야가 정보 보안 분야다. 암호화된 데이터베이스로 정보를 읽거나 쓰려면 사용자가 올바른 암호 키를 갖고 있어야 가능하다.

키는 데이터베이스를 식별하는 공용 키와 사용자의 개인 키로 구성된다. 블록체인은 비공개로 되어 있어 블록체인에서 정보를 보거나 업데이트 하는 사용자의 접근을 제한할 수 있다.

② 시스템의 분산 : 지금까지 사용하고 있는 은행이나 자동제어 시스템은 중앙집중식이다. 따라서 한 곳에서 고장 나면 시스템이 연결되지 않는다. 블록체인은 분산형 이므로 네트워크상에서 하나의 노드가 고장 나더라도 다른 노드는 여전히 데이터를 보유하고 있어 네트워크는 계속 작동된다. 각각의 원장은 동일한 사본이 복사 및 저장되고 있어 독립적으로 자체 업데이트된다.

③ 정보의 변조 방지 : 블록체인으로 거래할 때 새로운 정보는 모든 블록에서 함께 업데이트되고 이전 버전에 첨부되기 때문에 변조할 수 없다. 블록체인의 이와 같은 속성을 이용해 정보를 절대 변경하지 않고 보존해야 하는 경우에 매우 유용하게 이용된다.

④ 합의에 의한 거래 : 사용자격을 가진 사람들의 참여자가 확인하고 검증하지 않으면 블록체인에서는 정보를 업데이트할 수 없다. 이러한 합의에 의한 거래 모델은 어느 누구도 데이터를 통제하고 부정 거래를 생성할 수 없도록 보장한다. 따라서 투명한 계약에 활용할 수 있다.

⑤ 실시간 추적 기능(스마트 계약) : 현재 기술로 물건이나 행동을 실시간으로 추적하는 것은 매우 어렵다. 청정한 물건이나 육류 등 복잡한 유통 공급망에서 거래 상황을 완벽하게 파악하는 것은 불가능하다. 제품의 품질이나 안전성에 문제가 발생할 경우, 해당 제품을 추적하여 회수하거나 책임 소재를 찾는 것은 매우 어렵다.

또한 정보는 위조 및 변조의 위험이 있다. 블록체인 기술은 분산 원장을 통해 정보를 투명하고 불변적으로 기록하기 때문에 이러한 모든 문제를 해결할 수 있다.

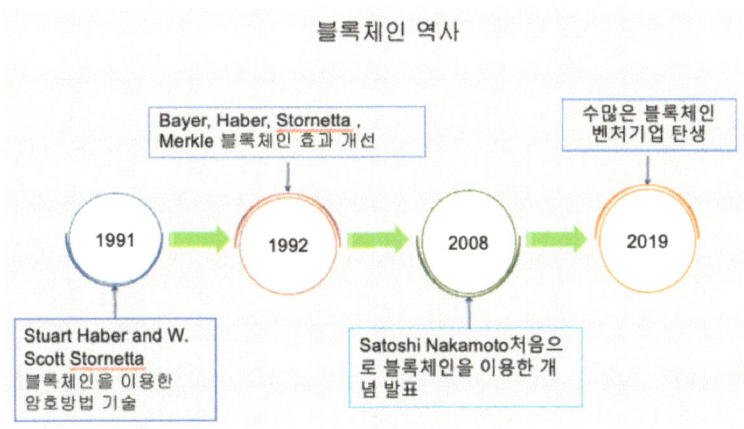

그림 10.3 블록체인 역사.

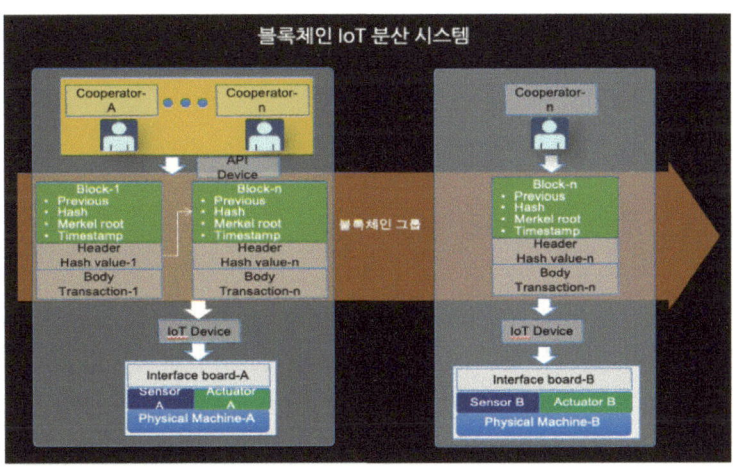

그림 10.4 블록체인을 이용한 IoT.

블록체인은 단순히 보안을 넘어 인공지능과 결합하여 다양한 분야로 응용이 가능하기 때문에 각국은 인공지능과 함께 중요한 핵심 기술로 보고 정책을 수립하고 지원하고 있다.
그림 10.4는 필자가 블록체인과 인공지능을 결합하여 네트워크를 연구하고자 제안했던 연구계획서에서 인용한 그림이다.

10.3 네덜란드 블록체인 현황

네덜란드는 블록체인 활용국가 중 유럽 연합에서 스위스와 함께 선두국가다. 재정부(The Ministry of Finance)는 2018년도부터 투자하여 40여 개 프로젝트를 운영 중이다. 미래를 보고 연구하는 나라이다.
최근 삼성회장이 반도체 장비를 협의하기 위해 네덜란드를 방문했고 윤 대통령께서도 방문하여 협의한 바 있다. 반도체 성능은 좁은 면적에 얼마나 많은 반도체를 식각(동판에 회로를 그리는 일)하느냐에 성능이 결정된다. 그렇게 하기 위해서는 극자외선이 필요한데 이를 가장 잘 만드는 회사는 네덜란드의 ASML회사가 세계 유일하다.
이 회사가 공급을 거절하면 삼성도 반도체를 만들 수 없다. 이 회사는 성능 좋은 이 장비를 만들기 위해 20년전에 투자하여 성공을 거둔 것이다. 복지 국가는 저절로 이루어지지 않았다. 만들어 나간 것이다. 모든 것을 조급하게 한순간에 얻으려는 우리 정서는 어떤지 뒤돌아 보아야 할 일이다.

10.4 스위스 블록체인 현황

스위스는 세계에서 가장 블록체인을 적극적으로 활용하고 있는 국가다. 대학등록금, 투표, 공공기관 보안 등에서 블록체인을 이용하고 있다. 스위스 대학들은 이미 블록체인 기술로 대학 등록금을 받는다는 점에서 얼마나 신기술을 적극 활용하는지 알 수 있다.

10.5 아랍에미리트(United Arab Emirates) 블록체인 현황
아랍에미리트는 2021년도부터 전략을 수립하여 추진 중이다.

10.6 몰타, 미국, 유럽연합, 오스트리아 현황

이들 나라들은 도입하여 활용 중이고 많은 대학들이 블록체인학과를 설립하여 교육을 하고 있다. 블록체인과 인공지능을 결합하여 새로운 패러다임을 구축하기 위한 연구가 활발하다. 블록체인을 도입한 기업으로는 IBM, AIG 등이 있고, 국제기구로는 OECD 블록센터가 있다.

세계의 명문 대학들도 블록체인 학과를 개설하여 운영 중이다. 세계에서 가장 먼저 블로체인 학부과정을 개설한 대학은 MIT도, 옥스퍼드도 아니다. 한국에는 다소 생소한 사이프러스(Cyprus) 대학이다. 2014년도에 개설하고 곧 석사 과정도 개설하여 지금은 블록체인에서는 세계에서 가장 좋은 명문 대학이 되었다. 우수한 젊은이들이 블록체인을 공부하려고 이 대학에 몰려든다. 여름철 단기 과정도 줄이 서 있고 고액을 지불해야 들을 수 있다.

무엇이든 남 하지 않을 때 특화하여야 주도를 할 수 있는데 한국에서는 남이 무엇을 하면 따라하다 유행이 지나면 시들어지는 현상이 있다.

한 때 메타버스 열풍이 불다 지금은 인공지능에만 몰입된 상태이다.

제11장
인공지능(AI), 로봇, 감성

> - 인공지능을 공부할 때 왜 로봇을 꼭 활용하나?
> - 인공지능과 감성이 결합하여 어떻게 활용되고 있나?
> - 인간 모습을 하고 사람의 감성을 표현하는 로봇 시대?

11.1 개요

인공지능 교육을 먼저 한 핀란드, 중국, 캐나다 국가들의 교육 내용을 보면 필히 로봇이 활용되고 있다.

왜 그럴까?

또 인공지능이 사람의 감성을 읽는 수준까지 발전하였고 개보다도 더 빠르게 달리는 로봇도 등장하고 있다.

교육 현장이 혼란스러울 수밖에 없다.

그러나 시대의 흐름은 거역할 수 없다. 기술을 앞서 개발하고 활용하는 자만이 살아남을 수 있다. 좋은 교육 내용을 설계하여야 하는 이유다.

11.2 인공지능(AI)이 로봇과 결합하여 감성을 읽는 시대

인공지능, 로봇, 감성공학은 별도의 기술로 각각 발전되어 왔으나 지금은 이들 기술들이 결합하여 상상을 초월하는 기술로 발전해 가고 있다. 인공지능의 학습 기술을 이용해 인간의 감성데이터를 학습하고 이를 로봇에 적용하여 인간의 감성을 읽고 대화 하는 시대에 이르고 있다.

구글이 만(10,000) 가지의 웃음 패턴 데이터를 학습시켰다고 발표한 것이 오래전이다. 다양한 인간의 웃음을 학습하였기 때문에 인공지능은 비웃음, 기뻐서 진심으로 웃는 웃음을 구분할 수 있다. 인공지능 앞에서

비웃으면 혼난다는 얘기다.
 로봇은 당초 인간을 대신해서 힘든 일을 하는 데 목적을 두고 발전하였으나 지금은 사람 모양을 하고, 걷고, 달리고, 힘든 일도 척척 하는 수준까지 왔다. 최근 2023년도에도 개보다도 더 빠르게 달릴 수 있는 로봇을 여러 기업에서 발표하였다. 그래도 여기까지는 인간의 힘든 일을 대신하는 것으로 볼 수 있다. 배터리만 공급해 주면 지칠 줄 모르고 달리면서 물건을 배송할 수도 있기 때문이다. 그러나 감성을 도입하면 또 다른 혁명이 된다.
 감성공학은 1986년 일본의 마츠다(Mazda) 자동차 회장인 야마모토(Yamamoto)가 자동차의 승차감 개선, 시장 개척을 위한 미려한 설계 등을 목적으로 도입된 기술이다. 일본은 통산성에서 1990년도부터 1998년도까지 1,200억을 투입하여 연구, 기술개발을 주도적으로 한 바 있다. 그 결과 일본은 감성이론, 활용 면에서 세계적인 학문적 이론과 기반 기술을 갖추게 되었다. 한국도 G7국책과제를 통하여 1995도부터 2002년도까지 590억을 투입하여 기술 개발에 나선 바 있다.
 한국의 기업에서는 LG가 1992년도에 중앙연구소 내에 최초로 감성팀을 조직하여 연구한 바 있다.
 감성은 인간이 물체를 보고 느끼는 것을 학문적으로 연구하고 제품 개발 디자인, 설계 디자인, 패션 디자인, 공공 디자인 등에 활용할 수 있는 기술이어서 지금은 세계적인 많은 기업들이 적극 활용하고 있다.
 최근의 기술로는 실리콘 재료를 이용해 인간의 피부를 닮고 촉각을 느낄 수 있는 수준까지 와 있고, 이를 로봇에 입히고 인공지능을 탑재하면 대부분의 사물을 촉각으로도 구분하고, 감성이 든 대화를 나누는 수준으로 발전하게 된다.
 최근에 개발된 챗GPT도 사람과 쉽게 의사 소통할 수 있는 인공지능의 한 방법으로 감성로봇과 연결되어 인간과 공존하는 시대가 훨씬 빠르게 다가오고 있다. 시내에 걸어 다니는 사람들 중 누가 로봇이고 누가 진짜 사람인지 구분하기 힘들 때도 있을 것이다.
 필자는 스마트폰이 나오기 전에 IT 기술이 이미 포화 상태에 이르렀다고 생각했다. 이를 극복하기 위해서는 IT 기술에 감성을 도입하는 것이라고 판단하고 연구를 해 왔다. 그중 하나가 한국의 전통

탈춤이다. 하회탈춤은 한국 사람들보다도 외국 사람들이 그 해학적 느낌 때문에 더 좋아한다. 그러나 어떻게 감성을 자극하여 사람들이 좋아하는지에 대한 연구가 미흡하여 하회탈춤에 대한 감성인자 분석연구를 한 바 있으나 아직 자세히 분석하여 학문적으로 정립된 바가 없다. 최근 에서야 감성을 고려한 로봇 연구가 이루어지고 있고 상업화에서는 그 부가가치 때문에 디자인 분야가 활발히 연구되고 있다.

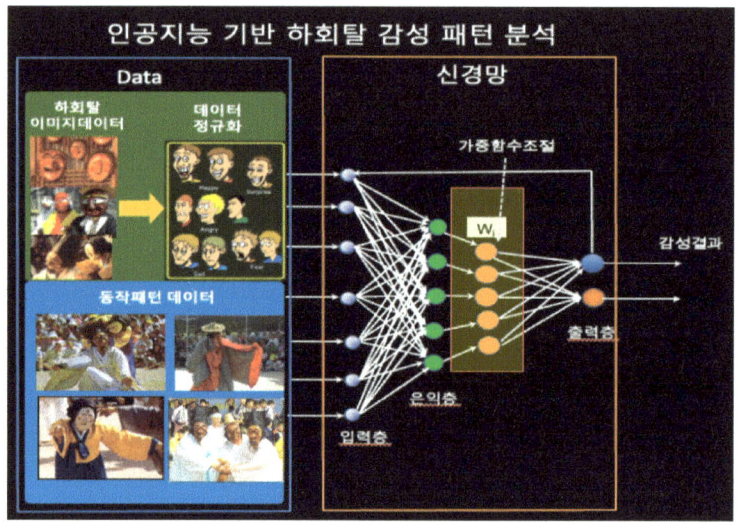

그림 11.1 하회탈의 감성활용 방법연구(필자의 연구자료 중에서)

그림 11.2 감성-로봇과 사람들이 공존하는 사회. 이 그림은 ChatGPT로 그린 가상그림으로 거리의 사람들 중 누가 사람이고 누가 로봇인지 구분이 어려운 세상이 될 것으로 필자는 본다.

제12장
인공지능과(AI) 경제

> - 인공지능은 어느 정도 경제에 영향을 미칠까?
> - 경제를 활성화를 위한 인공지능 전략은?
> - 일자리는 어떻게 변할까?

12.1 인공지능(AI) 경제 개요

필자는 경제학자가 아니기 때문에 경제 문제를 언급한다는 것은 본 필자의 한계를 넘는다고 생각한다. 따라서 외국에서 이미 많이 출판된 내용을 요약하여 소개한다.

맥킨지(McKinsey) 보고서에서 언급한 인공지능의 경제 파급효과를 요약하면 다음과 같다.

- 이 보고서에 의하면 조사한 회사의 약 70%가 2030년까지 인공지능을 채택할 계획이며, 업무의 대부분을 인공지능으로 할 예정인 것으로 보고하고 있다.
- 이 보고서는 시뮬레이션에 의해 2030년까지 인공지능에 의한 경제 유발 효과는 약 3배 증가할 것으로 내다보고 있다.
- 인공지능을 도입한 국가(회사)와 그렇지 않은 국가(회사) 간의 격차는 매우 커진다고 전망하고 있다.
- 인공지능은 업무 (business), 경제(economies), 사회(societies)에 큰 충격을 주게 된다.

12.2 인공지능(AI)의 경제에 대한 영향

그림 12.1과 같이 ITU, 맥킨지(McKinsey), PWC 등 국제 경제 전문기관들은 다 같이 인공지능의 파급을 매우 심각하게 전망하고 있다. 기술은 물론 우리 삶의 패턴을 완전히 바꾸어 나가고 있다.

그림 12.1 PWC가 분석한 대륙별 AI에 의한 GDP 효과.[34]

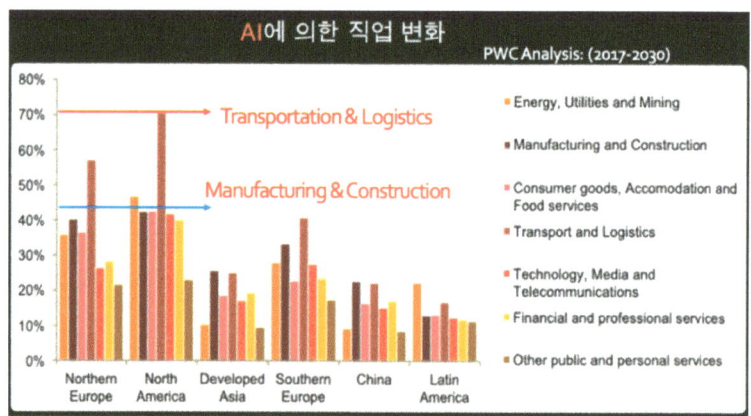

그림 12.2 AI의 대륙별 직업 대변화 영향.(PWC)[35]

이 보고서는 800여 개의 보고서를 조사한 결과 인공지능을 도입하려는 이유를 다음과 같이 들었다.

---

[34] https://www.itu.int/dms_pub/itu-s/opb/gen/S-GEN-ISSUEPAPER-2018-1-PDF-E.pdf
[35] https://www.itu.int/dms_pub/itu-s/opb/gen/S-GEN-ISSUEPAPER-2018-1-PDF-E.pdf

- 수입과 소비의 증가
- 노동 인구의 연령 증가
- 기술 개발 증가 및 수기 감소
- 에너지, 기후, 인프라 구축을 위한 투자
- 개발되지 않은 시장 확대

　미국의 대학들도 일자리 변화를 예고하고 있고, 맥킨지(McKinsey) 보고서는 인공지능에 의한 경제 성장이 2030년까지 매년 16% 증가하여 2030년에는 13조 달러가 될 것으로 전망하고 있다.

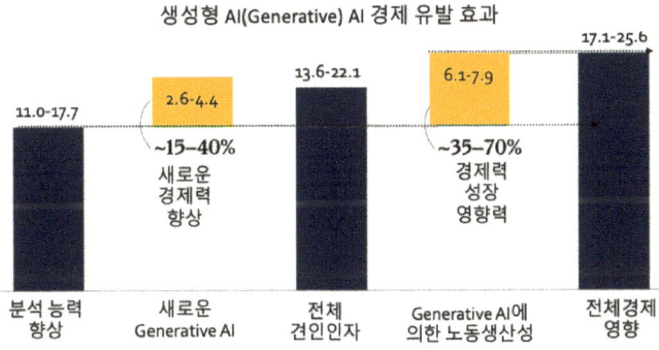

그림 12.3 생성형 AI에 의한 경제 효과.

제13장
인공지능(AI)과 사회문제

- 인공지능은 어떻게 사회를 변화시킬까?
- 긍정적인 것은 어느 것일까?
- 부정적인 것은 어느 것일까?

13.1 인공지능(AI) 사회

인공지능이 사회 각 분야에 도입되는 것은 피할 수 없는 거대한 물결이다. 부정적일 수도, 긍정적일 수도 있다. 2차 산업혁명이 도래할 때 탄광, 철도 노동자들 특히 마차로 먹고 살던 사람들은 가솔린 엔진이 도입되면 모두 일자리를 잃을 것을 염려하였다.

그러나 피할 수 없는 물결이었고 결국은 모두 자동차로 바뀌었다. 인류는 더 편리한 삶을 누리게 되었다.

지금 인공지능도 마찬가지다. 거대한 인공지능 풀 속에서 인류를 살게 된다.

사회적 변화다.

13.2 어느 것이 진짜인가?

그림 13.1은 데이터를 이용해 원래의 얼굴을 복원한 연구를 한 자료다. 인공지능은 데이터만 있으면 모든 것을 복원할 수 있는 능력이 있다. 새삼 데이터가 중요한 시대가 되었다.

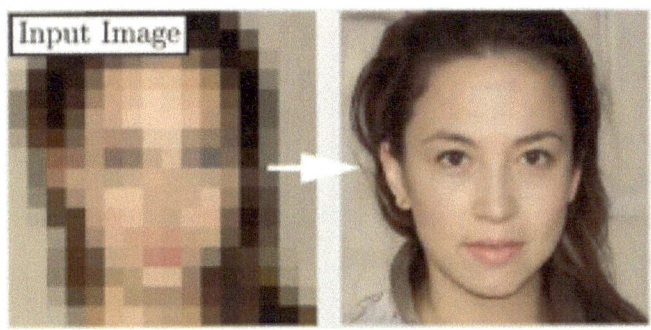

그림 13.1 데이터만 있으면 얼굴도 복원한다.[36]

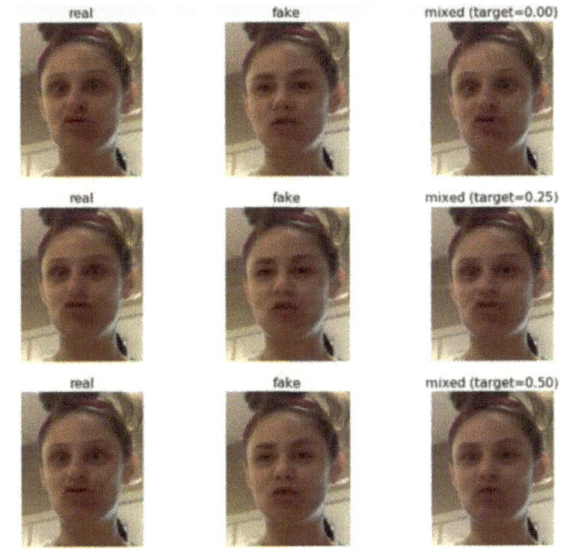

그림 13.2 인공지능을 이용한 얼굴 변형.[37]

그림 13.2에서 첫 번째 이미지는 진본이고 두 번째 것은 가짜다. 이 둘을 합성하면 3번째와 같은 모습으로 변하는데 합성율에 따라서 다양한 얼굴이 생성된다. 인공지능에 의한 이미지 조작이 가능하다.

---

[36] https://petapixel.com/2020/06/20/this-ai-turns-pixel-faces-into-photos/

[37] https://www.iqt.org/deepfake-detection-challenge-pt-ii/

그림 13.3 인공지능에 의해 변형된 그림들.

그림 13.1에서 그림 13.4까지는 인공지능으로 모방한 연구 결과들이다. 데이터만 있으면 얼마든지 가짜를 만들어 낼 수 있는 것들이어서 윤리적으로 문제가 될 수 있다.

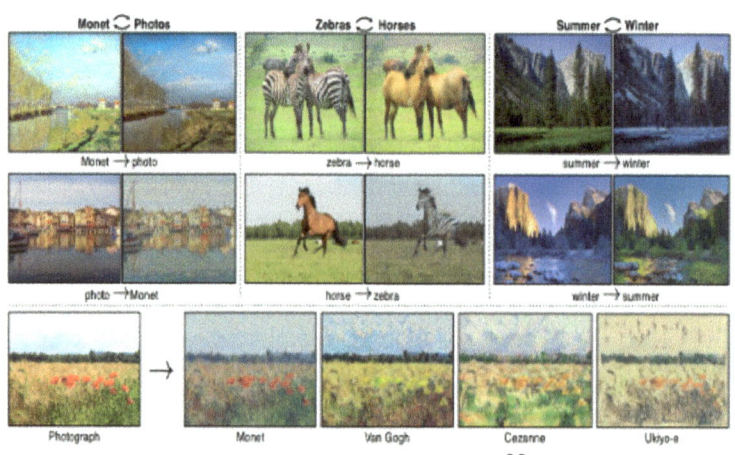

그림 13.4 인공지능에 의한 모방된 그림들.[38]

---

[38] https://arxiv.org/pdf/1703.10593.pdf

인공지능 시대에는 인공지능 기술의 윤리 문제가 급격히 중요 해진다. 그림 13.5는 오바마 대통령의 비디오, 음성, 사진 파일을 이용해 가짜로 만든 오바마 대통령 모습이다. 인문학이 이 길을 개척하여야 한다.

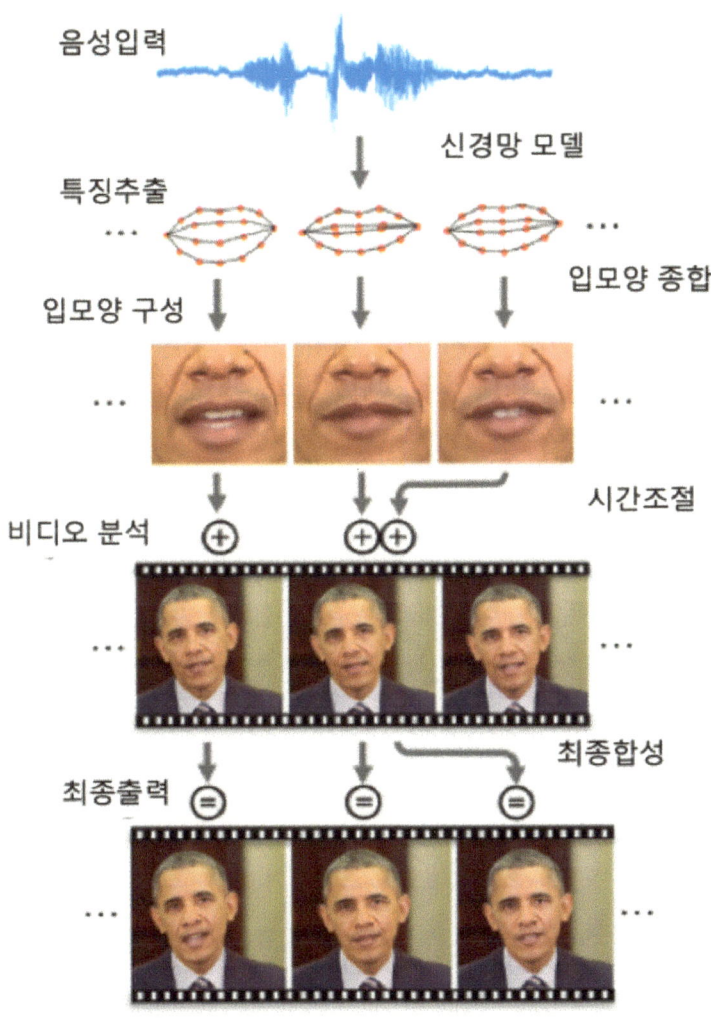

그림 13.5 목소리, 얼굴 등을 모두 모방한 인공지능.[39]

---

[39] http://grail.cs.washington.edu/projects/AudioToObama/siggraph17_obama.pdf

13.3 인공지능(AI)이 사회에 미치는 영향

우리가 싫든 좋은 인공지능은 우리 삶에 깊숙이 들어와 있고 앞으로는 더 영향을 크게 미칠 것이다.
인공지능이 탑재된 로봇이 모든 일을 하는 시대가 곧 온다.
인간은 무슨 일을 할 것인가?
젊은 세대들은 어떤 직업을 찾을 것인가?
일하지 않고 산다고 행복한 것은 아니다.
일하는 것에서 행복을 찾아야 한다.
앞으로는 강의도, 교육도 대부분 온라인 시대가 된다.
그림 13.6에서는 사람 개인에 대한 데이터(감성, 뇌파, 음성 등)를 미리 입력해 놓으면 인공지능의 분석 능력에 의해 학습을 어떻게 하여야 잘할 수 있는지 알려 주고, 질병과 치매 예방도 가능한 시대가 곧 온다는 것을 보여 준다(필자의 연구 자료 중).

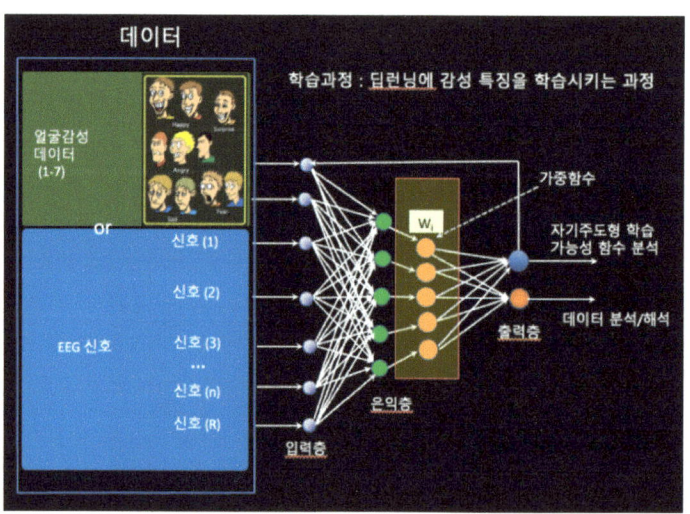

그림 13.6 감성을 이용한 온라인 자기주도 학습과 건강관리 방법.

제 3 부

인공지능(AI) 교육

제14장
인공지능(AI) 인재 양성
(그랜드 투어로부터 인재 양성 미래를 배우다)

- 그랜드 투어란 무엇인가?
- 왜 그들은 그랜드 투어를 했을까?
- 그랜드 투어 여정은 어떻게 이루어졌는가?

그랜드 투어는 17세기에서 19세기 중엽까지 유럽에서 유행했던, 현장 체험을 통한 인재 양성의 한 방법이다. 특히 18세기 중엽은 그랜드 투어가 가장 활발했던 시기였다.

동서양 고금을 막론하고 자녀들을 잘 교육시켜 가문을 빛내고자 하는 열망은 변함이 없다. 21세기인 지금도 방법은 다르지만 한국에서 유행하고 있는 족집게 입시 과외도 이 중 한 방법이라고 생각한다.

18세기까지만 해도 지금과 같이 교통수단이 발달하지 않았고 외국에 대한 정보도 어두웠기 때문에 선진국의 문물을 배울 수 있는 가장 좋은 방법이 현지를 답사하는 것이었다. 말하자면 여행을 통해 선진 문물을 자녀들이 배우도록 함으로써 교육하고자 하는 것이 그랜드 투어의 가장 큰 목적이었다.

당시 영국의 문명은 이탈리아나 프랑스에 비해서 아주 열세하였기 때문에 영국의 돈 많은 명문가들은 파리나 로마 등을 하인을 동행 시켜 여행하면서 문화를 배우도록 하였다.

그림 14.1은 당시 동경의 대상이었던 이탈리아 예술가다.

그림 14.3과 같이 파리나 이탈리아 같은 문명 선진국을 가기 위해서는 영국의 젊은이들은 도버 해협과 알프스 산맥을 넘어 이탈리아 주요 도시인 Turin, Florence, Rome, Pompeii, and Venice 등을 시찰하여야만 했다.

당시의 주요 교통수단은 마차였기 때문에 알프스의 험준한 산맥을 넘기 위해서는 마차를 해체하여 바퀴나 마차 구조는 하인들이 메고 가고 말은 동행하도록 하여 현지에서 재조립하여 여행을 계속하는 방법이었다.

그림 14.1 Giovanni Battista(or Giam Battista) Piranesi.(Italian pronunciation, 4 October 1720~9 November 1778) 이태리 예술가로 Francesco Piranesi and Laura Piranesi의 아버지라 불린다.[40]

그림 14.2 Veduta della Piazza di Monte Cavallo.

---

[40] https://en.wikipedia.org/wiki/Giovanni_Battista_Piranesi

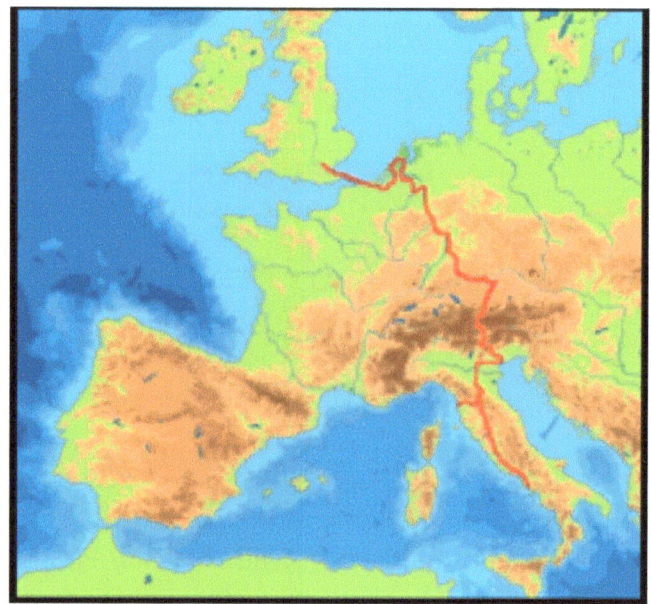
그림 14.3 그랜드 투어 루트.

여행기간도 몇 개월에서 몇 년이 걸리기 때문에 체재 시 필요한 음식과 의약품 등을 가지고 갔고 하인이 동행하였기 때문에 자녀 한 사람의 여행을 위해서 거대한 여행단이 꾸려졌다.

오로지 자녀들을 잘 교육시키기 위해 당시의 부모들은 이러한 수고를 마다하지 않았다.

인공지능은 혁신적인 기술로 인류의 4차 혁명의 핵심이다. 특히 챗GPT는 더욱 큰 파급을 주고 있다. 그런 기술이기에 인재 양성 패러다임도 혁신적이어야 한다. 갖은 고생을 하고 오로지 체험으로만 인재를 양성했던 그랜드 투어 인재 양성이 돋보이는 이유다.

제15장

4차 산업혁명 중 또 하나의 혁명 챗GPT

- 챗GPT는 어떻게 개발되었는가?
- 핵심 기술은 무엇인가?
- 얼마나 인류 삶에 영향을 미치고 있나?

15.1 챗GPT란?

챗GPT(Generative Pre-Trained Transformer)가 세상에 모습을 드러낸 것은 2022년 11월 22일경이다. 당시 발표된 것은 3.5 버전으로 세상 사람들은 '일상적으로 발표되는 기술의 하나 일 것으로 보고 반응이 덤덤하였다.

몇 개월 뒤 2023년 3월 챗GPT 4.0이 발표되고 나서 당시 세상 사람들은 긍정적으로 보는 사람들도 있었으나 부정적으로 보는 사람들도 매우 많았다.

미국정부도, 각국의 정부들도 첨단 기술의 하나로만 인식하였다. 그러나 그 후 반응들은 급격하게 변하였다. 미국의 정부는 물론이고 한국정부도 적극적으로 긍정적 지원정책을 발표하였고, 세계의 유수한 기업들이 이 모델을 개발하기에 바빴다. 지금은 모두 하지 않으면 안 되는 기술로 정착되었다. 불과 몇 개월만에 일어난 사건들이다.

챗GPT(Generative Pre-trained Transformer)란 언어를 잘 학습하며 문장을 이해하도록 개발된 인공지능 여러 모델 중 하나이다.

초기에는 언어만 잘 이해를 하도록 되어 있으나 챗GPT 4.0이 공개된 2023년 3월 이후로는 이미지, 숫자 등도 이해할 수 있는 멀티모달 형태로 발전하여 사람이 하는 모든 것들을 이해하고 소통할 수 있는 수준까지 발전하였다. 이 기간이 불과 몇 개월이다.

챗GPT와의 소통은 문장을 입력하는 방법(이것을 프롬프트(prompt)라 한다)이 주된 방법이었으나 MS, 메타(전 페이스북)은 물론 한국의 벤처기업도 말을 하여 소통하는 버전을 출시했다. MS는 챗GPT와 대화를 하여 로봇을 제어하는 방법을 2023년 2월에 공개하였다.

세계를 리드하는 언론과 기술 분석 전문가들은 이 기술이 1700년도 2차 산업혁명을 이끈 증기 엔진 시대보다도 더 파괴적이고 혁신적이라고 이미 판단을 내리고 있다.

기업은 물론, 인공지능 정책, 기술 정책, 교육 정책들이 바뀌고 있다.

교육을 어떻게 하여야 할 것이냐도 크게 고민이 되고 있으나 불행히도 너무 빠르게 충격이 다가와 이를 교육해 본 사람도, 정책도, 교육과정도 없다. 시행착오를 하면서 추진할 수밖에 없는 것이 현 실정이다.

챗GPT를 개발하는 데 주도적인 역할을 한 인물은 35세의 알바니아 태생 여성 과학자로 캐나다를 거쳐 미국에 정착한 인재다. 경제전문매체 패스트컴퍼니는 2023년 2월 세계에서 가장 혁신적인 기술로 오픈AI를 1위로 지목했고 세계에서 가장 영향력 있는 인물로는 이 여성 과학자를 소개했다. 그만큼 챗GPT의 파급이 크다는 이야기다.

15.2 개발과정

표 15.1은 챗GPT의 개발 일정이다. 2018년 6월 11일 시작하여 2022년 11월 28일까지 3년 5개월에 걸쳐 개발한 것인데 이후 급격히

사회에 영향을 미쳐 발표 후 매달 1억 명의 접속자가 있을 만큼 혁신적인 반응을 보였다.

표 15.1 챗GPT 개발 일정

날짜	내용
2018.6.11	OpenAI 블로그에 GPT-1 발표
2019.2.14	OpenAI 블로그에 GPT-2 발표
2020.5.28	초기 GPT-3 논문 발표
2020.6.11	GPT-3 API 베타 버전 발표
2020.9.22	GPT-3 마이크로 소프트 라이선스
2021.11.18	GPT-3 API 대중에게 공개
2022.1.27	GPT-3.5 공개
2022.7.28	최적데이터 논문 공개
2022.9.1	다빈치 모델용 GPT-3 공개
2022.9.21	대화인식 OpenAI 블로그 공개.
2022.11.28	고성능 GPT-3.5 확장
2022.11.30	ChatGPT OpenAI 블로그에 공개
2023.2.1	매달 접속자 1억 명 넘음
2023.3.21	ChatGPT-4

이후는 많은 회사와 관련 벤처기업들이 개발을 시도하여 중국의 경우 2023년도에만 관련 모델이 438개나 이르렀다고 분석 기사가 나오기도 했다.

네이버의 경우 2023년 8월 24일 발표하였으나 정확한 모델과 사양을 공개하지 않고 있어 개발자들이 비난을 한 바 있다.

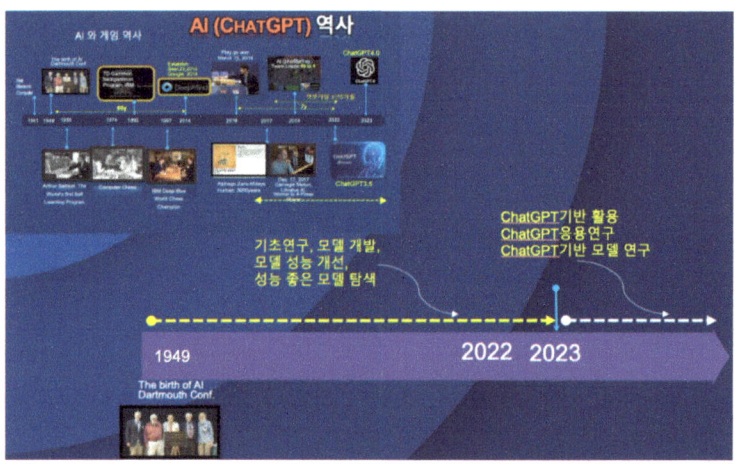

그림 15.1 챗GPT 전과 이후의 인공지능 개발 변화.

2022년 챗GPT가 개발된 후 많은 다국적 기업들이 유사한 기능을 발표하고 있는데 MS는 프로메우스, 구글은 바드, 메타는 LLaMA, 일론 머스크가 2023년 7월 1일 설립한 XAI는 4개월 만인 2023년 11월 4일 글록(Grok-1)을 발표하여 챗봇시장에서 춘추전국시대를 맞이하고 있다.

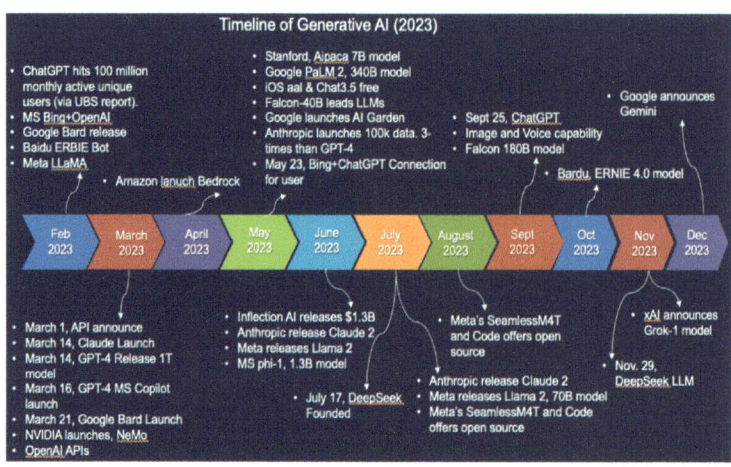

그림 15.2(a) 2023년도 챗GPT관련 주요 사항.

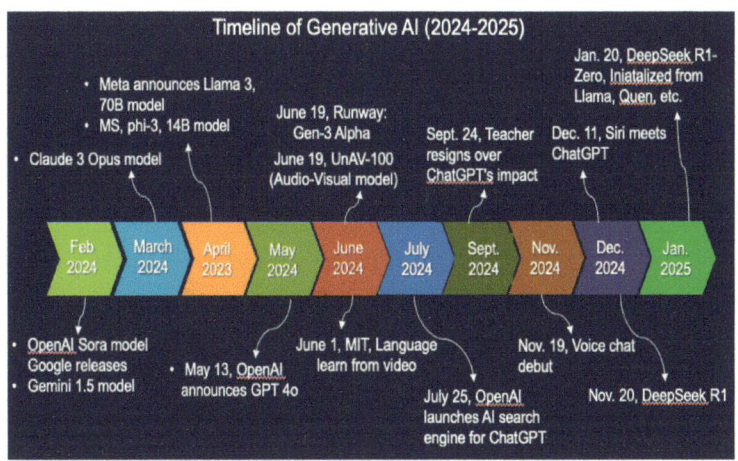

그림 15.2(b) 2024년도 챗GPT관련 주요 사항.

그림 15.2(a)는 2023년도에 일어난 챗GPT관련 주요 사항들이고 그림 15.2(b)는 2024년도 주요 사항들이다. 이 내용은 필자가 인터넷 자료를 이용해 변곡점이 되는 주요사항만을 요약 한 것이기 때문에 다른 사람들의 견해와는 다를 수 있다.

15.3 챗GPT의 능력

챗GPT는 당초 언어를 잘 이해 하도록 만든 인공지능이었으나 여러 데이터를 읽을 수 있는 모델로 발전하였다고 언급하였다. 언어 데이터와 이미지 데이터는 다르다. 그러나 지금은 이들 데이터들을 모두 받아 들일 수 있고 심지어는 컴퓨터 코딩도 가능하다. 개발자들의 역할이 줄어든 셈이다.

당초에는 부정적이었던 시각들이 이제는 챗GPT를 기반으로 모든 개발이 이루어지고 있고 기획서, 보고서, 스토리 텔링 작성 등에 적극적으로 활용하는 추세이다.

아주 짧은 시간에 관련 기술들이 급격히 변하고 있어 향후 파급효과는 더욱 충격적일 것으로 판단된다.

15.4 성능 테스트

챗GPT는 출시 전 54개국에서 IQ테스트를 거쳤는데 GPT-3 는 IQ 150(99.9%), 챗GPT4.0은 IQ 147(99.9%)을 검증 받았다. 이에 대한 좀 더 상세한 자료는 인터넷에 많이 기록되어 있다.

챗GPT가 생성한 작문은 B+에서 A- 등급을 받을 정도로 우수한 것으로 평가되었다.

챗GPT는 APA포맷(미국심리학회(American Psychological Association)가 정한 문헌 작성 양식), 질문에 대한 모든 응답, 정확한 인용을 할 수 있었고, 교육, 작문, 깊은 지식 공유 등으로 학생들에게는 강력한 호소력을 갖고 있다.

현재 지적 능력을 키워 나가야 할 학생들은 쉽게 숙제나 작문을 할 수 있어 창조력 배양에 도움이 되고 있다.

챗GPT는 코드 능력도 있어 현재 Python, JavaScript and HTML이 가능하고, 다른 언어도 곧 출시 예정이라고 하나 이것은 2023년 3월 당시의 발표 내용으로 지금은 다양한 언어도 지원한다. 필자가 시연한 바에 의하면 파이선 및 메트랩 코드 생성자도 잘 하고 있다.

프롬프트를 잘 입력하면 명령에 따라서 이미지도 잘 생성 해 준다.

본 도서의 표지 그림은 필자가 입력한 프롬프트에 챗GPT가 생성한 미래의 사회를 그린 것이다.

① Debug Code 능력 : 챗GPT Code는 아주 우수한 debugging 기능도 갖고 있고 빠르게 응답한다.

② Develop Games : 챗GPT Code는 게임도 개발. 특히 아주 재미있고 창조적인 것을 개발하는 능력도 있다.

③ Solve Complex Calculations : 챗GPT는 복잡한 계산과 방정식 계산. 정확하게 해결한다.

④ Generate Social Media Posts : 소셜미디어 올리기, 사용자가 원하는 것 올리기, 목소리 내기 등 기능도 하고 지금 이들을 이용한 다양한 응용 방법들이 제시되고 있어 그 활용 가치는 무궁하다.

15.5 얼마나 투자했나?

챗GPT를 개발하기 위해서는 돈이 필요한데 각종 매체로 공개되고 있다. 투자 현황을 보면 다음과 같다.

① 훈련용 H/W : 막대한 양의 데이터를 학습하기 위해서는 컴퓨터의 CPU 가지고는 어림도 없다. 따라서 GPU가 사용되는데 슈퍼컴과 GPU가 연결된 10,000 GPUs and ~285,000 CPU가 사용되었다고 기록되고 있다. 가격은 MS OpenAI를 빌릴 경우 $1 billion dollars(약13조 원) 이상이 투자된 것으로 나와 있다.
② 개발자팀(Staff) : 개발을 위해 전 세계에서. 가장 현명한 박사급 데이터 과학자를 모집했는데 OpenAI는 수석과학자 Ilya Sutskever에게 2016년에만 연 $1.9 million(24억 7천만), 120명의 팀에게 첫해에 지급된 연구비만 $200 million(2,600억) 이상을 투자한 것으로 공개되고 있다.
③ 데이터 수집 기간(data collection) : 12~18개월 동안 데이터를 수집하였고 학습기간(Training)은 9~12개월 소요되었다.

15.6 어떻게 챗GPT는 사람과 대화를 잘 할 수 있나?

챗GPT를 사용하다 보면 어떻게 사용자의 문장을 잘 이해하는지 의심 갈 때가 많다. 이것은 그림 15.3과 같이 RLHF(Reinforcement Language Human Feedback) 기능이 있기 때문이다. 초기에 문장을 입력하고 출력한 다음(Step-1), 이 문장을 사람들이 선호하는 스타일로 사람의 심사를 거쳐 등급을 매긴다. (Step-2) 챗GPT는 선호구분을 7-단계로 나누었다. (중간 그림의 오른쪽 색 참조). 이 단계에서 강화학습(reward learning)을 사용한다. 이 문장과 초기 문장을 비교하여 튜닝한 다음 (RL based fine learning) 최적으로 출력을 낸다(3-단계). 다음부터는 인공지능이 고객의 문장 패턴에 맞춰 자동으로 응답한다.

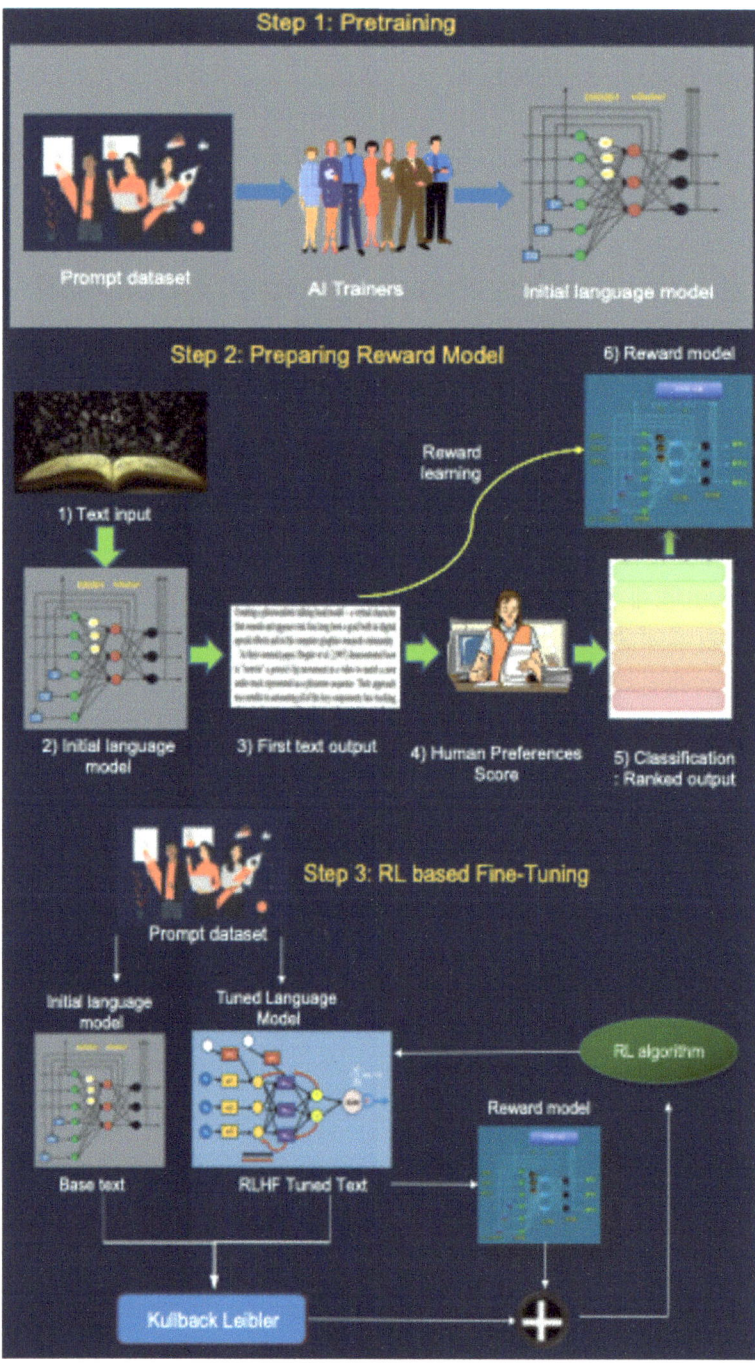

그림 15.3 챗GPT의 언어 이해 능력.

15.7 2025년도 패러다임

    2023년도 11월에 발표된 자료들을 종합해 보면 가장 큰 인공지능 회사는 다음과 같다.
    ① AWS
    ② Google Cloud
    ③ MS
    ④ IBM
    ⑤ Meta
    ⑥ NVIIA
    ⑦ Intel
    ⑧ Oracle
    ⑨ Google DeepMind

최근에 가장 크게 이슈가 되고 있는 인공지능 흐름은 다음과 같다.

    ① Generative AI (DeepSeek)
    ② AI-ML Democratization
    ③ Big on AI and Human Collab
    ④ Digital Twins
    ⑤ Low-code or No-code AI Optimization
    ⑥ AI and Augmented Analytics
    ⑦ AI in Cyberspace
    ⑧ AI Ethics
    ⑨ Advent of Edge AI
    ⑩ AI and Quantum Computing

    인터넷에 나와 있는 자료들을 종합하여 정리한 것이다. 특이한 점은 혁신적인 인공지능을 개발하여 인간과의 대국에서 이긴 구글의 딥마인드는 순위가 9위권이다. 그 사이 성능 좋은 모델이 개발되었기 때문이다. 얼마나 빨리 세상이 변하는지 알 수 있다. 첨단기술을 유지하기 위해서는 한시도 마음을 놓을 수 없는 상황이다.

최근 가장 큰 화두는 역시 챗GPT(Generative AI)로 1위이다. 현재의 상황을 고려 해 볼 때 당분간 이 화두는 기술과 사업영역에서 큰 화두가 되고 새로운 활용 방법이 지속적으로 개발 될 것으로 판단한다. 2025년도 2월에는 중국이 개발한 딥시크가 가장 큰 화두이다.

15.8 챗GPT활용 영역

그림 15.4는 현재 챗GPT서비스가 진행중인 내용을 정리한 것으로 하루에도 몇 개씩의 어플 들이 새롭게 출시되고 있어 독자들이 이 책을 읽는 동안에는 그 수가 상당히 증가 할 것으로 본다. 다만 그 영역은 그림에서와 같이 6개 영역으로 구분 할 수 있다.

수필아이디어, 원고초안, 상상력에 맞는 이미지 생성, 그림 그리기, 스토리 텔링, 연구보고서 초안, 연구 아이디어, 프로그램 등을 모두 할 수 있어 수많은 영역에 활용 할 수 있다.

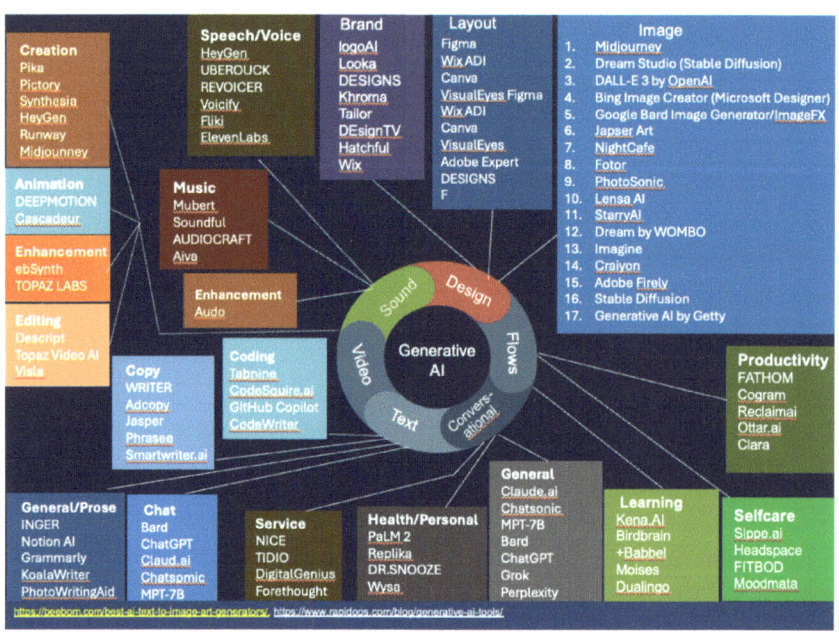

그림 15.4 현재 서비스가 진행중인 챗GPT영역.

15.9 인공지능(AI)과 창업

15.9.1 개요

인공지능은 거대한 시설이 들어가지 않고 컴퓨터만 있으면 혼자서도 창업할 수 있는 기회가 많다.

특히 최근에는 다국적 기업들이 무료로 활용할 수 있는 소스를 공개하고 있고 저렴한 비용으로 회원에 가입하여 S/W를 활용하면 젊은 사람들이 쉽게 새로운 길을 열 수 있다. 앞에서 언급한 내용을 참고하면 좋다. 아래 이미지들은 필자가 직접 생성한 것들이나 수시로 바뀌어 다른 이미지가 생성 될 수 있다.

15.9.2 인공지능(AI)을 이용한 애니메이션 창작

필자가 대학을 다닐 때는 공무원이나 교사가 인기가 없어 기피하는 직업이었지만 한국경제가 좋아지면서 각종 복지와 정년 후 연금이라는 매력 때문에 선호하는 직업으로 부상하였다. 그러나 지금의 20대 젊은이들이 30년 뒤쯤 50대에도 지금과 같은 선호하는 직업이 될지는 보장할 수 없다. 따라서 다양한 영역에서 활용하는 것을 권장한다.

인공지능의 학습 기능을 이용해 다양한 애니메이션을 할 수 있는 창작을 하는 것이다. 학습교재, 방과 후 교재, 노년층을 위한 스토리텔링 등이다.

무료로 애니메이션을 할 수 있는 어플들은 LeiaPix, Pika Labs, InstaVerse, Animated Drawing, Genmo, D-ID, HeyGen, SadTalker, RunwayML Gen-2 등이다.

이들 무료 애니메이션 툴을 이용해 다양한 애니메이션 창작을 할 수 있다.

이때 그림 1.1(b)에 나타난 바와 같이 세대별로 특징이 있기 때문에 활용 대상을 어느 연령층으로 할 것인지 초점을 맞춰야 한다. 마켓을 창출할 때 대상이 명확하지 않으면 어렵기 때문이다.

15.9.3 아트 창작

인공지능의 아트 제너레이션 기능(Art generator)을 이용해 각종 예술 창작 활용을 하는 것이다. 지금까지는 창작 활용은 오로지 사람만이 할 수 있는 것으로 간주되어 왔으나 인공지능의 다양한 영역 중 가장 돋보이는 활용영역이 예술 창작, 디자인(의류, 패션, 실내 등)으로 이를 이용하면 다양한 창작 활동이 가능하다.

Art generator 인공지능 툴로서는 playground, BlueWillow AI, Image Space, OpenAI, Craiyon, Fotor 등이 있다.

15.9.4 CMF 디자인

CMF(Color, Material, Finishing)은 상품의 최종 디자인을 하는 것으로 상품의 가격은 색(Color), 재료(Material), 마감처리(Finishing)에 의해 결정 된다.

아무리 기능이 뛰어나도 이 3가지 처리가 조악하면 고객은 관심을 두지 않는다.

예를 들면 커피머신 설계를 하는 경우 고객들이 선호하는 색, 모양, 주위 환경과의 조화 등에 대한 데이터를 인공지능으로 학습하여 설계하면 시장에서 요구되는 상품을 설계 할 수 있다.

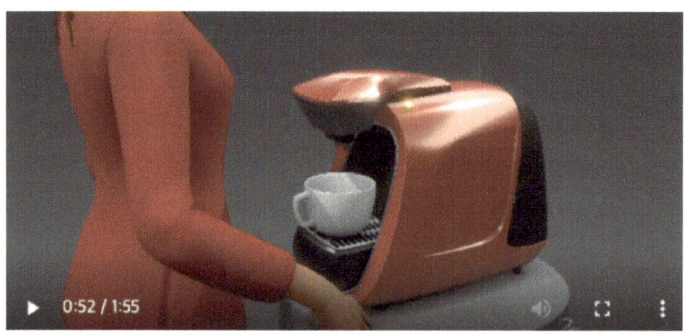

그림 15.5(a) AI로 CMF데이터를 학습시켜 디자인 사례.

그림 15.5 (a)는 CMF데이터를 AI로 학습시켜 상업용 S/W로 사람이 디자인한 커피 머신이고 그림 15.5(b)는 필자가 입력한 프롬프트로

챗GPT가 디자인한 것이다. 프롬프트 명령만 바꾸면 아주 짧은 시간에 저렴하게 다양한 제품을 설계 할 수 있다고 본다.

그림 15.5(b) 챗GPT가 설계한 커피머신.

15.9.5 디자인 영역

가장 부가가치가 큰 영역이 디자인 영역인데 인공지능을 활용하면 많은 디자인 창작품을 낼 수 있다.

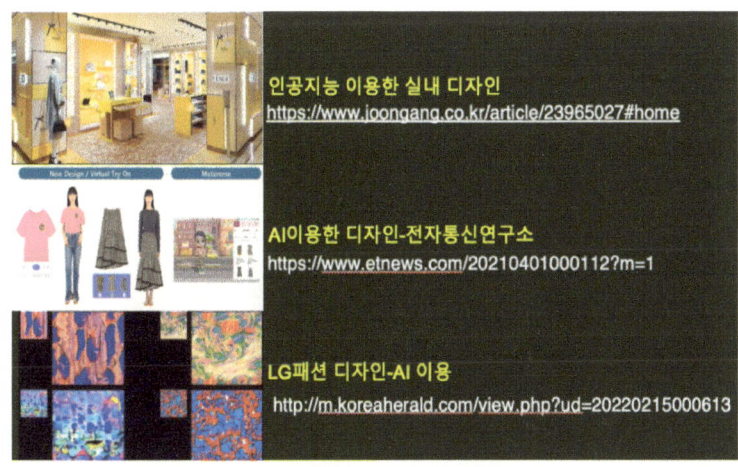

그림 15.6(a) 인공지능을 이용한 디자인 응용.

그림 15.6(a)는 패션 디자인, 실내 디자인, 의류디자인 현황을 나타낸 것으로 이미 많이 활용되고 있다.

그림 15.6(b)는 라스베이거스를 가면 쉽게 볼 수 있는 분수쇼다. 3원색을 적절히 섞어 분수의 쇼와 음악에 맞춰 관광객들에게 서비스를 제공하는 것이다. 앞서 설명한 애니메이션이나 아트 제너레이션 S/W를 이용하면 다양한 모습을 연출할 수 있다.

그림 15.6(b) 라스베이거스의 분수쇼 디자인.

그림 15.7 50년 후의 세계(삼성 발표 자료 중).

그림 15.7은 삼성전자가 의뢰해 2019년 8월 29일 발표한 미래 50년 후의 세상이다. 영국 기술산업협회 '테크UK' 회장 겸 영국 코딩연구소(IoC)의 공동소장인 재클린 데로하스 영국왕립공학회의 기술·교육이사 리스 모건 박사와 식품 미래학자인 모르게인 게이 박사가 2069년까지 세상은 이렇게 변한다고 예고 하고 있다.

15.10 글을 이미지로(TTI : Text-To-Image)

챗GPT가 개발되면서 이를 기반으로 다양한 활용 툴이 공개되고 있다. 그 중에서 가장 크게 주목받는 분야가 문장을 넣으면 다양한 이미지를 생성해 주는 TTI(Text-To-Image)툴이다.

파급효과가 크기 때문에 여러 회사들이 툴을-개발하고 있다.

창작, 이미지 생성, 애니메이션 분야에서는 눈여겨볼 사항이라 판단되어 몇 개를 소개한다.

소개되는 TTI 모델들은 2024년 12월 인터넷 자료들에서 가장 우수하다고 평가를 내린 것들을 바탕으로 선별하였다. 2025년도에는 더 다양한 툴들이 소개되고 있다.

15.10.1 DALL-E3

DALL-E3-Pro, DALL-E3-cons, DALL-E(추가) 3가지 모델이 공개되고 있다.

사용이 매우 편리하게 된 툴로 온라인에서 사용하기 쉽고 임의의 프롬프트를 입력하면 이미지가 생성된다. 다음 그림은 홈피에서 생성한 것이다.

그림 15.8 DALL.

15.10.2 Midjourney

3가지 모델이 소개되고 있다. Midjoirney pro, Midjourney cons, and Midjourney이다. 문장을 치면 다양한 그림들이 동시 생성되고 있다.

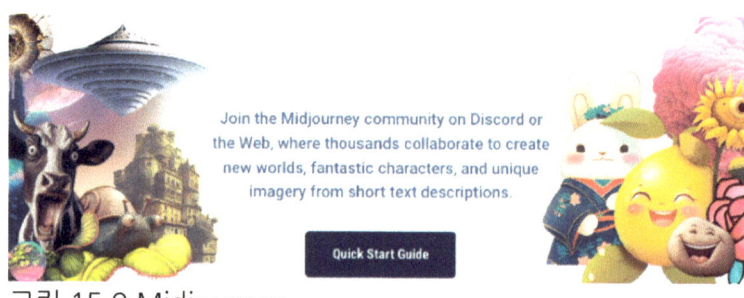

그림 15.9 Midjourney.

15.10.3 DreanStudio

2가지 모델이 있다. DreanStudio pros and DreamStudio cons로 안정된 개방 소스를 갖고 있어 안정되게 다운 받을 수 있고 많은 이미지를 제공하고 있다. 이미지를 업로드하고 문장을 입력한 다음 생성하고자 하는 스타일을 고르면 그림 15.10과 같은 이미지가 나온다.

그림 15.10 생성된 이미지.

15.10.4. Abobe Photoshop(Firefly)

pdf 파일을 제공하는 회사도 Firefly라는 이름으로 베타 버전을 출시했다. DALL-E2와 잘 호환된다고 소개하고 있다. 수많은 사진 전문가를 위한 툴이다. '개를 옷 입히고'라는 단어를 치면 그림 15.11과 같은 결과가 나온다. 한글로 사용 가능하고 무료다.

그림 15.11 Abobe Firefly.

그림 15.12 Photosonic.

15.10.5 Photosonic

이 모델은 수평, 수직, 대각선 3가지 이미지 출력 기능을 갖고 있다. 생성된 이미지를 다운받고 SNS (Facebook, Twitter, Pinterest, LinkedIn, Reddit, and Whatsapp)와 공유도 가능하다. 'Dog with cloth-라는 단어에 그림 15.12와 같은 이미지를 생성한다.

15.10.6 Jasper Art

이 모델은 사진, 그림, 일러스트를 생성한다. 이미지 분위기를 설정하고 원하는 스타일대로 생성할 수 있고 30개의 언어를 사용할 수 있다. 7일간 무료 사용하다 매달 59불이나 지불해야 한다.

그림 15.13 Jasper Art.

15.10.7 NightCafe

예술가와 지역 사회에서 사용하기에 편리하다고 홍보하고 있다. 결과들을 공유하기에 편리하다는 것이다.

그림 15.14 NightCafe.

15.10.8 Image Creator from Microsoft Bing

MS Bing도 이 기능을 제공하고 있다. Bing.com/Create을 클릭하고 회원가입을 하면 바로 이미지 사이트가 나온다. 'Dog with cloth'라는 프롬프트에 대해서 그림 15.15와 같은 이미지가 나온다. 같은 프롬프에 대해 그림 15.11과 다르게 나온다.

그림 15.15 MS Bing 이미지.

15.10.9 Divi AI

이 모델은 홈피나 쇼핑몰 등의 웹사이트 이미지 생성에 초점이 맞춰져 있다. 프롬프트를 입력하면 해당 웹사이트에 적합한 이미지가 생성되는 형태이다.

14일이 지나면 매달 50불 정도를 지불하여야 하는 점이, 부담스럽다. 이 모델은 다음 사항을 제공하고 있다.

- 3AI Website/ AI Landing Pages
- AI Design Suggestions
- A/B Testing
- Email Capture Form
- Unlimited Free Hosting for 100 years
- Custom Domain and SSL
- Free Videos & Streaming

15.10.10 Shutterstock AI

이 모델은 이미 사진이나 이미지를 이용해 많이 알려진 회사로 축적된 자료를 이용해 이미지 제공을 하고 있다. 'Dog with cloth' 입력에 그림 15.16과 같은 이미지가 생성된다. 가장 저렴한 것을 이용할 경우는 매달 37,900원을 지불해야 한다.

그림 15.16 Shutterstock AI.

15.10.11 Picsart

Picsart는 JPG, GIF, and MP4로도 출력이 가능하고 35장 이상의 다양한 이미지가 생성된다.

15.10.12 CF Spark

이미지 변환에 초점이 맞춰져 있다. 'Dog with cloth'입력에 그림

15.17과 같은 다양한 이미지가 나온다.

그림 15.17 CF Spark.

표 15.2 각 모델 기능과 가격 (가격은 바뀔 수 있다).

Tools	Price	Free option
Photosonic	16$/month	O
Jasper art	49$/month	X
Misjourney	0	O
DALL-E	$15/115 credit	X
NightCafe	5.99$/month	O
Bing	0	O
Dream	9.99$/month	O
Divi AI	24$/month	X
Shutterstock AI	24$/month	X
Picsart	49$/month	O
Canva	18.99/month	O
CF Spark	29$/month	O

표 15.2은 앞서 설명한 TTI들에 대한 가격과 무료로 사용할 수 있는 영역을 요약한 것이다.

15.11 무한히 확장되는 챗GPT

그림 15.18은 챗GPT를 이용해 로봇을 제어하는 MS의 발표 내용이다. 대화로 사물을 제어하고 움직이는 시대가 온 것이다

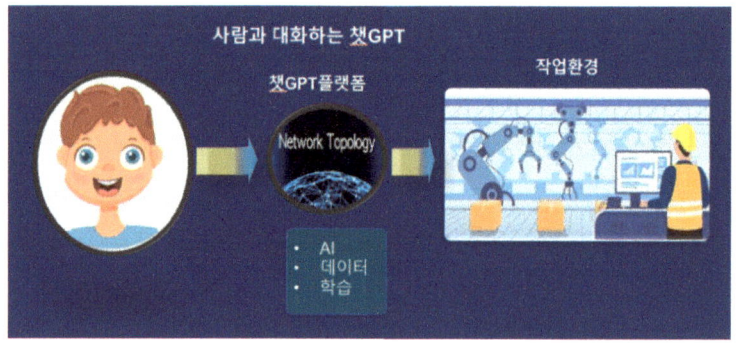

그림 15.18 MS의 챗GPT 대화 제어 로봇.

앞서 언급한 바와 같이 무수히 많은 다양한 영역으로 응용이 가능하고 창업, 교육, 개발, 업무에 활용 할 수 있다. 앞으로는 더 많은 응용 제품과 활용 영역이 소개되어 그 예측은 불가능하다.

제16장

인공지능(AI) 교육, 무엇을 어떻게 배우고 가르쳐야 하나

- 왜 인공지능을 배워야 하나?
- 무엇을, 어떻게 배우고 가르쳐야 하나?
- 어떤 전략이 필요할까?

16.1 개요

그림 16.1은 인공지능 시대의 인재 양성에서 기본으로 구성하여야 할 것을 나타낸 것이다.

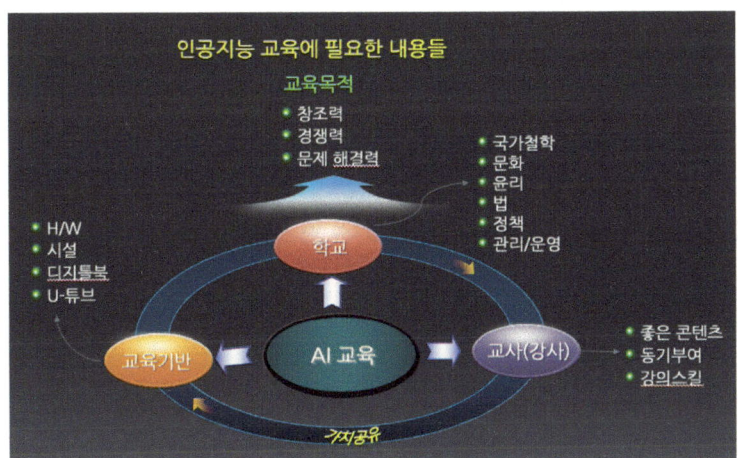

그림 16.1 4차 산업혁명 시대의 인재 양성.

인공지능 혁명은 각 분야에 이루 말할 수 없을 정도로 다방면에 영향을 미친다. 오늘날과 같이 인공지능이 화두에 오르기 앞서 한국에서는 4차 산업혁명이라는 단어가 모두 회자되었던 적이 있다. 이는 실질적으로는 인공지능에 의해 인류의 모든 삶의 패러다임이 재편되는 것을 의미한다.
　따라서 인공지능을 무엇을, 어떻게 배우고 가르칠 것인가가 오늘날의 중요한 핵심 화두로 떠오르게 된다.

16.2 인공지능(AI) 교육 정책

　한국은 무에서 유를 창조한 유일한 국가다. 자원도 없고, 기술도 없었던 국가가 발전하게 된 원동력은 교육이었다.
　즉, 인공지능 교육을 어떻게 하느냐가 미래 국가의 흥망성쇠를 가져다 준다고 볼 수 있다.
　과거의 산업 발전 패턴과는 달리 인공지능 시대는 네트워크, 컴퓨터를 기반으로 한 패러다임이어서 발전 속도가 매우 빠르고 발명된 기술은 주기가 짧다. 또 지식혁명이다. 따라서 인재 양성이 중요하게 된다.
　미국, UK, 일본, 호주, 한국은 오래전부터 연구 기관들을 운영해 왔다. 따라서 교육 방법도 노하우가 축적되어 있어 인공지능 시대에도 그 노하우를 잘 활용할 수 있다. 한국에서는 과학기술정책연구원, 한국과학기술기획평가원, 한국에너지기술평가원, 한국생산기술연구원 등 많은 국책 연구기관들은 물론 민간 연구 기관들도 미래에 대한 로드맵을 연구하고 있다.
　국제 평가 기관들이 혁신 지수, 미래 준비 지수, 국가 경쟁력 지수 등을 많이 발표하는데 이들 상위그룹 국가들은 인프라가 있어 접근이 쉽다고 볼 수 있다. 아프리카의 정책입안자들도 인공지능 중요성을 인식하여 정책에 반영하고 있다.
　아프리카에서도 나이지리아는 2018년도에 인공지능 연구소를 설립하였고(National Agency for Research in Robotics and Artificial Intelligence), 케냐도 교육을 위해 연구소를 세운 바 있으나 여타 개도국들은 인공지능에 대한 교육 정책을 찾기가 어렵다.
　미래에는 육체가 아니라 경제에 의한 노예가 발생할 수 있다는 이야기다.

16.3 대학의 역할

인력 양성에서 대학의 역할은 매우 중요하다. 국가 경쟁력 지수에서 '세계적인 대학이 얼마나 있느냐?'에 따라서 결정된다고 볼 수 있다. 좋은 대학에서는 세계적인 인재를 배출할 수 있고 좋은 인재를 배출하기 위해서는 시설도 좋아야 하지만 훌륭한 교수가 있어야 가능하다.

훌륭한 교수는 급여가 중요하지만 연구할 수 있는 시설과, 행정 지원, 자율권이 있어야 대학에 남는다. 그렇지 않은 경우는 학문을 할 수 있는 국가나 대학으로 이동한다. 인류 역사가 이를 증명한다.

인공지능이 중요해짐에 따라 글로벌 수준의 대학들이 인공지능 대학, 학과를 많이 설치하고 있다.

그림 16.2는 대학에서 인공지능을 가르치기 위해 2018년 10월 세계 최초로 공대 규모로 설립한 미국의 MIT로 AI 공과대학이다. 가장 규모가 크고 먼저 대학을 설립한 경우다.

그림 16.2 MIT의 AI 공과대학.(2018년도에 인공지능만 전문으로 교육하는 AI 대학을 설립하였다. 사각형 안은 설립에 필요한 10억 달러(1조 4천 억)를 기부한 스테판 슈와르프츠 : Stephen Schwarzman).

한국에서도 인공지능 연구를 한 교수를 초빙하기 위해 노력은 많이 하나 급여와 인프라로 초빙이 어려운 상황이다. 실리콘 벨리에서 전문가는 10억 이상을 주는데 한국에서 1~2억 급여를 준다고 올 사람은 없다.
 인공지능이 중요하다는 것은 이미 널리 알려져 있어 아프리카 국가들 대학에서 교육을 하고 있는데 남아프리카 공화국의 the University of Pretoria(UP)은 이론과 응용(Intelligent Systems Group(ISG) for the theory and application of systems)을 미국, 영국과 공동으로 운영하고 있다.
 이 대학은 2017년도부터 데이터를 가르치고 있다. 또, 인공지능센터(The Center for AI Research(CAIR))를 운영해 오고 있다. 나이로비대학의 @iLabAfrica는 데이터, 인공지능, 블록체인, IoT를 연구하고 있다.
 케냐의 Dedan Kimathi University of Technology(DeKUT)에서는 인공지능과 관련된 교육을 하고 있다.
 뿐만 아니라 대학들도 전임 연구기관들을 설립하여 운영 중이다.
 가나에는 구글 연구소 AI가 있고, 마이크로소프트의 지원을 받아 SyeComp 센터를 운영 중이다.
 케냐와 남아공에는 IBM Research Africa(IBM-RA)가 운영 중이어서 이미 국제적으로 인재 양성 경쟁은 시작되었다.

16.4 인공지능(AI) 벤처기업

 인공지능 관련 기업은 많지 않으나 최근 정부의 정책에 힘입어 많은 벤처기업이 탄생하고 있다. 이 경우 다음과 같은 어려움이 있다.

- 첫째, H/W를 구축하는 데는 많은 돈이 투자되어야 한다.
- 둘째, 중소기업에 대한 인식이 좋지 않기 때문에 적절한 인력을 구하기가 어렵다.
- 셋째, 최근의 코로나 바이러스 등과 같은 문제 시 고급인력 이탈이 더 심해진다.
- 넷째, 이러한 이유로 저개발 국가나 중소기업은 독특한 기술이나 틈새시장을 노리지 않으면 살아남기 어렵다.

그러나 인공지능 준비를 하는 외국의 사례를 보면 한국도 미래에 대한 준비는 멈출 수가 없다.

벤처기업을 시작하는 경우 최근 정부에서 많은 특화된 프로그램이 있어 매우 접근이 쉬워졌으나 어느 것이고 독특한 자기만의 기술이나 노하우가 있어야 한다.

인공지능을 구현하기 위해서는 데이터가 필수로 요구되므로 관련 데이터를 모으는 분야는 무궁무진하다. 중소기업이 가장 쉽게 접근할 수 있는 분야다. 또 관련된 인공지능 모델을 만드는 것은 고급인력 2~3명만 있으면 가능하여 창업도 가능하다.

16.5 인공지능(AI) 교육

인공지능 교육은 전체적인 교육과정안에서 국가의 정책에 맞춰 이루어질 수밖에 없다. 따라서 국가의 정책이 중요하다.

인공지능 교육(어떻게 가르치고 배울 것인가?)은 크게 두 가지로 나누어 생각할 수 있다.

- 인공지능을 이용해 교육을 개선하는 방법(인공지능을 교육의 보조자료로 활용하는 방법)
- 인공지능을 직접 가르치는 방법

필자는 이러한 변화에 대해 국제 학술발표를 통해 강조하였다.

앞에서 제시했던 그림 1.1(a)는 산업혁명과 시대에 따른 대표적인 기술, 교육방법을 그림으로 요약한 것이다. 이 그림에서 보면 교육방법도 주입식 강의, 코칭에서 최근에는 컨설팅 방법으로 변하고 있다. 더 나아가서는 각종 첨단 강의는 물론 수강자들의 강의 이해도를 높이기 위한 스마트 교육이 최종 목표다.

4차 산업혁명은 그림의 맨 오른쪽에 나타낸 바와 같이 기술 변화, 사회 변화, 일자리 형태가 변하고 이에 따라서 교육 정책과 교육의 혁신적인 변화가 필요하다.

인공지능 교육은 4차 산업혁명의 최종 목표로 주입식이나 강의식

생성형 AI 활용과 교육 (AI 및 챗 GPT 활용, 교육)

교육이 별로 필요 없다. 과제를 내주고 구현한 것을 토대로 평가하여 의견을 나누는 코칭식 교육이 효과적일 수밖에 없다.

인공지능은 지적 산업의 일종이다. 고급 인력 양성이 중요하기 때문에 앞서 언급한 바와 같이 IBM 왓슨은 인공지능 센터를 2018년도에 뉴욕주립대(SUNNY : Polytechnic Institute campus)에 $2 billion을 들여 설립하였고 삼성이 설립한 해외 연구 센터도 모두 대학 안에 있다.

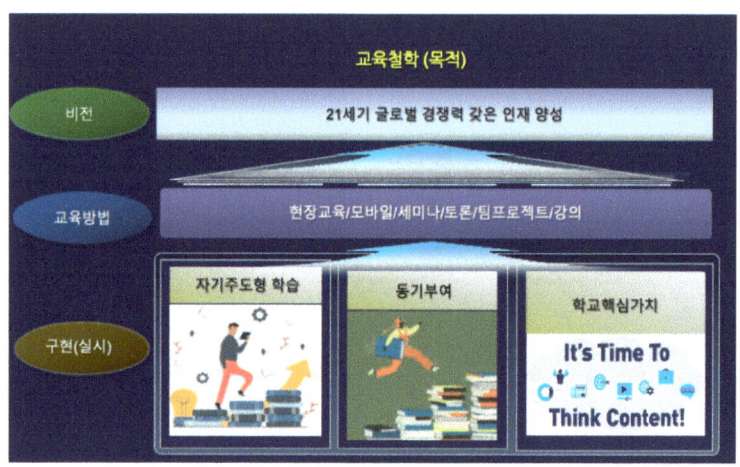

그림 16.3 교육철학.

그림 1.1(a)에서와 같이 컨설팅이나 자문으로 하는 교육이 중요해짐에 따라 그림 16.3과 같은 교육철학이 중요하게 된다.

가르치는 방법은 더 다양해 졌지만 학습자가 자기 주도형으로 할 수 있도록 동기부여하는 것이 중요하고 반드시 대학과 국가의 핵심 가치가 교육에는 내재되어야 한다.

인공지능을 이용한 교육에는 행정적인 잡무를 줄이기 위한 방법, 통계를 도입하여 가르치는 수준을 학습자 수준에 맞도록 하는 방법 등이 있고 많은 기업에서 교육 보조재를 출시하고 있다.

그림 16.4는 인공지능을 적용할 때 순서를 나타낸 것으로 구글에서 소개한 자료를 바탕으로 필자가 다시 정리한 것이다.

인공지능을 적용할 때도 정확히 적용하고자 하는 목적이 있어야 효과를 거둘 수 있다.

우선 인공지능을 적용하고자 하는 목적을 정하고, 관련 데이터를 수집하거나 정리한 다음, 인공지능 알고리즘을 개발하여야 한다.(기존의 알고리즘을 이용하기도 한다)

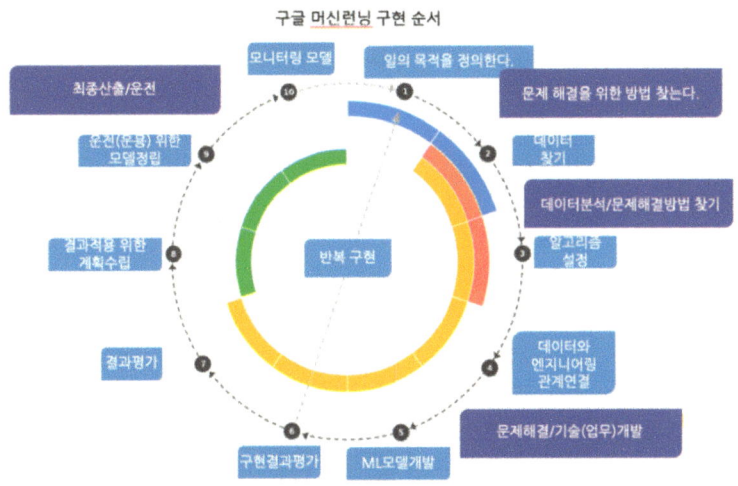

그림 16.4 구글 머신런닝 구현 위한 순서.(구글 자료)

데이터를 도입하여 연결한 다음 구현하고 결과를 평가해 본다. 이 결과가 만족하면 좋지만 이 과정을 만족할 때까지 수없이 하여야 한다.
그림에서 6과 1 사이의 반복된 작업을 성공할 때까지 수행하여야 한다. 만족스런 결과가 나오면 실제 본인의 시스템에 적용하여 상업화 또는 개발 툴로 내놓을 수 있다.
인공지능을 가르치는 방법은 여러 가지가 있으나 가장 먼저 하여야 할 것은 어떤 내용을 가르쳐야 할지 교육과정을 설계하는 것이다. 이 점은 단기 과정이든 장기 과정이든 마찬가지고, 특히 대학이나 고등학교에서 가르친다면 필수로 구성하여야 한다. 그림 16.5은 가르치는 방법(기초, 코칭, 컨설팅)에 따라서 교육이 다른 것을 나타낸 것이다.

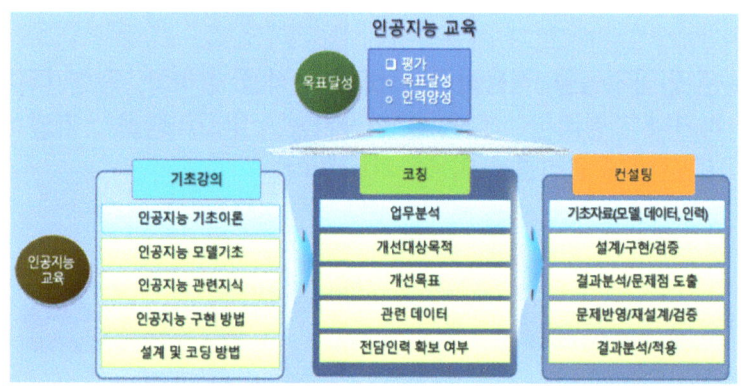

그림 16.5 인공지능 교육 방법.

16.6 인공지능(AI)을 이용한 교육

인공지능을 교육의 보조자료로 활용하는 영역이다. 학생들의 학습 데이터를 기반으로 부족한 부분, 개인 특기 등을 분석하여 학생들 개인지도, 진로 지도를 할 수 있는 등 활용할 수 있는 곳이 많다. 즉, 인공지능을 활용하여 학습자들의 개인적인 특징을 다양하게 분석하고 이를 바탕으로 교육 효과를 얻는 방식이다.

인공지능을 이용하여 행정 서비스를 간소화하는 것도 가능하다. 학교 현장에서 필히 하여야 할 영역이지만 회사나 제조업처럼 쉽게 접근하여 효과를 거두기가 어렵다.

또한 데이터베이스를 기반으로 행정의 간소화를 추진하여야 하기 때문에 데이터의 개인정보 보호 문제로 비화할 소지가 있어 활용 시 주의가 필요한 영역이다.

유네스코 보고서는 아마존 AWS, 바이두 EasyDL, 구글 TensorFlow, IBM Watson, 마이크로소프트 Azure의 프로그램을 활용할 수 있는 방법을 안내하고 있다.

활용 영역에 따라서는 가능하겠으나 이를 위해서는 가르쳐야 하는 사람이 별도 집중적으로 학습을 하여야 한다는 점에서 접근이 어렵다.

16.7 인공지능(AI) 교육과정 분석

인공지능이 관심을 갖게 된 것은 이세돌 기사와 바둑을 둔 알파고 사건 2016년 이후이다. 중요성이 인식되어 국가의 정책에 반영된 것은 2017년 시작되었고 대부분의 국가에서는 2018년도에나 국가 정책에 반영되었다.

K-12 교육과정에서 인공지능을 중국이 가장 먼저 도입하였고 기타 국가들은 2019년도 이후에나 관심을 갖게 되었다. 따라서 연구된 관련 연구가 그리 많지 않다.

외국의 교육과정은 모두 해당 국가에 대한 것들이어서 한국의 사정에는 적당하지 않을 수 있다.

16.8 유네스코의 인공지능(AI) 교육과정

표 16.1 유네스코 인공지능(AI) 교육과정

분야	주제	교육과정에 고려하여야 할 사항들
AI 기초	알고리즘 및 프로그램	AI 기술 활용을 위해 데이터에 대한 이해, 알고리즘, 프로그램
	데이터 이해	AI 주요 응용은 데이터상에서 이루어지므로 AI 이용 및 응용 위한 데이터 정제, 라벨링, 리포팅 내용. 학생들은 AI에 의한 윤리 및 논리적 사고 변화, 사회 변화를 이해하도록 한다.
	문제 해결	AI는 사회 및 일에 대한 해결능력을 갖는다. 프로젝트 기반 문제 해결, 설계사고력 문제 해결에 대한 기본 이해

윤리 및 사회적 영향	AI 윤리	기술적 경험에 관계없이 학생들은 개인적, 사회적으로 AI와 살아야 하므로 AI 윤리 시민으로서의 이해. 인권 침해와 개인 프라이버시 문제 등
	AI의 사회적 영향	AI는 사회적으로 전반적으로 영향을 미친다. 교육과정에 정부의 구조 변화 등을 예로 들어 이들 문제를 다루어야 한다.
	AI 응용	AI는 컴퓨터 과학 외에 더 넓게 영향을 미친다. 예술, 음악, 사회 건강 등에 미치는 영향을 예를 들어 언급한다.
AI 이해 및 이용, 기술 개발	AI 기술 이해 및 이용	AI의 이론적 이해, 알고리즘, 딥러닝, 머신러닝, 강화학습, 지도 학습, 비지도 학습 등 기술을 예를 들어 설명
	AI 기술 응용	서비스로서 AI 기술을(추가) 예를 들어 언급
	AI 기술 개발	새로운 AI 기술 개발을 다룬다. 코딩, 수학, 데이터 등 지식을 언급

표 16.1은 유네스코가 제안하는 K-12에 담아야 할 기본 내용이다. 이를 다음과 같이 간단히 3가지로 요약할 수 있다.

• 기초 교육(데이터를 이용한 알고리즘 및 프로그램, 데이터 수집/라벨링/분석, 업무와 사회에 관계된 인공지능 : AI algorithm and programming with data, Data collection, labeling, and analysis, Business and social related AI)
• 윤리 및 사회적 영향 교육(개인과 시민에 대한 인공지능의 문제 및 이해, 일에 대한 컴퓨터과학 교육 외에 인공지능 교육 : Understanding the ethical challenges of AI for Personal & citizen, Social impacts of AI for workspace, AI application outside of computer science for frameworks)
• 인공지능 사용 및 개발 교육(인공지능 이론 이해, 인류에 대한 응용, 창의력을 가지고 새로운 인공지능 개발 : Theoretical understanding of AI, Human-facing applications, The creation of new AI)

교육과정은 일정한 틀에 맞춰 정해진 내용을 교육하는 것보다는 어느 정도의 가이드라인만 주고 내용은 가르치는 사람의 자율권에 의해 시행하는 것이 바람직하다. 가르치는 사람은 가르치는 장소나 시설을 고려하여 자율로 정할 수 있기 때문에 가장 효과가 크게 나타난다. 유네스코가 추천하는 내용들도 이러한 점에 바탕을 두고 제안한 것으로 볼 수 있다.

이러한 교육을 추진하는 나라가 핀란드다. 핀란드의 교육 경쟁력이 세계 최고를 자랑하게 된 원동력이다. 교사가 되기 위해서는 석사 이상의 공부를 하여야 하지만 한번 되면 교육에 대한 자율권을 주기 때문에 교사는 자긍심을 갖고 모든 권한으로 교육을 하게 된다.

인공지능 교육은 더 다양하다. 아직 정확하게 많이 해 본 경험자가 적고 보조자료도 제한적이기 때문에 그 내용도 가르치는 방법에 따라서 다르게 되므로 효과가 많이 달라지기 때문이다.

사용하는 S/W, H/W, 구현하는 방법(로봇, 다른 이동물체, 장난감 자동차, 시뮬레이션, 애니메이션 등 인공지능 툴을 적용 대상에 응용하여 그 특징을 학생들이 파악하도록 하는 구현방법은 이루 말할 수 없을 정도로 많다)은 초·중·고 학생들의 수준에 적합한 교육이어야 효과가 나타나기 때문에 교육자의 재량과 교육에 대한 열정, 아이디어가 중요한 이유다.

16.9 미국의 인공지능(AI) 교육과정

표 16.2는 미국의 인공지능 전략 일부를 소개한 것이다. 이들 자료들은 참고는 될 수 있으나 그대로 활용하는 것은 어렵다. 한국의 ICT 기술이나 인공지능을 가르치기 위한 툴(S/W, H/W, 주변 기기 또는 보조자료) 등이 다르고 학생과 교원들의 수준도 다르기 때문이다.

따라서 한국 실정에 적합한 인공지능 교육과정 개발이 절실하다.

표 16.2 미국의 AI 전략보고서(2018).

구분	분야	내용
국가 전략	AI 지원 핵심조직	데이터, AI 기능, 공공 R&D
	국가 안보 포함 공공 AI 가속화	가장 중요하고 효과적이며 빠르게 AI가 채택하도록 정부가 지원
	산업계 AI 개발	연방정부 지원, 정책 수립
	디지털 무역정책	AI용 데이터 장벽 제거
	AI 친화법 제정	법이 장애물 제거하지 않으면 생산은 불가능
	AI 기반 일 형태로 전환	AI 기반 자동화로 생산성 증대
데이터 및 AI	데이터 가용성	농업, 교육, 건강, 공공안전 등 중요 고품질 데이터 사용하도록 연방정부 차원에서 법 추진
	데이터 발굴 및 신뢰성 구축	정부의 모든 영역에서 데이터 발굴 및 신뢰성 구축
	디지털 변환	연방정부 모든 영역에서 디지털 변환
	정책입안자	데이터 공유를 위해 다양한 방법 접근
	데이터 개방	데이터 개방을 위해 의회 법 추진
	데이터 재산	데이터 재산을 위한 연방정부 데이터 수집 보장
	AI 데이터 공유	AI 사용 및 개발 위한 법 보장
능력 개발	AI 투자	국회 AI투자법
	AI 가속화	국회는 NSF가 1,000개 대학에 5년간 AI 연구인력 지원토록 함
	AI 위한 외국인 비자	국회가 AI 위해 H-1B 보장
	대학 전공 장벽 제거	연방정부는 학과 및 전공 간 학생들 숫자에 대한 장벽 제거
AI 연구	AI 기초연구자금	국회가 AI 기초연구 자금 증액
	AI 응용연구자금	연방정부 AI 응용연구 지원
	AI 연구 세금 제거	국회는 경쟁국과 대응하기 위한 연구비에 대한 세금 감면

미국이 인공지능을 국가 전략으로 추진하게 된 것은 한 보고서가 기여를 한 것으로 볼 수 있다.

Joshua New는 인공지능을 주도적으로 추진할 것을 주장했다. 당시는 중국, 프랑스, 영국 등은 글로벌 시장에서 우위를 차지하기 위해 지원하는 데 비해 미국은 정지해 있다고 기술하고 있다.

이 보고서는 인공지능 주도권을 잡기 위해서는 미국도 풍부한 자금을 가진 기구가 필요하고, 국가 안보 파워에서 인공지능을 공공 기관에서 채택하며, 특화된 인공지능 전략을 통해 인공지능을 개발하고, 산업계에서도 채택하여야 한다고 기술하고 있다.

표 16.2는 미국이 인공지능을 주도적으로 추진하기 위한 국가적 차원의 정책, 데이터 R&D에 대한 것을 담고 있고, 인공지능을 활성화하기 위한 내용으로서 특히 국방 분야에서 적극적으로 투자하고 안보 차원에서 국방의 여러 분야에서 인공지능을 활용하고 연구하야 한다는 것을 강조하고 있다.

또한 규제 문제와 인공지능을 이용해 더 좋은 일자리를 창출하는 문제를 제안하고 있다. 규제 문제에서는 데이터 분야, 인공지능 활용화 문제, 이를 위한 새로운 법 도입 등을 다루고 있다.

인공지능 교육과정을 기본적으로 컴퓨팅, 네트워크, 데이터, 알고리즘 및 프로그래밍, 컴퓨팅 기여 5가지를 핵심 개념으로 넣었고, 핵심 실천 사항으로는 7가지로 컴퓨팅 환경 증진(사용 환경에 적합한 컴퓨팅을 구성할 수 있도록 함), 컴퓨팅 협력(주위의 컴퓨팅 자산 활용), 컴퓨팅 문제의 인식과 정의(컴퓨팅을 하고자 하는 대상 및 문제에 대한 환경 인식 및 정의), 개발 및 추출(연구 개발과 연구결과 추출 문제), 새로운 컴퓨팅 기술 개발, 개발된 컴퓨팅 기술의 테스트 및 개선, 컴퓨팅을 위한 통신이다.

실천 사항은 실험을 통해서 컴퓨팅을 어떻게 하는지 알 수 있도록 한 것이다. 실천 사항을 보면 교육 실천사항에는 기존의 연구자가 숙지하여야 하는 연구 과제의 시작부터 결과 도출까지 과정이 제시되어 있다. 문제의 핵심은 물론 데이터 사용, 만든 결과물에 대한 활용 및 문제점 파악, 개선 등도 학습과정에서 하도록 구성하고 있다.

트럼프 2기 대통령은 취임하자 마자 인공지능 행정문서에 서명하고 핵무기와 함께 국가 전략으로 추진 하겠다고 언급한 바 있다.

16.10 캐나다의 인공지능(AI)교육과정

캐나다의 인공지능 기술은 세계 최고를 자랑한다. 토론토대, 맥길대 등은 세계 정상의 결과물들을 생산하고 또 인력도 많다.

삼성이 2018년도에 세계적인 글로벌 인공지능 캠퍼스를 구축할 때도 토론토대와 맥길대가 포함되어 있다.

캐나다의 인공지능 교육은 K-12 컴퓨터 과학 기술 교육 프레임 안에 있다. 이 교육 안에서는 '모든 캐나다 학생들은 자신만의 디지털 프로젝트를 만들 수 있고(Create their own digital projects), 어떻게 기술이 동작하고 세상과 공유되는지를 중대하게 받아들이며(Critically assess how technology works and shapes our world), 기술을 세상을 개선시킬 수 있도록 이용한다.(Use technology to improve our world)'는 3가지 큰 틀을 갖고 교육을 하도록 비전을 제시하고 있다.

표 16.3에서는 인공지능 기본내용으로 5개 항목을 제시하고 있다.

인공지능 교육내용으로는 프로그래밍 영역에서는 알고리즘(이론), 모델링, 프로그램 디버깅 방법을 공부하고, 데이터 구조, 인공지능을 기반으로 한 대상물 또는 인공지능의 모델을 알고 추출하는 방법, 프로그램의 디버깅까지 담고 있다. 컴퓨팅과 네트워크 영역에서는 관련 H/W, S/W를 포함하여 디바이스까지 다룬다. 이는 디바이스에서 네트워크까지 연결시켜 필요한 H/W, S/W를 모두 가르치고 이에 필요한 보안 및 디지털 연결을 배우도록 교육내용이 구성되어 있다.

데이터 교육 영역에서는 데이터의 저장법, 데이터 연결(인공지능과 활용 목적에 대한 연결법), 데이터 구성현황(데이터는 종류에 따라서 구성 특징이 다르므로 이를 파악하도록 교육), 데이터 시각화(문자 및 숫자 데이터는 시각화를 통해서 분석하면 더 정확한 분석이 가능하다), 모델링과 데이터의 간섭현상, 인공지능과 머신런닝 응용, 데이터 가버넌스를 다루고 있다.

가솔린이 없으면 차가 움직이지 못하듯 데이터가 없으면 컴퓨터를 이용한 모든 작업이 불가능한 시대가 되었다. 그래서 데이터(데이터가 자본화, 예속화, 보호받는 시대를 이해하도록 한다)의 중요성을 교육하도록 하고 있다.

표 16.3 캐나다 인공지능 교육과정 내용.

분야	내용
프로그래밍	알고리즘(Algorithms) 데이터구조(Data structures) 모듈(Modularity) 모델링 및 요약(Modeling & Abstraction) 디버깅(Debugging)
컴퓨팅/네트워크	H/W & S/W 네트워크 장비(Connected device) 트러블 문제(Trouble shooting) 디지털 연결(Digital connectivity) 사이버 안보(Cyber-security)
데이터	데이터 저장(Storing data) 수집, 구성, 시각화(Collecting, Organizing, & Visualizing data) 모델링/인터페이스(Modeling & Interfacing) 인공지능 응용과 머신러닝(Applications of AI & Machine learning) 데이터 가버넌스(Data governance)
기술과 사회	디지털 기술의 사회 영향(Social impacts of digital technologies) 디지털 통신(Digital communication) 윤리, 안전, 법(Ethics, Safety, & the law) 기술과 환경(Technology & the environment) 기술 역사(History of technology) 기술과 웰빙(Technology & Wellbeing)
설계	프로그램 설계(Program design) 사용자 설계(User design) 시각 설계(Visual design) 다양한 설계(Universal design)

기술과 사회 영역에서는 윤리, 안정, 법 등을 다루고 설계 영역에서는

학생들이 자유롭게 할 수 있도록 프로그램, 사용자 설계(학생들의 창의력 증진), 시각적 효과(데이터 및 결과물들의 시각적 표현), 다양한 주제들의 융합 또는 협업을 통한 설계(Universal design) 등을 교육함으로써 새로운 개발과 창의력을 증진하도록 유도하고 있다.

설계 영역에서는 프로그램 설계, 사용자를 위한 특화된 설계, 시각화 설계, 다양한 활용을 위한 설계 등 매우 자기중심적으로 활용하도록 교육 내용이 설계되어 있음을 파악할 수 있다. 각 영역에서는 시작부터 활용까지 5단계로 세부적으로 내용을 기술하고 있다.

16.11 핀란드의 인공지능(AI)교육과정

핀란드의 인공지능 교육과정 기본틀은 그림 16.6과 같이 인공지능-로봇-코딩이라는 삼각형 형태로 구성되어 있다.

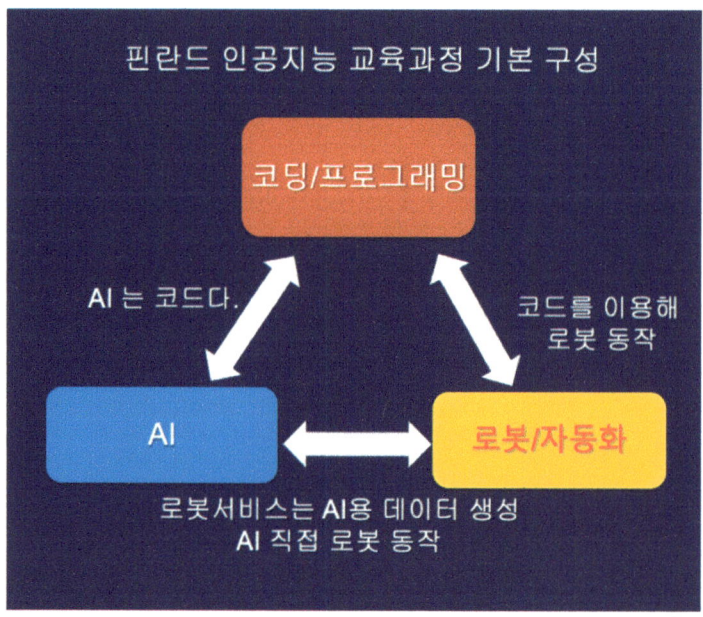

그림 16.6 핀란드 인공지능 교육과정 기본 구성.

인공지능은 곧 코딩이고 구현은 로봇을 통해 하는 교육과정이다. 로봇을 구현하기 위해서는 곧 코딩이 필요한데 여기에 인공지능 개념을 도입하여 교육한다는 내용이다.
　K-12에서의 핀란드 인공지능 교육과정 기본 구조인 그림 16.6을 바탕으로 교육내용을 설계한 것이 그림 16.7이다.
　핀란드는 그림 16.7에서와 같이 0에서 12까지 총 13단계의 과정을 거쳐 교육을 하게 되는데 0단계에서는 유치원 단계로 인공지능 개념 및 첨단 기술에 대한 긍정적인 자세, 사고력, 첨단 기술(Technology), 인공지능적으로 생각하는 방법(Computational thinking)에 대한 촉진 등을 인공지능(AI) 로봇을 통해 가르친다.
　인공지능 1단계는 게임과 놀이를 통해 휴먼 로봇에 대한 코딩을 가르친다.
　2단계도 놀이를 통해 학습하는 단계로 창조적으로 디지털 기술을 도출하는 방법을 가르친다. 3단계는 코드와 새로운 생각을 하는 방법의 학습단계로 이야기의 상호 연계성과 복잡한 게임의 특징을 통해 이루어진다.
　4단계는 학교마다 다른 주제로 컴퓨팅과 컴퓨터 과학을 가르친다. 5단계에서는 자동화라는 주제로 로봇 지능을 교육하고 6단계에서는 개발과 시험단계로 목적을 가진 게임을 배우고 개발한다. 7단계는 인공지능(AI) 입문으로서 머신비전 응용을, 8단계는 ICT 입문으로서 탐사와 프로젝트를 통해서 ICT를 배운다. 9단계는 해결하고 통합하는 단계로서 생활 영역에서 프로그래밍하는 방법을 가르친다.
　이후 10, 11, 12단계는 두 가지 트랙으로 나누어지는데 '개발-게임 개발(1)-게임 개발(2)'로 이어지는 트랙과 '웹디자인-혁신-머신러닝'으로 이어지는 단계다.
　교육과정의 각 단계에는 학습하여야 할 내용에 대한 키워드가 있어 이 내용을 중심으로 교육을 할 수 있다.
　그림 16.8은 핀란드 학생들의 인공지능 창의력 개발을 위해 난관에 부딪혔을 때 코딩을 해서 극복해 가는 과제이다

생성형 AI 활용과 교육 (AI 및 챗 GPT 활용, 교육)

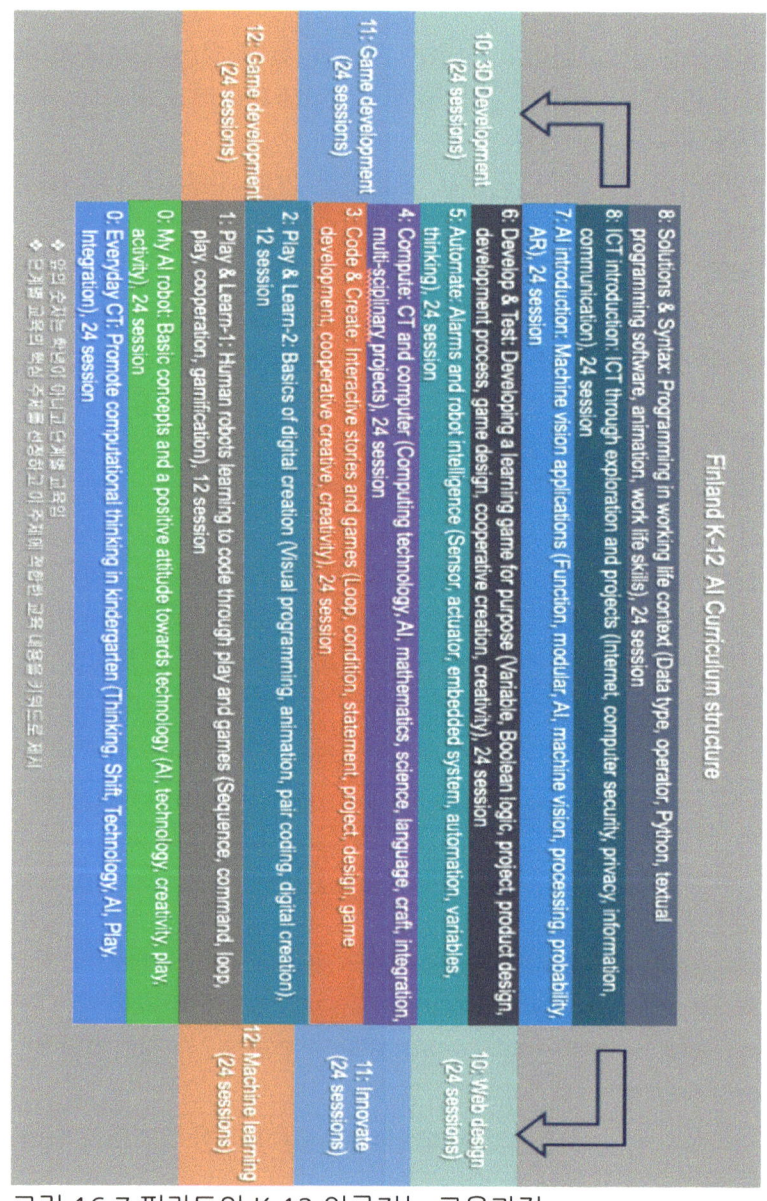

그림 16.7 핀란드의 K-12 인공지능 교육과정.

그림 16.8 핀란드 학생들 창의력 개발 위한 교육 프로젝트 결과 일부.(이 프로젝트는 문제점 해결을 코딩을 통해 해결하고 있다.)

16.12 중국의 인공지능(AI) 교육과정

중국은 과거 20년 동안 외국 투자 유치와 인재 양성을 통해 매우 빠른 경제 성장을 이루었다. 과거 한국이 추진해 왔던 경제 정책 모델을 답습하여 이제는 대부분의 첨단 산업 분야에 있어서 경쟁자로 거듭났다.

특히 인공지능 분야는 세계 최고의 기술과 인재를 확보하고 있고 논문 발생 수 및 국제 경쟁에 있어서도 미국을 능가하는 수준이다. 그림 5.9의 국가별 인공지능 지수는 그 이유를 잘 설명하고 있다.

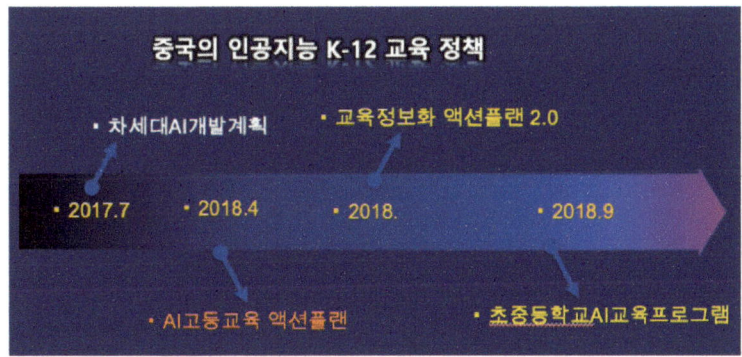

그림 16.10 중국의 K-12 인공지능 교육 정책.

이와 같이 경쟁력을 갖게 된 것은 국가의 주도적인 정책으로 교육을 집중적으로 육성한 결과다.

중국은 그림 16.10과 같이 2017년도에 K-12 분야에서의 인공지능 교육을 2030년까지 로드맵을 가지고 육성하고 있다. 이 정책하에서 K-12에 대한 인공지능 교육과정을 설계하여 추진하였다.

표 16.4는 중국의 유치원, 초등학교 및 중·고등학교의 교육과정 내용이다.

표 16.4 중국의 인공지능(AI) K-12 교육과정.

구분	내용	목표
유치원	인공지능을 구현하기 좋은 편리한 도구(로봇이나 지능형 기구로 규격화되지 않음)	노래 표현, 기상 노래, 옷 입는 노래, 작은 거울, 잡지, 공원에서 걷기, 의자, 책상, TV, 엄마의 장롱, 내 공간, 칼, 사랑하는 기타, 원숭이, 붉은 등, 파란등
초등학교	파이선, 스크래치를 프로그래밍	'New Friend', 'Twinkling Star' 등의(추가) 프로그램, 아두이노로 소리 감지, 여러 로봇과 친해지기(AI 로봇, 모터 로봇, 교통로봇 등)
중학교	AI 알고리즘 동작 이해하기, 예비 프로그램 운영하기	AI 입문, AI 구조 센서 사용, 데이터와 알고리즘(기초 및 응용)을 이용한 문제 해결
고등학교	AI 알고리즘, 프로그램 운영	AI와 일하기, 윤리, AI 언어, 말하기, 자연어, 워드 벡터, 정보 추출 문제 해결, 지식맵, 추론로직, 로직 추론엔진, 탐색, 추적트리, 인지

중국의 인공지능 교육은 유치원 때부터 도입한다는 점이 매우 파격적이다. 로봇과 지능형 기능이 있는 도구들을 이용해 간단한

교통신호등, 의자, 책상 등을 통해 인공지능 교육이 이루어지도록 하고 있다.

그러나 어떻게 이러한 도구들을 이용해 유치원생들이 인공지능 개념을 알도록 하는지는 상세한 설명이 부족하여 관련된 교육내용만 가지고는 파악이 어렵다.

지능형 교통수단 같은 것들을 통해 인공지능 알고리즘이 어떻게 동작하는지 코드의 파라미터들을 변화시키면서 실제 체험함으로써 이해하도록 교육하는 것으로 추측된다. 데이터와 센서, 파이선 프로그램(기본 및 응용)을 통해 기본 인공지능을 교육한다.

초등학교 인공지능 교육은 실생활에서 얻을 수 있는 로봇(오토바이 로봇, 교통신호등, 인공지능 로봇)을 쉽게 H/W 및 S/W로 응용이 가능한 아두이노 프로그램을 통해 공부하도록 하고 있다.

아두이노를 도입한 것은 프로그래밍도 간단하지만 간단한 H/W이어서 학생들이 접근하기도 쉬워 H/W에 인공지능을 어떻게 구현하는지 쉽게 이해할 수 있도록 하기 위한 것으로 판단된다.

프로그래밍도 초등학생들이 쉽게 접근이 가능한 스크래치(scratch) 방식과 파이선을 도입하여 지식과 동기 부여를 하는데 초점이 맞추어졌다.

중학교 수준(Junior high school)의 인공지능 교육은 논리적으로 생각하고 좀 더 깊게 인공지능을 체험하도록 하고 있다. 중국의 교육과정에서는 '중학생 수준의 학생들은 이미 논리적인 것들을 분석하고 이해할 수 있다'고 판단하고 있다.

중학교도 아두이노와 로봇을 이용해 인공지능을 하고 있고 프로그램은 파이선이 기본으로 되어 있다. 특이한 점은 한국이나 다른 나라들의 인공지능 교육 과정에서는 아두이노를 취급하지 않는데 중국은 적극적으로 도입하고 있다. 이는 산업계의 응용 영역에 종사하기 쉽도록 미리 교육하는 것으로 풀이된다. 산업용 H/W 안에서 실질적인 응용문제를 S/W로 구현하여 인공지능을 피부로 느끼도록 교육하는 것으로 볼 수 있다.

표 16.4에서 고등학교 교육내용은 인공지능에서 다루는 대부분의 이론 및 프로그램, 언어, 벡터, **추론**, 검색엔진, 논리적인 추론, 지식공학 등을 학습하도록 구성되어 있다.

즉, 중국 고등학교의 인공지능 교육은 대학에서 다루는 대부분을 공부할 수 있도록 구성되어 있고 언어벡터도 공부한다. 매우 수준 높은 인공지능 교육으로 볼 수 있다. 앞서 언급한 바와 같이 중국의 인공지능 수준은 미국과 거의 같거나 앞서 있다고 설명했는데 이것은 수준 높은 교육으로 인재를 많이 배출했기 때문으로 볼 수 있다. 서두에서 언급한 바와 같이 중국 인공지능 교육은 올림픽 선수와 같이 스파르타식 교육으로 유명하고 학부생만 4만 3천여명 학과만 530여개가 넘는다.

16.13 한국의 인공지능(AI) 교육과정

교육부는 2019년 3월 서울, 대구, 경기, 충남, 경북 지역에서 시범운영을 거친 뒤 2020년 9월 13일부터 시도교육청과 연계하여 초등학교 1, 2학년을 위해 AI 활용 수학 프로그램을 제공한다고 발표하였다.

표 16.5 한국의 초등학교 AI 교육과정.

영역	등급 1-2	등급 3-4	등급 5-6
AI 이해하기	AI 스토리 (스마트로봇)	강한 AI, 약한 AI	데이터를 이용해 구현하여 AI 이해하기
AI와 데이터	이미지, 음성, 숫자 데이터	힌트로 숫자 추정하기	- 이전 데이터를 이용한 새로운 상화인지하기 - 새로운 데이터를 이용한 상황인지하기
AI 알고리즘	구분/찾기	조건반사	데이터를 이용한 물체 구분
AI 구현	AI 로봇	머신러닝 (물체 구분)	AI 구동 사물
AI 영향	AI에 의한 변화	사람과 AI의 공통점·차이점	4차 산업혁명 AI 윤리

표 16.5는 초등학교의 인공지능 교육과정 내용이다. 고등학교는 2021년 9월부터 인공지능 기초와 인공지능 수학을 시작하고 2025년까지는 개선된 인공지능 교육과정 자료를 전국에 배포하여 K-12 학교에서 인공지능 교육이 충분히 채택되도록 할 예정이라고 발표한 바 있다.

2019년 11월 7일 발표에서 초·중등에서 인공지능 교육을 담당할 교원 5천 명을 양성하되 본인 50%, 교육청 50% 학비를 내고 대학원에서 파트타임으로 석사를 취득한 후 교육현장에서 인공지능을 담당한다는 내용이다.

따라서 2년간의 교육 기간을 고려한다면 2022년 **후반**이나 2023년도 전반기 졸업을 하게 되어 인공지능에 대한 전반적인 교육과정 설계, 교육 방법, 교육 기구(실습장비), 알고리즘, 초·중등 학생들 수준에 적합한 인공지능의 난이도 등을 파악 수 있는 시간이 없다고 볼 수 있다.

대학에서의 인공지능 교육과정은 대학생들이 자율적으로 공부하고 찾아서 해야 하는 의무감 때문에 어느 정도 융통성이 있다고 판단되나 초·중등학생들의 경우는 설계된 교육과정 안에서 학습을 진행하여야 하기 때문에 교육과정 설계는 매우 중요하다.

16.14 인공지능(AI) 교육과정 도입 필요성

기존 교육과정을 고찰해 보면 지금까지 부분적으로 인공지능을 도입하여 교육하는 경우도 있으나 교육과정들은 대부분 2017~2021년도에 입안되어 시행되고 있는 내용들이다. 이 부분은 이미 소개한 캐나다, 미국, 핀란드, 중국 모두 같은 경우다.

이들 국가들도 계획은 2020년도 이전에 수립된 것들이기 때문에 대부분 2020년도 이전의 ICT기술 내용을 바탕으로 설계되었다고 볼 수 있다. 그러나 최근의 기술 변화 양상들은 너무 빠르고 사회적으로 급격히 영향을 미쳐 이를 그대로 한국에 도입하는 것은 문제가 있다고 생각한다.

특히 거대 인공지능망(Generative AI)을 활용하여 새로운 인공지능 설계, 이용, 등이 많이 발표되고 있어 기존의 교육내용이나 안내만으로는 한계가 있다고 본다.

왜 새로운 기술 활용에 대한 교육과정을 적극 도입하여야 하는가?

2023년 OpenAI는 지금까지 와는 전연 다른 인공지능인 챗GPT 3.5 버전을 출시하여 세상의 이목을 집중시켰다. 그리고 2023년 3월에는 이를 한 단계 올린 GPT4.0을 출시했는데 이는 교육에도 심각하게 영향을 미치고 있다. 그림 15.2(a)의 역사에서 2024년도 9월에 교사들이 챗GPT 충격으로 수업을 거부한 사태로 까지 발전했으나 이것도 잠시 일 뿐이다.

이를 어떻게 활용하고 대처하여야 할 것인지를 심각하게 고려하여야 할 단계에 이르렀다. 기존의 창의력 개발, 응용, 기초이론만 가지고는 모든 교육영역에서 대처하기가 어려워지게 되었다.

따라서 인공지능 교육도 어떻게 하면 인공지능을 잘 활용하고 최적의 질문과 답변을 얻어 낼 수 있는가?

어떻게 좋은 데이터를 학습시켜 잘 활용할 수 있는가? 에 대한 교육이 필요한 단계에 이르렀다.

챗GPT가 이미 일상화되어서 이를 반영한 교육이 절실하나 교육과정을 설계하거나 교육해본 경험자가 없어 자료도 거의 없는 실정이다. 그러나 하여야 한다는 필연성 때문에 교육과정 설계에 대한 연구가 절실하다.

이미 많은 자료에서도 챗GPT에 대한 교육의 당위성을 언급하고 있어 단계별(학년별)로 활용법, 윤리문제 등을 교육하여야 한다.

인공지능의 기술은 우리가 지금 알고 있는 수준으로만 보고 판단할 수 없다. 향후 무한히 다른 기술이 발전할 가능성이 많다.

1943년도 다트마우스 학술대회에서 처음 인공지능 단어가 나온 후 70년이 지난 지금은 인류 삶의 모든 영역에 침투되어 있다. 더군다나 기술의 발전 속도는 기하급수적으로 빨라지고 있다. 따라서 지식의 추론을 통한 인공지능 개발, 자연현상을 이용한 인공지능 혁신 등이 있어야 하고 이를 자유스럽게 찾을 수 있는 창의력을 프로젝트를 통해 개발하도록 유도하여야 한다.

특히 직업 변화에 대한 내용을 소개하여 소멸되는 직업군을 현재 인기있다 하여 학생들이 선택하는 부담을 갖지 않도록 하여야 한다.

새롭게 부상하는 기술을 거부하는 것은 자동차가 처음 발명되었을 때

영국에서 제정된 붉은 깃발법과 같다.

그림 16.11은 구글의 미래학자이자 다빈치 연구소장인 토마스 프레이가 인공지능에 의해 어떻게 사회가 변할 것인가를 2014년도에 예측한 내용인데 10년이 지난 2024년에 필자가 평가 한 내용이다.

신재생 에너지와 3D프린터를 제외하고는 대부분이 현실화되었다고 본다. 전연 예측 하지 못한 기술 챗GPT가 2022년 개발되면서 인공지능은 작가, 영화, 이미지 생성, 디자인 등으로 영역이 침투하여 새로운 양상으로 인공지능 활용이 발전하고 있다.

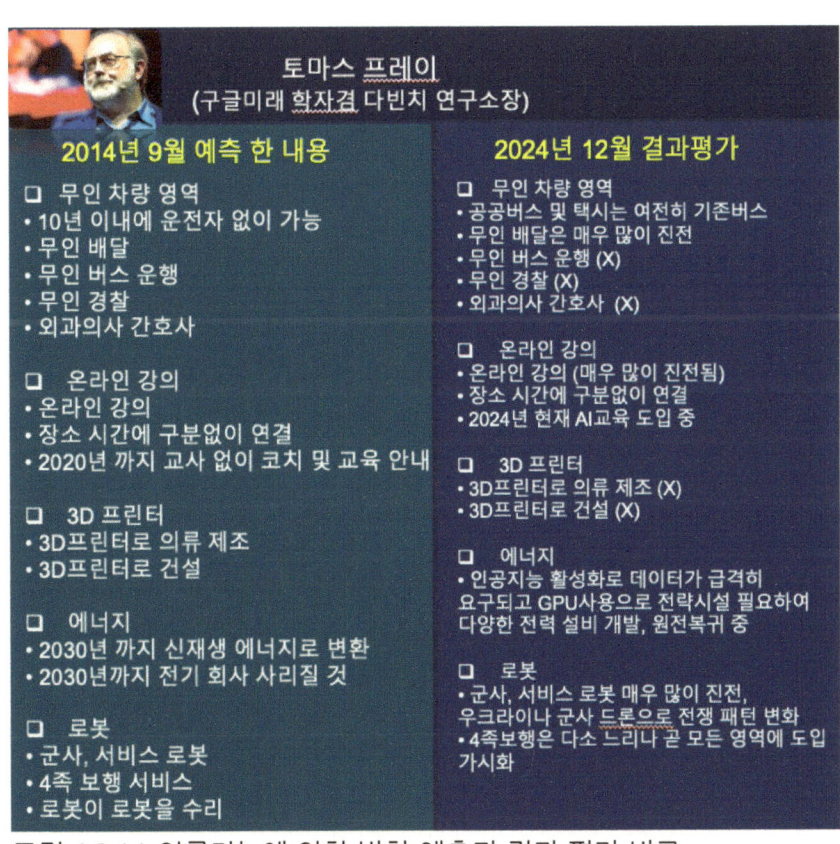

그림 16.11 인공지능에 의한 변화 예측과 결과 평가 비교.

학생들에게 새로운 직업군과 소멸되는 직업군을 소개하면서 인공지능의 파급을 교육 할 필요가 있다.
  미래학자 토마스 프레이가 오래전에 예측한 미래의 직업 변화가 정확히 이루어지고 있고 이 산업과 직업 변화의 핵심은 인공지능이다.
  지금의 유치원이나 청소년들은 얼마나 다양한 인공지능 기술이 펼쳐질지 상상도 할 수 없다. 따라서 인공지능 교육에서는 이를 어떻게 대처하고 청소년들이 어떻게 직업과, 윤리관, 가치관을 가져야 할지 심각하게 가르쳐야 한다고 판단된다.
  지금까지는 외부의 상태 변화, 환경 변화에 따른 인식을 센서로 하고 판단은 사람이 하여 생산과 결정을 하는 시대였으나 곧 인공지능이 판단도 하는 다른 생태 변화가 일어난다.
  인식을 한번 해 두면 데이터가 생성되어 웬만한 일을 기존의 데이터로 처리하되 인공지능이 자동으로 처리하고 인식하는 시스템이 된다. 현재는 이러한 기반 구축에 필요한 데이터 생성, 관련된 일이 급격히 증가하고 있다.
  교육도 이러한 패턴에 맞춰 이루어져야 한다. 교육과정도 과감히 바꿔야 하는 이유다.
  초기 대부분이 농업에 의존하던 경제가 지금은 거의 대부분이 첨단 기술로 이루어지고 있고 곧 인공지능 기반 경제가 이루어져 인류의 경제 패턴은 크게 변할 것이다.
  또, 인공지능을 통하여 로봇과 공존하는 사회가 도래하기 때문에 직업윤리, 창의성, 인공지능 개념, 인공지능에 의한 직업 변화, 대처 및 준비 방법을 도입해야 한다.
  필히 인공지능을 통해 일을 하고 연구, 공부도 하여야 하므로 이에 대한 기초는 물론 알고리즘 개발, 인공지능에 관련된 관련 기술들을 가르쳐야 한다.
  인공지능에 의한 변화는 다양하게 일어나므로 본 책에서 이미 소개한 관련 기술들을 가르쳐야 한다. 따라서 중학교 교육과정에서는 간단하게 소개하고 고등학교에서는 좀 더 심도 있는 교육이 이루어지도록 한다.
  특히 인공지능은 최근에는 머신런닝, 딥런닝 등을 매우 많은 사람들이 연구하여 이것이 전부 인 것으로 알고 있는데 젊은 층들은 앞으로 어떤 종류의 인공지능이 새롭게 개발되어 인류에 공헌할 것인지를 생각하면 창의적인 인공지능 개발은 필히 교육 내용에 포함되어야 한다.

생성형 AI 활용과 교육 (AI 및 챗 GPT 활용, 교육)

앞서 보았던 그림 2.11은 인공지능 시스템을 분류한 것으로 인공지능이 들어가지만 자동화나 기타 시스템을 연결하여야 하므로 고전적인 이론이 추가되는 경우가 많다. 교육시간에 필히 소개를 하여야 학생들이 이해를 하게 된다.

그러나 어떤 방법이든 인공지능을 실질적으로 가르치기 위해서는 왜 인공지능을 배워야 하는지를 이해시켜야 한다.

챗GPT에 적당한 프롬프트만 넣으면 디자인을 맘대로 할 수 있고 (이를 창의성이라고 판단한다.), 소설과 수필, 음악을 작곡하며, 숙제를 대신 해 주는 것은 물론 다양한 이미지를 생성해 내는 수준까지 일상화되었다.

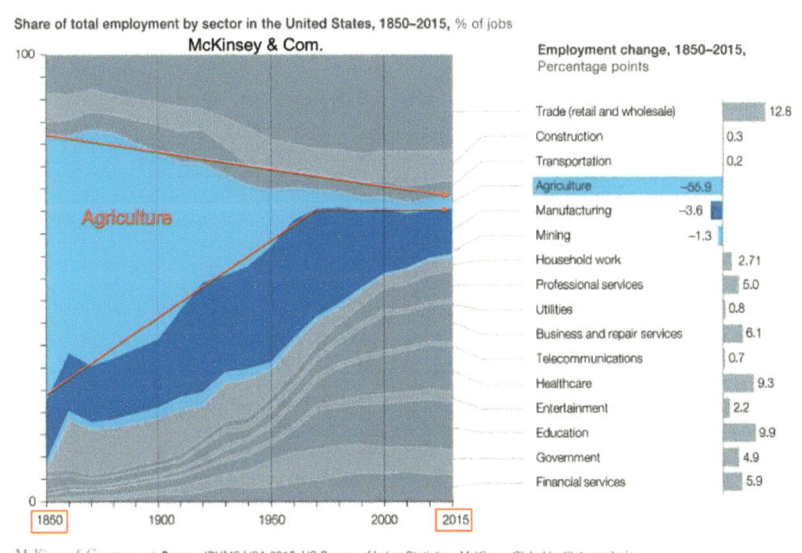

그림 16.12 블룸버그가 예측한 직업 변화도.

그림 16.12는 1850년도부터 2015년도까지 산업이 바뀌면서 일자리가 어떻게 변했는지를 조사한 맥킨지 보고서다.
1850년에는 대부분 농업이었지만 2015년도에는 5%도 채 되지 않는다. 지금은 거의 직업 확장에 기여를 못 한다. 여전히 중요한 산업이지만 대부분 자동화되었기 때문에 일자리는 늘어나지 않았다.

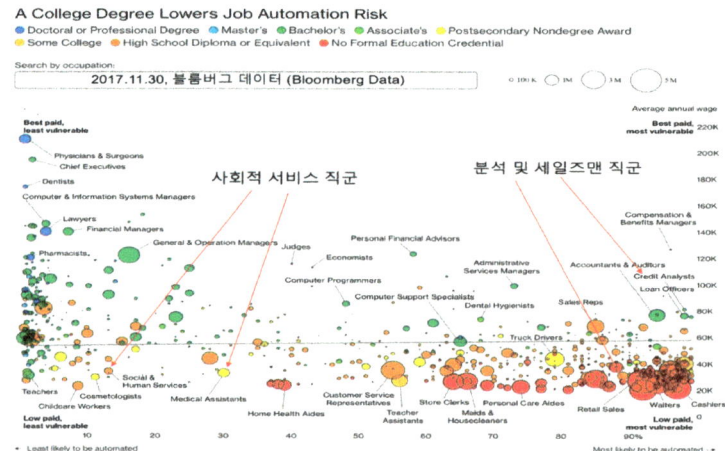

그림 16.13 블룸버그가 예측한 직업 변화도.

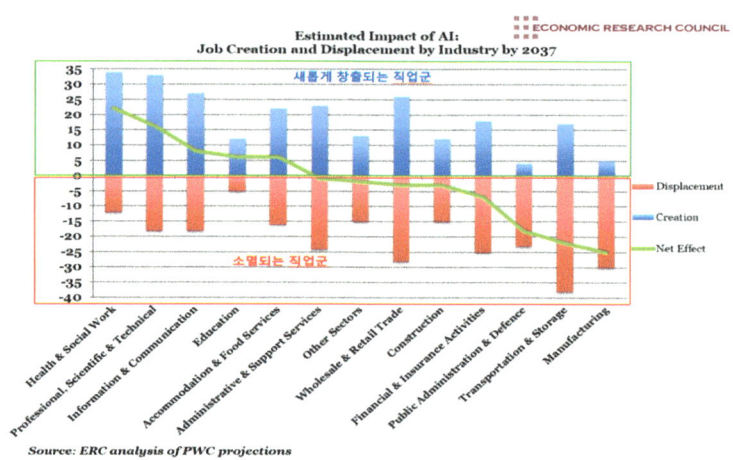

그림 16.14 2037년까지 변화되는 직업 (PWC자료)

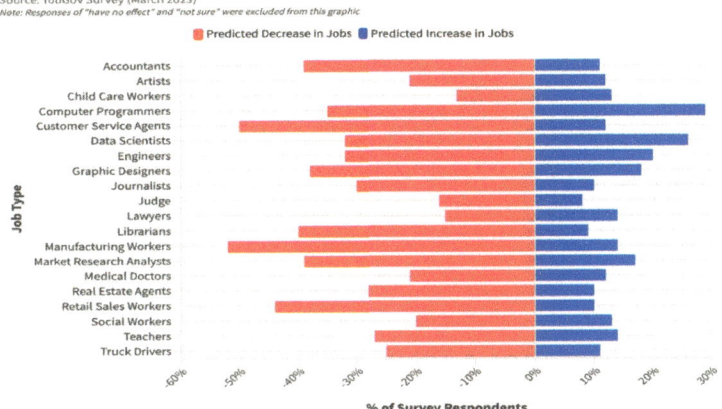

그림 16.15 인공지능에 의한 직업 변화 설문지(YouGov 2023자료).

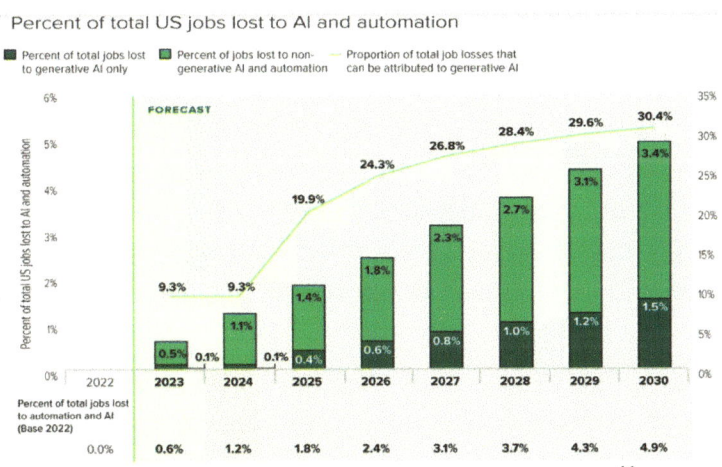

그림 16.16 인공지능과 ChatGPT에 의한 미국 직업 변화[41]

---

[41] https://www.techspot.com/images2/news/bigimage/2023/09/2023-09-08-image-2.png

앞으로는 이러한 변화는 인공지능과 데이터 등의 기술 때문에 더욱 두드러져 사람이 할 수 있는 일이 거의 없게 된다.

그림 16.13은 2017년도 11월에 블룸버그가 예측한 직업군 상황도인데 기술이 발전하더라도 사람을 대상으로 하는 서비스 군은 그대로 남는다고 예측하고 있다.

그림 16.14는 PWC가 예측한 2037년까지의 직업 변화도로 그림 16.13과 비슷한 예측을 하고 있다.

그림 16.15는 2022년도를 기준으로 실제 설문을 통해 얻어진 직업 변화에 대한 자료인데 학생들의 미래 직업 선택에 크게 도움이 될 것으로 판단된다.

그림 16.16은 인공지능과 챗GPT가 미국의 직업에 미치는 영향을 조사한 것인데 그림 16.13에서 그림 16.15까지는 ChatGPT영향을 별도로 판단하지 안았으나 그림 16.16은 구분하여 조사한 것으로 어떻게 교육을 하여야 학생들의 직업에 도움이 될지 판단 할 수 있는 자료이다.

이들 그림에서 보면 생산, 운전수 등 대부분의 직업은 사라지고 대신 건강관리 사회네트워크 보조(인공지능으로 대부분 소셜 네트워크로 하지만 이를 보조적으로 하는 직업 군) 등만 남게 된다.

학생들은 다양한 지식을 검색어 한두 마디로 찾고 수필과 글을 써서 사용하게 된다. 삶의 주기에 관계된 인공지능 응용을 다양하게 창출할 수 있다.

지식의 깊이도 교수, 교사, 가르치는 사람보다는 수업시간에도 인터넷으로 검색을 하면서 강의하는 내용이 맞는지 확인하고 비판하는 등 더 잘 알게 된다.

인공지능 윤리, 인공지능을 활용한 새로운 창조력 및 삶의 개척과 방법 등을 공통으로 교육하여야 한다.

우리 주위에는 많은 자연 현상이 있고 이 자연 현상은 놀라울 정도로 자연 복귀 능력과 적응력이 있다. 이 원리를 이용하거나 파악하면(아직도 파악이 안 된 원리들이 너무 많다) 새로운 인공지능을 무한히 개발할 수 있다.

지금의 학생들이 현재의 기술에만 머물지 말고 도전해야 하는 이유다. 지금 한참 인기를 누리고 있는 딥런닝도 인간의 신경망을 학문적으로 표현할 수 없을까 하는 도전에서 이루어졌고, 컴퓨터 기술이 발전하다 보니 자연스레 구현이 가능하여 오늘날 기술로 발전하게 된 것이다.

지금 아직 인기는 누리지 못하지만 인간의 면역이론, 식물들의 환경에 대한 적응력, 환경 복원력 등도 파악하면 좋은 인공지능 구현 이론이 창출 될 수 있다고 필자는 판단한다.

그림 2.10의 단계별 인공지능을 활용하는 방법에 따라서 교육 목적과 내용도 다르게 하고 최종적으로는 사람과 협업이 가능하고 삶의 질을 높이도록 하여야 한다.

16.15 한국형 인공지능(AI) 교육과정 설계 예

지금까지 고찰한 인공지능 선진국들의 자료를 분석하여 한국 실정에 적합한 인공지능 교육과정을 설계한다.

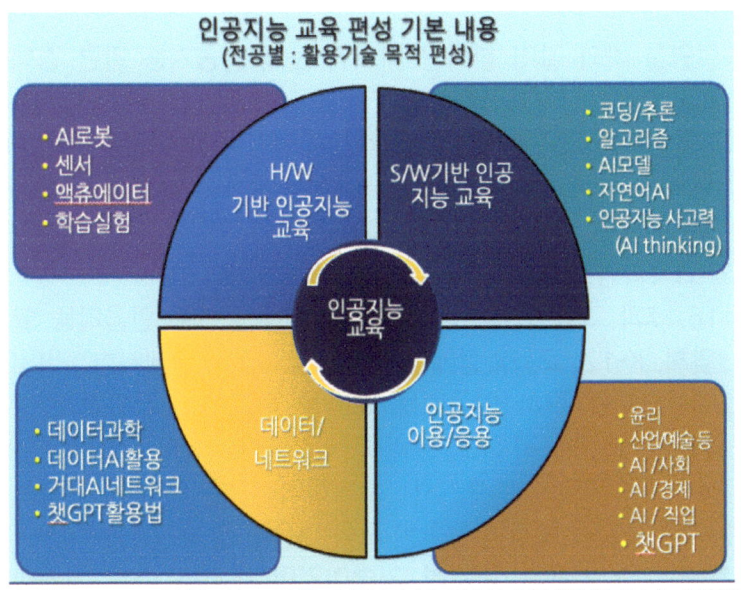

그림 16.17 인공지능 교육과정 편성 기본내용(활용 기술 목적).

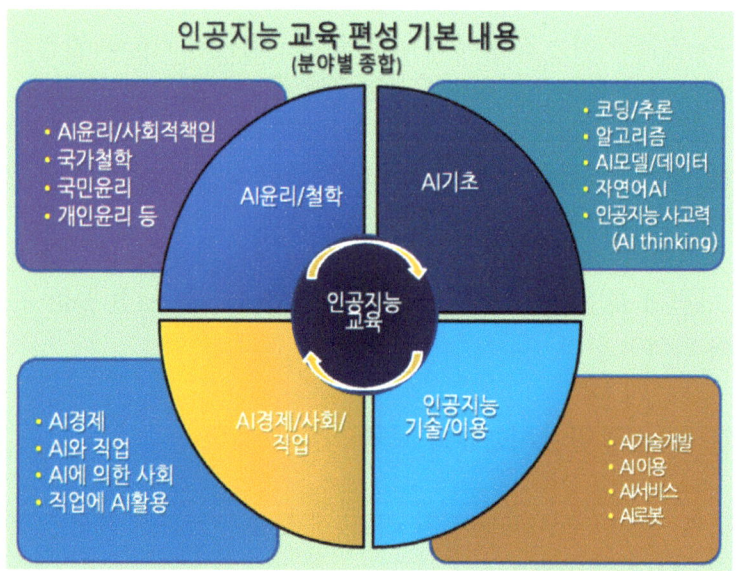

그림 16.18 인공지능 교육과정 편성 기본 내용(분야별 교육목적).

앞서 설명한 바와 같이 한국은 비교적 늦게 인공지능 관련 정책이 나왔고 교육은 더 늦게 시작되었다.

따라서 인공지능 교육과정을 수립할 만한 인력이 양성되지 않았고 K-12 현장에서 운영해 본 경험이 없다. 한국 실정에 적합한 교육과정 설계가 필히 요구 되는 이유다. 유네스코, 미국, 캐나다, 핀란드, 중국들의 교육과정을 비교해 보면 참고는 될 수 있다.

그림 16.17과 그림 16.18은 필자경험을 바탕으로 인공지능 활용 목적에 맞춰 K-12 교육과정에 담겨야 할 사항을 제시한 것이다. 초등학교의 경우는 필히 인공지능 교육을 하되 장난감이나 간단한 코딩을 통하여 이해하도록 하고, 윤리 교육은 필수로 넣어야 한다고 본다.

인공지능 교육과정 설계 시 주의하여야 할 사항은 오로지 인공지능에만 초점을 맞추면 편향된 교육 내용이 될 수 있다는 점이다.

인공지능은 그 자체는 단순한 기술이지만 이것이 다른 기술이나 목적과 결합했을 때 큰 영향을 미치기 때문에 다양한 활용 사례를 예로 들어야 한다는 점이다.

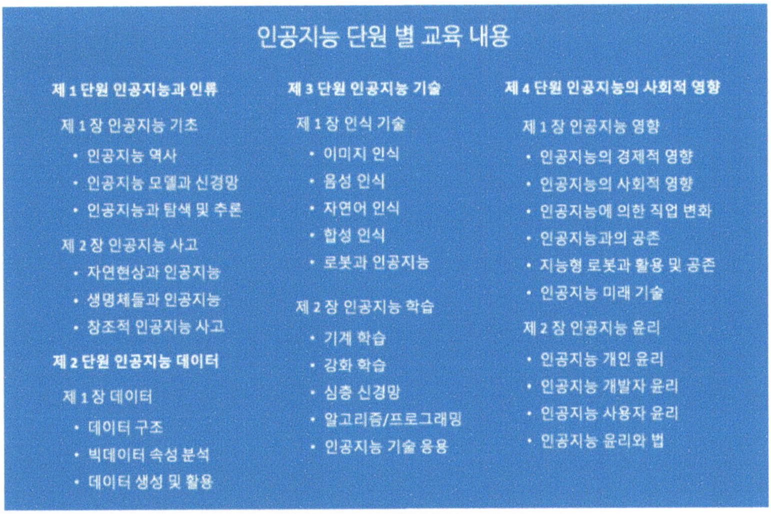

생성형 AI 활용과 교육 (AI 및 챗 GPT 활용, 교육)

```
인공지능 단원 별 교육 내용

제 1 단원 인공지능과 인류       제 3 단원 인공지능 기술        제 4 단원 인공지능의 사회적 영향
  제 1 장 인공지능 기초            제 1 장 인식 기술              제 1 장 인공지능 영향
    • 인공지능 역사                  • 이미지 인식                   • 인공지능의 경제적 영향
    • 인공지능 모델과 신경망          • 음성 인식                     • 인공지능의 사회적 영향
    • 인공지능과 탐색 및 추론         • 자연어 인식                   • 인공지능에 의한 직업 변화
  제 2 장 인공지능 사고              • 합성 인식                     • 인공지능과의 공존
    • 자연현상과 인공지능             • 로봇과 인공지능                • 지능형 로봇과 활용 및 공존
    • 생명체들과 인공지능           제 2 장 인공지능 학습              • 인공지능 미래 기술
    • 창조적 인공지능 사고            • 기계 학습                   제 2 장 인공지능 윤리
제 2 단원 인공지능 데이터           • 강화 학습                     • 인공지능 개인 윤리
  제 1 장 데이터                    • 심층 신경망                   • 인공지능 개발자 윤리
    • 데이터 구조                   • 알고리즘/프로그래밍              • 인공지능 사용자 윤리
    • 빅데이터 속성 분석             • 인공지능 기술 응용              • 인공지능 윤리와 법
    • 데이터 생성 및 활용
```
그림 16.19 단원 별 인공지능 교육내용 예.

그림 16.19는 단원별로 구성하는 방법을 예로 나타낸 것이다.

4가지 영역을 바탕으로 학교와 교사에 따라서는 다양한 교육과정이 편성될 수 있다. 이 기본 내용을 바탕으로 교육과정을 설계하고 설계된 교육과정에 적합한 교재, 강의자료, 홈워크 내용, 평가 방법 등이 개발되어야 한다. 특히 교재 개발에는 시간과 노력이 많이 들어가므로 미리 준비하여야 한다.

여기에는 실습이 포함된다. 그림 16.20 및 그림 16.21은 좀 더 구체적으로 인공지능 교육과정을 편성할 때 들어가야 할 주요 내용(키워드)을 제시한 것으로 이 역시 편성자의 재량에 따라서 많이 가감하여야 한다.

그림 16.22는 16주에 해당하는 단계별 내용으로 각 단계별(기초, 중급, 고급) 교육내용은 교육하고자 하는 사람들의 주관에 따라서 달라질 수 있다. 교육부에서 제시하는 내용을 중심으로 한 교육과정은 부록에 있다.

생성형 AI 활용과 교육 (AI 및 챗 GPT 활용, 교육)

과정	내용	학생평가	교수법평가
석사이상 (PhD)	인공지능, 문제해결형 자기주도 프로젝트 주제 발굴/연구	학생들 자기프로젝트 평가	평가 불필요
대학과정 (4-year)	윤리, 직업문화, 4차산업혁명 개념, 고전수학, 퍼지수학, 자연현상과 인공지능, 컴퓨터 공학, 인터넷/네트워크, 최적화 개념, 로봇, AI 기초/알고리즘개발, 자연현상과 인공지능, 창의력 개발, 경제와 하이텍, 개성과 협업, 데이터 과학/인공지능, 디지털 화폐, 분산 시스템, AR/VR, 리더십, 네트워크 디바이스, IoT 사회와 직업변화 기초/수학, 블록체인/네트워크, 과학기술정책, 경제와 사업혁명, 직업과 인공지능, 문제해결형 팀 프로젝트, 미래기술과 산업혁명	학생들 자기평가 (프로젝트 테스트)	학생들 이해도 및 자기평가 (프로젝트 테스트)를 통해 교수법평가
고등학교과정 (3-year)	윤리, 직업문화, 4차산업혁명 개념, 고전수학, 퍼지수학, 자연현상과 인공지능, 컴퓨터 공학, 인터넷/네트워크, 최적화 개념, 로봇, AI 이론/알고리즘, 경제와 하이텍, 개성과 협업, 데이터 과학/인공지능, 디지털 화폐, 인공지능코딩, 컴퓨터 공학, 분산 시스템, AR/VR, 리더십, 네트워크 디바이스, IoT 사회와 직업변화	학생들의 교육결과를 평가하여 교수법 능력을 평가	학생들 학습이해도 구준 및 결과를 통해 교수법 평가
중학교 과정 (3-year)	윤리, 직업문화, 4차산업혁명 개념, 고전수학, 퍼지수학, 자연현상과 인공지능, 컴퓨터 공학, 인터넷/네트워크, 최적화 개념, 로봇, AI 기초/이론, 경제와 하이텍, 개성과 협업, 데이터 과학/인공지능, 디지털 화폐, 인공지능 코딩, 컴퓨터 공학		
초등학교 (6-year)	윤리, 직업문화, 4차 산업혁명 개념, 장난감 기반인공지능 기초, 인공지능, 직업변화, 코딩기초, 협업방법, 인공지능과 창의성		

그림 16.20단원 별 인공지능 교육 키워드.

분야	교육내용	주요 교육내용
인공지능 기초	알고리즘/프로그래밍	• 인공지능 알고리즘(신경망, 머신런닝, 딥런닝, 강화학습, 지도학습 비지도학습 등 • 인공지능 프로그래밍(루프조건, 모델링, 디버깅, 파이썬, 파이토치, 이미지 인식, 스피치 인식, 문자인식, 멀티인식, 리눅스, 로봇트 운영차게)
	데이터이해	• 데이터 과학, 데이터 인공지능 활용, 데이터 수집 관리 (라벨링, 정련, 변환 등) • 데이터 이해 (데이터 윤리, 데이터와 사회, 데이터와 인공지능) • 데이터 활용 (데이터 분석, 데이터 시각화, 데이터 평가기술)
	인공지능/네트워크	• 거대 AI 네트워크, 인공지능을 위한 컴퓨터 네트워크, H/W, Robot
	인공지능 사고방법	• 인공지능과 인간 (인공지능 사고력, 인간마음의 인공지능 표현, 새로운 인공 위한 지식) • 인공지능과 추론 (수학 추론, 퍼지추론, 하이브리드 추론) • 인공지능과 스마트 삶
철학/윤리	인공지능 윤리	• 한국문화 및 철학, 인공지능 철학, 인공지능 법/안전, 글로벌 사회와 인공지능 패턴, 학교정책 • 챗GPT 활용법
인공지능/사회/경제/직업	인공지능과 경제/직업	• 인공지능과 경제개발, 스마트 삶과 인공지능 • 인공지능과 직업 변화, 인공지능시대 직업준비, 인공지능 시대 직업변화, 직업에 인공지능 지활용
	인공지능과 사회	• 인공지능에 의한 사회적 영향, 인공지능에 의한 사회적 변화
인공지능 기술/이용	인공지능 기술이용/활용	• 인공지능과 컴퓨터 교육 • 인공지능/데이터 활용 (인공지능과 산업) • 인공지능과 예술 (음악, 인공지능과 패션 디자인, 인공지능과 소설/스토리 텔링, 인공지능과 그림) • 챗GPT (인공지능 활용, 기반 기술, 바르게 사용하는 법, 윤리)
	인공지능 기술개발	• 인공지능 기술 지식 개발 프로젝트(새로운 인공지능 개발/활용기술, 지식서비스 기술, 수학, 데이터, 프로그램, 시각기술, 사용자 아이디어 설계/개발, 프로그램/디버깅)

그림 16.21 인공지능 교육영역별 키워드.

생성형 AI 활용과 교육 (AI 및 챗 GPT 활용, 교육)

주	주별 주요 교육 내용			활용 장비	평가
	기초단계	중급단계	45분 수업 고급단계		
1	인공지능 개론, 인공지능 용어	자연과 인공지능	머신러닝학습(지도/비지도/강화)	ppt, 동영상	시험
2	데이터 개론 및 인공지능 데이터	인공지능 사고방법	딥러닝학습, ChatGPT활용법	ppt, 동영상	시험
3	인공지능과 사회, 정보검색 및 활용기술		인공지능 모델 알고리즘	ppt, 동영상	시험
4	인공지능과 경제/직업 (산업혁명과 인류문명)		거대 인공지능 망 구성 활용	ppt, 동영상	시험
5	인공지능용 SW	뉴럴 신경망	룰 룰 플 인공지능 망 활용	S/W	동작
6	파이선 기초	신경망 학습이론	창의적 인공지능 모델	S/W	동작
7	리눅스 기초	머신러닝	자기주도형 인공지능 설계	S/W	동작
8	인공지능과 직업, ChatGPT활용법	딥러닝, ChatGPT활용법	패턴인식	S/W, 로봇	동작
9	인공지능과 경제	사물인식/구분	자연언어 인식	S/W, 로봇	동작
10	인공지능과 사회변화	언어인식/구분	인공지능활용(음악), ChatGPT활용법	S/W, 로봇	동작
11	인공지능과 이미지 인식 기술	데이터 기초	인공지능활용(음악), ChatGPT활용법	S/W, 로봇	동작
12	인공지능과 자연어학습	데이터 시각화	인공지능활용(미세), ChatGPT활용법	S/W, 로봇	동작
13	창의적 인공지능		인공지능활용(언어), ChatGPT활용법	S/W, 로봇, 지적	동작
14	자기주도학습 인공지능 프로젝트	파이선 이용한 학습	창의적 인공지능 팀 프로젝트-1	S/W, 로봇, 지적	동작
15	팀프로젝트-1	구글코랩 프로젝트	창의적 인공지능 팀 프로젝트-2	S/W, 로봇, 지적	동작
16	팀프로젝트-2	데이터 기반 인공지능 프로젝트	창의적 인공지능 팀 프로젝트-3, ChatGPT활용	S/W, 로봇, 지적	동작

그림 16.22 단계별 인공지능 교육내용.

16.16 인공지능(AI) 창의성·사고력 증진과 교육

인공지능은 다양한 방법으로 창조적인 아이디어를 개발할 수 있다. 현재 인기를 끌고 있는 딥러닝은 인간의 뇌 신경망을 모방하여 발전시킨 것인데 다른 이론도 자연현상에서 찾을 수 있다.

그림 3.28(우리 삶의 인공지능 활용 분야)과 그림 3.29를 보면 우리 주변에서 인공지능을 활용할 수 있는 영역은 무수히 많고 사고력 증진에도 매우 좋은 방법을 찾을 수 있다.

인공지능 교육에서 중요한 것은 사고력을 키우는 것으로 유네스코, 미국, 핀란드 등의 국가들의 인공지능 교육과정에는 필수로 들어가 있다. 한때 창조력 교육이 유행했던 적이 있다. 인공지능 창의력 개발도 이와 같다고 볼 수 있다.

16.17 인공지능(AI)에 의해 인문학과 창작영역에 르네상스가 올까?

그동안 공학과 컴퓨터 공학 인기에 밀려 인문학이 소외되면서 대학들은 언젠가는 르네상스가 올 것이라고 막연히 기대를 했을 것으로 본다. 지금까지 살펴본 바와 같이 인공지능에 의해 사회는 더 가속화되어 변하고 있다. 인공지능은 기술, 사회 경제는 물론 일자리를 더 빠르게 변화시키고 있고 그 충격은 이루 말할 수 없다.

나이 든 세대들은 그동안 축적된 노하우와 지식으로 얼마간은 버틸 수 있다. 공학을 한 사람들은 나름대로 엔지니어로서 또는 기능공으로서 할 수 있는 역할이 있을 것으로 기대를 하고 있다.

그러나 앞서 언급한 모든 자료들을 보면 공학은 인공지능이 탑재된 로봇이 웬만한 일을 다 처리해 주고 로봇을 돕는 일로서 직업 변환을 해야 한다고 판단된다.

더욱이 번역가, 통역사 등은 말할 것도 없고 그림 그리기. 창작자 역할을 해 온 디자이너(패션, 실내, 상품 등)들은 챗GPT가 탑재된 인공지능으로 인해 할 일을 급격히 잃어버리게 된다. 앞서 소개한 글이나 말을 이미지로 변환하는 기술 (TTI : Text-To-Image)은 이것을 잘 뒷받침하고 있다.

필자가 챗GPT로 구현 해 본 소설, 단편, 수필은, 동화이야기 등은 인간이 만든 것을 뺨친다. 그동안 이들 분야에서 창작 활동을 해 온 직업인들은 이를 어떻게 구분 할 것인가를 숙고하여야 한다. 영화한편 만드는데 시나리오를 포함하여 몇 분이면 뚝딱 해 치운다.

'인공지능이 어디까지 갈 것인가?' 라고 의문을 가졌던 일들은 적어도 2020년 전 까지 이다. 인공지능 시대에는 소멸 1순위가 의사라고 국내외의 많은 자료들이 언급하고 있는 것을 보면 전부는 아니더라도 급격히 변화는 있을 것이라는 것을 예측할 수 있다. 아직도 의대를 꿈꾸면서 과외를 하는 청소년들은 심각히 고민하여야 할 것으로 본다.

2023년 봄부터 무수히 많은 인공지능 모델들이 대거 출시되고 응용 분야도 활발히 적용되어 이 분야의 전문가들은 위협을 느끼게 되었고 앞으로는 더욱 가속될 것으로 본다.

모든 영역에 인공지능을 도입하교 협업하여야 하는 시대가 이미 왔다. 인공지능 전문가와 협업을 하던가, 아니면 전문가로 거듭난다면 기회는 지금까지 와는 전연 다르게 너무 많다. 지금까지는 대학에서 전공하고 졸업하면 이와 관련된 일에만 종사하다 정년을 하던가 정년 후에도 이에 익숙한 일을 한다. 그러나 인공지능을 접목하면 또 다른 영역으로 자기 전공을 무한히 확장 할 수 있는 기회가 된다.

또, 인공지능을 접하고자 할 때는 전공에 관계가 거의 없다. 어려운 수학이나 이공계 이론이 없기 때문이다. 활용 영역은 자기가 대학 수준에서 배운 전공이면 판단하고 일을 하는데 큰 지장이 없다. 오히려 더 도움이 된다.

아직도 한국의 대학들은 교수들의 이기주의에 빠져 전공별로 학생들을 선발한다. 대학의 전공만을 가지고 앞으로는 평생동안 살길이 거의 없다.

인공지능에 의해 인문학, 공학, 예술 등의 협업이 더 활발하여야 살아갈 수 있는 시대가 되고 있다.

인공지능에 의해 전공간 응용범위는 더 넓어지고 있고 직업은 다양하게 창출 될 수 있다.

인공지능과 챗GPT는 인간의 고유 영역이라고 주장했던 예술, 창작, 글쓰기, 인문학들은 공학들 보다도 더 위협적이다.

집필을 마치고

'이 책을 읽기 전에' 서두에서 설명한 것과 같이 이 책은 인공지능 개발이나 활용 방법에 대한 세세한 내용을 기술하고자 집필한 것이 아닙니다.

하도 많이 언론과 홍보물에서 다루어 대부분 독자들은 인공지능을 간단히 설명은 할 수 있을 정도로 일반화 되었다고 본다.

인공지능 역사에서 언급했지만 1943년도에 다트마우스 학술대회에서 처음 인공지능이라는 단어가 나온 이후 70년 동안 많은 학자들이 기여를 하여 오늘날과 같은 상업화까지 이르렀다.

필자가 인공지능에 빠져들게 된 것은 1980년대 중반이다. 당시는 오늘날처럼 인공지능이라는 단어가 일반화되지 않아 극소수만이 다루었고 연구비도 지원이 안 되던 시절이었다. 당시 필자는 캐나다 원자력 연구소에서 연구를 하던 중 퍼지(fuzzy)라는 단어를 발견하고 그 뜻을 알기 위해 사전과 온 자료를 찾았으나(인터넷이 없던 시절) 허사였고 긴 시간이 흘러 그 뜻을 알고는 평생을 바쳐 연구해도 좋겠다는 생각을 갖게 되었다.

퍼지는 1965년도에 이란 태생의 미국 교수 Zadeh가 창안을 했으나 고전적인 수학자들에 의해 왕따를 당하던 시기였다. 1+1=2가 되어야 하는데 퍼지의 개념은 '1+1=(생각하는 사람에 따라서 값이 달라진다.)'였다. 당연히 수학자들은 왕따를 시켰고 발표할 곳을 못 찾아 자기가 직접 아주 작은 저널을 창간하여 발표를 했다.

동경공업대의 스게노 교수가 1968년 가장 빨리 이 수학을 받아들이고 발전시켜 퍼지를 가장 잘하는 국가로 성장하였고, 그것이 인공지능 강국 일본을 만들었다. 1980년도 초반에 이미 인공지능학과를 설립한 것이다.

필자는 스게노 교수의 수제자이신 히로다 교수의 헌신적인 박사 지도를 받아-인공지능을 잘 할 수 있는 터를 닦았다.

퍼지, 신경망, PSO(Particle Swarm Optimization), BF(Bacterial Foraging), AINS(Artificial Immune Network System) 등 많은 인공지능 접근법을 박사과정에서 배웠다. 이들은 모두 인공지능을

구현하는 한 툴이기 때문에 1980년대나 1990년대에서 이들을 서로 결합한 하이브리드 시스템(Hybrid system)을 구성하여 성능 좋은 모델을 찾는 것이 일반적인 연구 방향이었다. 컴퓨터 성능이 좋지 않던 시절이라 저녁 퇴근 무렵 프로그램을 돌려놓고 아침에 결과를 확인하는 방법으로 연구를 했다.

그러나 2016년 알파고가 세상을 놀라게 하면서 세상은 확 달라졌다. 돈이 되니 기업이 투자하고 인재가 몰려 이제는 상업화로 안착이 되었다.

긴 여정을 거쳐 기업이 투자하고 수익을 창출하는 단계로 접어들었기 때문에 젊은 인재들이 몰린다.

그러나 젊은 인재들이 학문적 만족을 얻기 위해 도전을 한다면(적성이 맞다면) 다른 분야를 개척을 하라고 조언하고 싶다. 자연현상에는 아직 발견되지 않은 무수히 많은 원리가 숨어 있기 때문이다.

미래를 살아가야 할 인재들은 개척에서도 인생의 보람을 찾을 수 있다. 미 대륙을 발견한 사람과 거기서 문명을 일으킨 사람은 다르듯이. 또 퍼지를 개척한 Zedeh(자데) 교수와 같이...

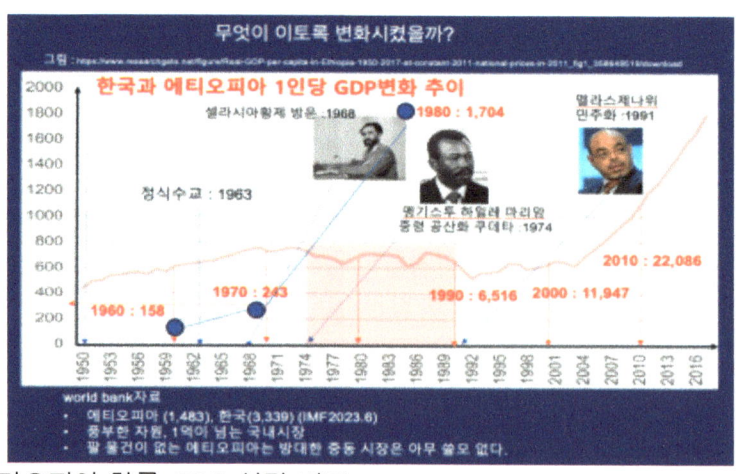

에티오피아·한국 GDP 성장 비교.

이 그래프는 필자가 근무했던 에티오피아의 현주소를 잘 말해 주고 있다. 전통적인 수공업이나 농업만으로는 경제성장을 할 수 없다. 시대를 초월하는 첨단 기술만이 미래를 만들어 갈 수 있다.

생성형 AI 활용과 교육 (AI 및 챗 GPT 활용, 교육)

에티오피아 아다마 과학기술대 공사현장.(2019. 7)

 2024년 한국의 GDP는 3만 4천 불이지만 에티오피아는 1천 불 정도다.
 1960년대 한국이 158불일 때 이 나라는 400불이 넘는 당시로서는 풍요로운 나라였으나 공산주의 이념과 농업에 집착한 나머지 대부분의 국민들은 빈곤에 허덕이고 있다. 아직도 1960년대에 사용하는 콘크리트 믹서기가 공사장의 유일한 기계다.
 챗GPT가 2022년 12월 처음 발표되었을 때 초기 2~3개월은 혹평과 부정적 의견이 많았으나 몇 개월 뒤 2023년 4월 챗GPT4.0이 발표된 후로는 세계의 언론과 경제 분석가들이 2차 산업혁명시대의 증기기관차보다 더 인류에게 충격을 줄 것이라고 예언했다. 이를 개발한 35세의 알바니아 태생 미국 여성과학자 마루타는 가장 영향력 있는 인물로 부상했다.
 산업 혁명이 시작일 때 일본은 그 중요성을 알고 빨리 문물을 적극적으로 받아 들여 국가를 혁신적으로 바꾸어 국력이 남아 2차 대전, 한일 합방으로 이어지는 세계적 국가로 발전 했지만 당시 조선은 쇄국정책에 연연하다 국가를 총 한번 쏴 보지도 못하고 넘기는 수모를 당한 원인이 되었다.
 공학은 물론, 인간만이 창작이라 칭하는 예술, 이미지 디자인, 소설 등 모든 것들을 이미 챗GPT가 더 빨리, 더 다양하게, 더 창조적으로 할 수

229

있다.
  준비하지 않는 세상은 몰락 외에 아무것도 없다.
  정도를 가지 않는 사회는 두말할 것도 없다.

참고문헌

AI index report 2021(Chapter 4).

Alert, U.S. Government to define"Emerging,"Impacting technology and expert controls(2018).

Allison Slater Tate(2023). How will AI like ChatGPT change education for our children, https://www. parents.com/how-will-ai-technology-change-educat-ion-7100688.

András B.(2016). Educatio Public ServicesNonprofit LLC - director of development, National Ministry of Human Resources. ICT in Education Policies Hungary, published: Budapest.

Aghion, B. Jones, and C. Jones, Artificial Intelligence and Economic Growth(2017).

Accenture, Realizing the economic and social potential of responsible AI in Europe(2016).

Best K-12 Resources to Teach AI Ethics(2020), https://medium.com/fair-bytes/best-resources-to-teach-ai-ethics-in-the-k-12-classroom-a801e00839d5.

Chistruga, B., et. al.(2016). Europeanintegration and competitiveness of EU new member states. European Journal of Economics and Business Studies, 6(1), 175-185.

China Is Teaching Children about AI in Kindergarten. Should the US Be Worried? - The Tech Edvocate. 1-13, https://www.thetechedvocate.org/china-is-teaching-children-about-ai-in-kindergarten-should-the-us-be-worried/.

Bold(2023). Melissa Learning for the Digital World: A Pan-Canadian K-12 Computer Science Education Framework. ramework Advisory Group and Engagement and Development Team, 1-53.

Brady D. Lund(2023). A Brief Review of ChatGPT: Its Value and the Underlying GPT Technology, Un-iversity of North Texas. DOI:10.13140/RG.2.2.28474.06087.

Brady D. Lund and Ting Wang(2023). Chatting about ChatGPT: How may AI and GPT impact academia and libraries? DOI: 10.1108/LHTN-01-2023-0009, https://www.wired.com/2016/03/sadness-beauty-watching-googles-ai-play-go/.

British academy, The impact of artificial intelligence on work(2018).

Chung-Ang University(2021). AI education for K-12 in Canada and S. Korea, 1-24, https://www.reportlinker.com/p05478480/Global-

Artificial-Intelligence-AI- Industry.html?utm_source=PRN.

Chao Wu, et al.(2021), Web-based Platform for K-12 AI Education in China. The Thirty-Fifth AAAI Conference on Artificial Intelligence(AAAI-21), 15687-15694.

Code school, https://www.codeschool.fi/wp-content/uploads/2020/05/AI_Curriculum_SMALL_VERSION-1.png.

Dasgupta, P., & Weale, M.(1992). On measuring the quality of life. World Development, 20(1), 119-131.

Diplo, Mapping the challenges and opportunities of artificial intelligence for the conduct of diplomacy(2019).

Dataversity(2022). A brief history of deep learning, https://www.dataversity.net/brief-history-deep-learning/.

David Touretzky, et. al.(2019), A year in K-12 AI education. Association for the advancement of AI(AI magazine, Winter), 88-90.

Dong Hwa Kim, "A Study on Impact of Deep Learning on Korean Economic Growth Factor, International Journal of Internet, Broadcasting and Communica- tion, Vol.15, No.4 90-99, Dec. 2023.

Dong Hwa Kim, Rojina "A Study on the Curriculum Design by Knowledge Graph", EJSIT, Vol. 4, No. 4, pp. 491-509, 2023.

Dong Hwa Kim, "AI Curriculum Design for Korea K- 12 AI education through Analyzing AI Education Curriculum", IJRTE, Vol. 312, No. 3, pp. 72-81, July 2023.

Dong Hwa Kim, "A Study on an Effective Teaching of AI Using Google Colab-Based DCGAN Deep Learn- ing Model Building for Music Data Analysis and Genre Classification, IJRTE(Scopus), Vol. 11, No. 6, pp. 13-25, 2023.

Dong Hwa Kim, "A study on the job replacement impact of ChatGPT and education," EJSIT, Vol. 3, No. 1, pp.97-107, June 2023.

Dong Hwa Kim, "Face Emotion Pattern Analysis of Korean Depending on Persons and Environments Using DCGAN, IARJSET, Vol. 10, No.9, pp. 2394-1588, Sept 2023.

Dong Hwa Kim, "A study on the impact of generative AI onKorean economy growth", IARJSET, Vol. 10, No. 9, pp. 251-270, Sept 2023.

Dong Hwa Kim, "A Study on Reinforcement of Self- Directed Learning Using Deep Learning and Controlling Face Emotion," IJRTE(ISSN 2277-3878). Vol-10 Issue-5, Jan. 2022(Scopus).

Dong Hwa Kim, "Dynamic Decoupling and Intelligent Optimal PID Controller Tuning of Multivariable Qua-drones," IJRTE(Scopus),

Vol. 10, No. 4, pp. 228-240, Dec. 2021.

Dong Hwa Ki, "How to teach and learn AI, OutSkirt Press(USA), 2022.8.

Dong Hwa Kim(2019), Visegrad group and 4th industri-al revolution status, LMBERT, Germany.

Dong Hwa Kim, Dae Sung Seo, "A Study on the analysis on Preparation Status of 4th Wave of Vesegard Group, and Cooperation Building and Export Activation", Journal of Distribution and Management Research, Vol.20, No.3(June 2017), pp. 49-58.

Dong Hwa Kim, "A Study on Preparation and Strategy Building for 4th Knowledge Wave of African Country(Focusing on AI)", International Journal of Economics and Management, Vol. 7, No. 7, pp. 57-79, July 2020.

Dong Hwa Kim, Tefera T. Y., Dae Hee Won, "A Study on Performance Characteristics of Artificial Immune Network System for Practical Application", ICAST, Springer, May 2020.

Dong Hwa Kim, "A Study on AI Impact of Post Corona-19 in Africa", July 2020.

Dahlia Peterson, et al.(2021). AI Education in China and the United States. Center for Security and Emerging Technology 1-54.

Education, Skill and Learning(2019). Finland, Switzerland and New Zealand lead the way at teaching skills for the future, https://www.weforum.org/agenda/2019/03/finland-switzerland-new-zealand-lead-at-teaching-skills/.

European schoolnet(2021). AI role in K-12 education.

Evanthia K. Zervoudi, Fourth Industrial Revolution: Opportunities, Challenges, and Proposed Policies(2019).

Elizabeth Mann Levesque(2018). The role of AI in education and the changing US workforce, Brook- ings, https://www.brookings.edu.

Filippidis, I., & Katrakilidis, C.(2015). Finance, institutions and human development: Evidence from developing countries. Economic Research- Ekonomska Istraživanja, 28(1), 1018-1033.

Francisco Bellas, et. al.(2022). AI curriculum for Euro-pean high schools: An Embedded intelligence aproach. IJAAI in Education, 8, 1-31, https://doi.org/10.1007/s40593-022-00315-0.

Goldsmith, A.(1995). Economic rights and government in developing countries: Cross national evidence on growth and development. Studies in Comparative International Development, 32(2), 29-44.

Global AI Index, 1-30, https://www.tortoisemedia.com/intelligence/global-ai/.

Gerald Steinbauer, et. al.(2021). A Differentiated Discussion About AI Education K-12, Springer(May), https://doi.org/10.1007/s13218-021-00724-8.

Hamada, R.(2014). Vybrané spôsoby a metódymerania a hodnotenia regionálnych disparít. Regionálnírozvoj mezi teorií apraxí, 3(1), 21-34.

Huang Chen etal.(2020). Bacterial Foraging Optimization Based on Self-Adaptive Chemotaxis Strategy. Computational Intelligence and Neuroscience, 1-15, https://www.hindawi.com/journals/cin/2020/2630104/.

H. B. Jeon(2020). Survey of Recent Research in Education based on Artificial Intelligence. Electronics and Telecommunications Trends, 36(1), 71-80, DOI: https://doi.org/10.22648/ETRI.2021.J.360108.

I. A. Zadeh(1965). Fuzzy set. Information and control 8, 338-353.

IISPCD(2019). AI strategy of Japan.

Jerome H. Carter(2000). The Immune System as a Model for Pattern Recognition and Classification. J Am Med Inform Assoc., 7(1), 28-41.doi: 10.1136/jamia.2000.0070028, https://online.york.ac.uk/what-is-computational-thinking/.

James McCaffrey(2011). AI-PSO Microsoft, 26(8), https://learn.microsoft.com/en-us/archive/msdn-magazine/2011/august/artificial-intelligence-particle- swarm-optimization.

Jeannette M. Wing(2006). Computational thinking. Communication of the ACM, 49(3), 33-35.

Jiahong Su et al.(2022). A meta-review of literature on educational approaches for teaching AI at the K-12 levels in the Asia-Pacific region. Computers and Education: Artificial Intelligence, 3, https://doi.org/10.1016/j.caeai.2022.100065.

Joshua New(2016). Building a Data-Driven Education System in the United States. Center for Data Innovation.

Jacky Liang, et. al.(2019). Job loss due to AI. Skynet today, https://www.skynettoday.com/editorials/ai-automation-job-los.

Joshua New(2018). Why the United States Needs a National Artificial Intelligence Strategy and What It Should Look Like. Center for Data Innovation.

Jiahong Su, Davy Tsz Kit Ng(2022). Artificial intelligence(AI) literacy in early childhood education: The challenges and opportunities.

1-38.

Jiachen Song et al.(2022). Paving the Way for Novices: How to Teach AI for K-12 Education in China, the Thirty-Sixth AAAI Conference on Artificial Intelligence(AAAI-22), 12851-12857.

K-12 schools can use it to improve students engagement online, https://www.thetechedvocate.org/basic-insurance-online-training-courses/.

Kordos, M.(2012). US-EU bilateral traderelations - Transatlantic economic issues. ICEI 2012: Proceedings of the 1st International Conference on European Integration(pp. 131-139). VSB: Ostrava.

Kuznets, S.(1973). Modern economic Growth: Findings and reflections. The American Economic Review, 63(3), 247-258.

K12 Computer science frame work(2016). The K-12 Computer Science Framework, led by the Association for Computing Machinery, Code.org, Computer Science.

Kotra report(2023). Canada AI policy and Investment, https://dream.kotra.or.kr/kotranews/cms/news/actionKotraBoardDetail.do?SITE_NO=3&MENU_ID=180&CONTENTS_NO=1&bbsGbn=243&bbsSn=243&pNttSn=199778.

Leschke, M.(2000). Constitutional choice and prosperity: a factor analysis. Constitutional Political Economy, 11(3), 265-279.

Lucas, R.(1988). On the mechanics of economic development. Journal of Monetary Economics, 22(1), 3-42.

Li Li(2022). A literature review of AI education for K-12. Canadian Journal for new scholars in education, 12(3), 114-121.

Marcin Feltynowski(2012). ICT clusters diagnosis in Poland. Journal of European Economy, 11(4), 403-415.

MANASE KUDZAI CHIWESHE, Fourth Industrial Revolution: What's in it for African Women?(2019).

MS, The Total Economic Impact TM of Microsoft 365 AI for Knowledge Worker(2019).

Mulu Gebreeyesus, Industrial Policy and Development in Ethiopia.

March 7, 2022 Author: Xiaoting(Maya) Liu(2022). Nurturing the Next-Generation AI Workforce: A Snapshot of AI Education in China's Public Education System. Asia Pacific foundation of Canada, 1-14, https://www.asiapacific.ca/publication/nurturing-next-generation-ai-workforce-snapshot-ai-education.

Ministry of education(2020). AI education in primary. News paper, Yonhap news.

Ministry(2019). Master course for AI teacher. EduPress.

Mary Webb, et. al.(2017). Computer science in K-12 school curricula of the 21st century: Why, what and when? Educ Inf Tech, 22, 445-468, DOI 10.1007/s10639-016-9493-x.

Miao YUE. et al.(2021). An Analysis of K-12 Artificial Intelligence Curricula in Eight Countries.

Margie Meacham(2021), A Brief History of AI and Edu-cation Global science research Journal, www.globalscienceresearchjournals.org.

Micah Ward(2023). Why AI education will soon become an integral part of K12 education, https://districtadministration.com/why-ai-education-will-soon-become-an-integral-part-of-k12-education/.

Matti Tedre, et el.(2016) Teaching machine learning in K-12 computing education. IEEE Access, 4, 1-15.

Michael K Barhour(2023). How will AI impact K-12 education in the US?, https://virtualschooling.wordpress.com/2023/01/14/how-will-ai-impact-k-12-education-in-the-us/.

Miao et al.(2022). Pedagogical Design of K-12 Artificial Intelligence Education: A Systematic Review. Sus- tainability, 4, 2-19, https://doi.org/10.3390/su142315620.

National academies(2022). Foundations of data science for students in grades K-12, https://mynasadata.larc.nasa.gov.

Neha Soni et. El, Impact of Artificial Intelligence on Businesses: from Research, Innovation, Market Deployment to Future Shifts in Business Models(2018).

Optimizing Ethiopia's Industrial Revolution, https://addisfortune.net/columns/why-foreign-investment-is-still-flowing-to-ethiopia/.

Proceedings of the 29th International Conference on Computers in Education. Asia-Pacific Society for Computers in Education, 769-773.

Peter. S.(2016). CIT - Intelligent Technologies integrator and supporter in Slovakia. Technical University of Košice press: Košice.

PWC, Impact of Artificial Intelligence in Germany(2018).

Philippe Aghion Benjamin F. Artificial Intelligence and Economic Growth(2017).

Science and Technology(2022). Program Planning and Cross-Curricular and Integrated Learning in Science and Technology. 1-9, https://www.dcp.edu.gov.on.ca/en/curriculum/science-technology/context/program-planning.

The Social and Economic Implications of Artificial Intelligence by the White House and New York University's Information Law Institute, Technologies in the Near-Term(2016).

The brief history of artificial, https://ourworldindata.org/brief-history-of-ai intelligence: The world has changed fast - what might be next?

Thomas K. F. Chiu et al.(2022). Creation and Evalua- tion of a Pretertiary Artificial Intelligence(AI) Curriculum. IEEE TRANSACTIONS ON EDUCATION, 65(1), NO. 1, 30-39.

UNDP, Growing Manufacturing Industry in Ethiopia CASE STUDY.

UNESCO, Science, Technology and Innovation Strate-gy for Africa - 2024(2019).

UNICEF(2021). Policy guideance on AI for children, https://www.unicef.org/globalinsight/media/2356/file/UNICEF-Global-Insight-policy-guidance-AI-children-2.0-2021.pdf.

University of Washington(2006). The history of AI, https://courses.cs.washington.edu/courses/csep590/06au/projects/history-ai.pdf.

UNESCO 2021. AI and education, https://creativecommons.org/licenses/by-sa/3.0/igo/K- 12 AI curricula(2022). ED-2022/FLI-ICT/K-12.

Weipeng Yang(2022). AI education for young children: Why, What, How in curriculum design and implementation. Computer and education: AI, 3, https://www.sciencedirect.com/science/article/pii/S2666920X22000169?via%3Dihub.

Xiaoyan Gong(2019). AI Educational System for Primary and Secondary Schools. American Society for Engineering Education, 126th Annual conference.

Xiaofei Zhou(2020). Designing AI Learning Experiences for K-12: Emerging Works, Future Opportunities and a Design Framework. White paper.

Yangnam Zhou(2022). Analysis of The Transformation of China's K12 Education Model under The New Trend. Journal of Education, Humanities and Social Sciences 5, 362-369.

https://upload.wikimedia.org/wikipedia/commons/0/02/Continental_Orgs_Map.png

https://www.koreatimes.co.kr/www/nation/2020/06/113_166587.html

https://www.freepik.com/free-vector/asean-map-infographic_10

632600.htm#query=asean%20map&position=0&from_view=keyword&track=ais&uuid=2f6fbde9-fcd6-4993-9dd1-50ecbcfea70f
https://www.freepik.com/free-vector/social-media-network_6976388.htm#query=social%20network&position=2&from_view=search
https://www.thoughtco.com/berlin-conference-1884-1885-divide-africa-1433556
African map and IMF(Aug. 2019).
https://en.m.wikipedia.org/wiki/File:Lee_Sedol_%28W%29_vs_AlphaGo_%28B%29_-_Game_4.svg
https://upload.wikimedia.org/wikipedia/commons/9/94/Sears_Store_Closing_Sale_Westland_Mall_Hialeah_%2849525992311%29.jpg
https://www.rockefellerfoundation.org/about-us/our-history/
The Impact of Artificial Intelligence on Learning, Teaching, and Education-EU(2018): https://ec.europa.eu/jrc
https://www.sciencedirect.com/science/article/pii/S1568494623002429
https://www.sciencedirect.com/science/article/pii/S1568494623002429
https://towardsdatascience.com/alphago-how-ai-mastered-the-game-of-go-b1355937c98d
https://www.researchgate.net/publication/327249814_Celebrity_Face_Recognition_using_Deep_Learning
https://micro.magnet.fsu.edu/cells/bacteriacell.html

저자 강의자료 중에서
저자 강의자료 중에서
저자 강의자료 중에서

https://medium.com/udacity/deep-learning-nanodegree-foundation-program-syllabus-in-depth-2eb19d014533
https://aiin.healthcare/topics/precision-medicine
https://www.biorxiv.org/content/10.1101/242818v1.full
https://www.biorxiv.org/content/10.1101/242818v1.full

WHO 자료를 이용해 필자가 강의를 위해 재편성한 것임

https://www.facebook.com/hyundaimotorgroup/photos/pcb.3928178223860291/3928176727193774/
https://www.forbes.com/sites/normananderson/2021/05/19/the-fourth-industrial-revolutionkorea-invests-20-billion-in-its-smart-city-ecosystem/?sh=377cab7a3ed7
https://www.archdaily.com/962924/building-a-city-from-scratch-the-story-of-songdo-korea

https://www.aerofarms.com/about-us/
http://m.theinvestor.co.kr/view.php?ud=20190708000601
http://m.koreaherald.com/view.php?ud=20210524000361
https://www.mk.co.kr/news/economy/view/2021/05/434464/
https://theprimadonnalife.com/coffee/coffee-101/what-does-your-coffee-taste-like/
http://biz.chosun.com/site/data/html_dir/2019/02/14/2019021400162.html
https://www.technologyreview.com/2017/08/24/149518/amazon-has-developed-an-ai-fashion-designer/
https://www.joongang.co.kr/article/23965027#home
https://www.aitimes.kr/news/articleView.html?idxno=22915
https://www.aitimes.kr/news/articleView.html?idxno=18157
https://www.dnaindia.com/technology/report-this-japanese-ai-wrote-a-novel-and-almost-won-a-literary-prize-2193918
https://ddi.ac.uk/interviews/gillian-docherty-datalab/
https://sabercomlogica.com/en/the-computer-and-its-language/
Networking History in 1960 - Network Encyclopedia.
https://eloquentarduino.github.io/2020/08/the-ultimate-guide-to-wifi-indoor-positioning-using-arduino-and-machine-learning/
https://www.reply.com/en/topics/artificial-intelligence-and-machine-learning/human-machine-interfaces-trend-report
https://www.etnews.com/20230104000027
https://www.ncbi.nlm.nih.gov/pmc/articles/PMC2862632/
https://www.kistep.re.kr/reportDetail.es?mid=a10305020000&rpt_tp=831-006&rpt_no=RES0220240010
https://www.ptc.com/ko/industry-insights/digital-twin
https://www.frontiersin.org/files/Articles/180932/frobt-03-00003-HTML-r2/image_m/frobt-03-00003-g003.jpg
https://www.ksvalley.com/news/article.html?no=5356
https://www.aitimes.kr/news/articleView.html?idxno=20093
https://www.bing.com/images/create
https://ars.els-cdn.com/content/image/1-s2.0-S1319157819309000-gr2_lrg.jpg
EU parliament, how blockchain technology could change our lives, 2017.
https://yourstory.com/mystory/blockchain-and-artificial-intelligence-two-technol-mywyt99t1x
https://www.unic.ac.cy/university-of-nicosia-is-the-first-university-in-the-world-to-publish-diplomas-of-all-graduating-students-on-the-blockchain/
https://www.com2verse.com/
https://www.freepik.com/search?format=search&query=ethics

https://federalbudgetiq.com/insights/rd-in-it-and-artificial-intelligence-resources-and-focus-areas/
https://digital-strategy.ec.europa.eu/en/activities/digital-technologies-and-research
https://www.mobileworldlive.com/featured-content/top-three/germany-sets-1b-ai-research-budget/
https://asia.nikkei.com/Business/Technology/Japan-eyes-13bn-in-aid-for-chips-generative-AI-in-stimulus-budget
https://aibusiness.com/verticals/idc-china-set-to-more-than-double-ai-spending-by-2026#close-modal
https://awsinsider.net/articles/2021/03/16/aws-cloud-ai-development.aspx
https://www.officetimeline.com/blog/amazon-history-timeline
https://blog.cloudyali.io/aws-services-how-many-are-there-really
https://finance.yahoo.com/news/deepminds-ceo-said-theres-chance-141823606.html
https://mlonazure.com/ml/
https://mitibmwatsonailab.mit.edu/about
https://en.wikipedia.org/wiki/PyTorch
https://www.datanami.com/2021/05/11/datarobot-refreshes-ai-platform-nabs-zepl/
https://en.wikipedia.org/wiki/Wipro
https://www.h2o.ai/products/h2o/
https://www.itworldcanada.com/article/salesforce-updates-its-crm-platform-with-ai-capabilities/386511
https://www.infosys.com/services/applied-ai/overview/applied-ai-cloud.html
https://www.mckinsey.com/~/media/mckinsey/featured%20insights/artificial%20intelligence/notes%20from%20the%20frontier%20modeling%20the%20impact%20of%20ai%20on%20the%20world%20economy/mgi-notes-from-the-ai-frontier-modeling-the-impact-of-ai-on-the-world-economy-september-2018.pdf?shouldIndex=false
https://www.itu.int/dms_pub/itu-s/opb/gen/S-GEN-ISSUEPAPER-2018-1-PDF-E.pdf
https://www.itu.int/dms_pub/itu-s/opb/gen/S-GEN-ISSUEPAPER-2018-1-PDF-E.pdf
https://petapixel.com/2020/06/20/this-ai-turns-pixel-faces-into-photos/
https://www.iqt.org/deepfake-detection-challenge-pt-ii/
https://www.tensorflow.org/tutorials/generative/cyclegan
https://arxiv.org/pdf/1703.10593.pdf
http://grail.cs.washington.edu/projects/AudioToObama/siggraph17_obama.pdf

https://en.wikipedia.org/wiki/Giovanni_Battista_Piranesi
https://www.britannica.com/topic/art-market/The-18th-century#ref1052123
1990년~2013년은 통계청 자료, 기타 년도는 IMF와
http://en.m.wikipedia.o
https://www.youtube.com/watch?v=3ZZDdcGTwoM
https://www.rdworldonline.com/2021-global-rd-funding-forecast-released/
https://www.korea.kr/special/policyCurationView.do?newsId=148868542
https://pulsenews.co.kr/view.php?year=2023&no=677205
https://my.3dexperience.3ds.com/welcome/ko/compass-world/rootroles/appearance-and-rendering-designer?role=true
https://docs.midjourney.com/
https://photosonic.pro/
https://app.jasper.ai/?_gl=1*g4enl6*_gcl_au*Nzg1MjAxNTcuMTcwMjY0MTQxNw..*_ga*MTc2MzM1NTgxNy4xNzAyNjQxNDE3*_ga_D4P3CS8W5P*MTcwMzIxODIxMC4zLjEuMTcwMzIxODI4Ni41Ni4wLjA.
https://creator.nightcafe.studio/
https://www.zdnet.com/article/how-to-use-bing-image-creator/
https://www.shutterstock.com/ko/search/ai?image_type=3d-object
https://www.creativefabrica.com/search/?query=dog%20with%20cloth
https://www.codeschool.fi/curriculum/

부록-1 : 한국의 인공지능 정책

대영역	세부영역	실천내용
[1] 세계를 선도하는 인공지능(AI) 생태계 구축	1) 인공지능(AI) 인프라 확충	① 양질의 데이터 자원 확충을 위한 공공데이터전면 개방(~'21) ② 데이터 생산·유통·활용을 지원할 공공-민간 데이터 지도의 연계('21) ③ 민간의 인공지능(AI) 개발 지원을 위한 인공지능(AI) 중심(허브) 컴퓨팅자원 맞춤형 지원 * ('19) 200개 기관, 각 20TF(Tera Flops) → ('20) 800개 기관, 10~40TF 차등 지원 ④ 지역 산업과 인공지능(AI) 융합의 거점, 광주 인공지능(AI) 집적단지 조성('20~'24) ⑤ 거점 특성을 고려한 전국단위 인공지능(AI) 거점화 전략 수립('20)

[1] 세계를 선도하는 인공지능(AI) 생태계 구축	2) 인공지능(AI) 기술경쟁력 확보	① 인공지능(AI) 반도체 세계 1위 도약 - 인공지능(AI) 반도체 핵심기술(설계·미래소자·장비 및 공정 등)과 신개념 인공지능(AI) 반도체(PIM) 개발 * 차세대 지능형 반도체 1조 96억 원 투자('20~'29) ② 창의적·도전적 차세대 인공지능(AI) 연구개발 선제 투자('20~) * 차세대 인공지능(AI) 개발사업 예비타당성조사 추진→ 2030년까지 핵심 기술 5개 이상 확보 ③ 인공지능(AI) 기초연구 강화 : 지식 표현 및 추론, 기계학습 알고리즘, 인지과학 등('20. 예타 추진) ④ 선의의 경쟁과 창의적 도전을 촉진할 인공지능(AI) 연구개발 확대 * 서바이벌 방식의 '경쟁형', 국가 사회 현안을 인공지능(AI)로 해결하는 '챌린지형(경진대회)'
[1] 세계를 선도하는 인공지능(AI) 생태계 구축	3) 과감한 규제혁신과 법제도 정비	① 인공지능(AI) 분야 '포괄적 최소(네거티브) 규제' 단계별 계획 수립('20) ② 인공지능(AI) 시대 기본이념과 원칙, 역기능 방지 시책 등 기본법제 마련('20) ③ (가칭)미래사회 법제정비단 발족('20)을 통해 분야별 법제 정비 주도

생성형 AI 활용과 교육 (AI 및 챗 GPT 활용, 교육)

[1] 세계를 선도하는 인공지능(AI) 생태계 구축

4) 인공지능(AI) 새싹기업(스타트업) 육성

① 벤처펀드('20년 5조 원 이상) 자금 활용 인공지능(AI) 투자펀드 조성('20)

② 미래 기술 육성자금 ('20 신설) 지원과 TIPS 운영사 선정 시 인공지능(AI) 분야 우대

* 혁신성장 분야 중소·스타트업 지원을 위한 정책자금(3,000억 원 규모)

** 유망 기술 보유 창업팀을 민간 주도로 선발·육성(Tech Incubator Program for Startup)

③ 전 세계 인공지능(AI) 새싹기업(스타트업)의 경쟁과 교류의 장, '인공지능(AI) 올림픽' 개최 ('20~)

* 글로벌 스타트업 페스티벌 'ComeUp2020'의 메인행사로 '인공지능(AI) 올림픽' 진행

④ 인공지능(AI) 전문가와 새싹기업(스타트업) 교류·협력 활성화('20~, '인공지능(AI) 밋업' 개최)

[2] 인공지능(AI)을 가장 잘 활용하는 나라	5) 세계 최고의 인공지능(AI) 인재 양성과 전 국민 교육	① 인공지능(AI) 관련학과 신·증설과 교수의 기업 겸직 허용('20) ② 인공지능(AI)대학원 프로그램 확대·다양화 * (현행) 학과 개설→ (개편) 학과 개설, 융합학과, 협동과정, 지역산업 융합 트랙, 대학 내 센터 등('20~) ③ 모든 군 장병과 공무원 임용자 대상 인공지능(AI) 소양교육 필수화('20~) ④ 초중등 교육시간 등 필수교육 확대(~'22) ⑤ 교원의 양성·임용과정부터 소프트웨어(SW)·인공지능(AI) 과목 이수 지원('20~) * (교대) 인공지능(AI) 관련 내용을 필수 이수토록 교사자격 취득 기준(고시) 개정 (사범대) 교직과목과 관련 전공과목에 소프트웨어(SW)·인공지능(AI) 관련 내용 포함 (교육대학원) 인공지능(AI) 융합교육 관련 전공 신설, 참여교사 지원

[2] 인공지능(AI)을 가장 잘 활용하는 나라	6) 산업 전반의 인공지능(AI) 활용 전면화	① 공공영역 보유 대규모 데이터 기반 대형 인공지능(AI) 융합 프로젝트 확대 ② 인공지능(AI) 기반 지능형(스마트) 공장 보급('30. 2,000개) ③ 바이오·의료(AI 신약개발 플랫폼·AI 의료기기 검증·심사), 도시(스마트시티 데이터 허브), 농업(스마트팜) 등 산업 전 분야로 활용 확산

[2] 인공지능(AI)을 가장 잘 활용하는 나라	7) 최고의 디지털 정부 구현	① 주요 전자정부 시스템 진단('20년 상반기)과 디지털 전환 이행계획 수립('20년 하반기)
		② 사각지대 없이 도움이 필요한 국민을 먼저 찾아 맞춤형 서비스 제공
		   * 차세대사회보장시스템 구축(~'21), 생애주기별 원스톱 패키지 확대('19. 출산·상속 등 2종→ '22. 10종 이상)
		③ 국민 체감도가 높은 공공서비스부터 인공지능(AI) 선도적 도입('20~)
		   * 〈문화복지〉 문화누리카드 사용처 예측·추천, 〈특허정보〉 해외·선행 특허정보 선제적 제공, 〈환경오염〉 미세먼지 예측 및 지하수 오염 감지, 〈교정〉 수용자 관리 지능화

[3] 사람 중심의 인공지능(AI) 구현	8) 포용적 일자리 안전망 구축	① 고용형태 다변화(특수형태근로종사자(특고) 증가 등)에 대응한 사회보험 확대 ＊ 특고 산재보험 적용, 특고 및 예술인 고용보험 적용 추진. 중장기적으로 보험 대상을 '근로자'에서 '피보험자'로 변경 ② 고용안전망 사각지대 해소를 위한 국민취업제도 도입('20) ＊ 취업 취약계층에게 취업지원서비스를 제공하고, 구직활동을 전제로 소득지원 ③ 산업현장의 수요 변화를 반영한 신기술 분야직업훈련 비중 확대('19. 4%(잠정) → '22. 15%) ④ 일자리 연계 활성화를 위한 국가 일자리정보플랫폼 고도화('20)

[3] 사람 중심의 인공지능(AI) 구현	9) 역기능 방지 및 인공지능(AI) 윤리체계 마련	① 인공지능(AI) 기반 사이버침해 대응체계 고도화('20~) ② 딥페이크 등 신유형의 역기능 대응을 위한 범부처 협업체계 구축('20) 　* 인공지능(AI) 기반 영상 합성 기술 또는 그 영상. 신시장 창출과 동시에 명예훼손 등 부작용도 우려 ③ 인공지능(AI) 신뢰성·안전성 등을 검증하는 품질관리체계 구축 추진('20~) ④ 글로벌 규범에 부합하는 인공지능(AI) 윤리기준 확립('20)과 윤리교육과정 개발·보급('21~) 　* (학생·이용자) AI와 생명윤리, 개인정보보호/(개발자) 윤리적 AI 설계, 정보보안 등 ⑤ 이용자 보호를 위한 중장기적 정책 수립 지원체계 마련

저자

- 일본동경공업대학 컴퓨테이션 지능공학과 졸 (공학박사, TIT: Tokyo Institute of Technology, Dept. of Computational Intelligence and Systems Science, Interdisciplinary Graduate School of Science and Engineering)
- 국립대학 교수역임
- 에티오피아 국립 아다마과학기술대 인공지능 교수
- 베트남 국립 TDT대학 교수(한-베트남특별센터장)
- 캐나다 원자력 연구소 파견연구원, 알버타 대학 초빙교수, 헝거리 부다페스트 공대 초빙교수. 부다페스트공대 및 슬로바키아, 인도 대학들의 박사과정지도, 유럽연합 국가 조정관 (EU-FP ICT-NCP), 한-인도포럼 회장, 몽골 대학 대학원장 등을 역임
- 세계의 100여개 대학에서 4차 산업혁명과 인공지능에 대해 초청 강연
- 국제아인슈타인상, 21세기 지성인상 (IBC : 영국, ABI : 미국), 톱 100인 엔지니어상, IBC (영국), 3대 인명사전(ABI, IBC, Who'sWho) 연속 등재

최근의 연구논문
- Dong Hwa Kim, Seung Min Bak, "How to Prepare Agriculture Operations under the Impact of LLM Technology
- (Focusing on the Perilla Vegetable Harvest Mobile Robot and Gripper)," IARJSET, Vol. 11, No. 9, Sept. 2024.
- Dong Hwa Kim, "The Impact on Job Replacement and Economy by TAG (Text to Art Generative)-AI," IARJSET, Vo. 11, No. 1, 2024, pp.1-17, 2024. ISSN2393-8021.
- Dong Hwa Kim, "A study on the efficiency enhancement of self-directed learning and online lecture using emotional factor control, "EJSIT, Vo.3, No. 6, pp. 294-304, Dec, 2023. ISSN2786-4936
- Dong Hwa Kim Rojina, "A Study on the Curriculum Design for K-12 AI Education Using Knowledge Graph," EJSIT, Vol. 4, No. 4, pp. 491-509, Oct. 2023. ISSN2786-4936.
- Dong Hwa Kim, "AI Curriculum Design for Korea K-12 AI Education Through Analyzing AI Education Curriculum," IJRTE, Vol. 12, No. 3, pp. 72-81, Sept, 2023. ISSN 2277-3878.

생성형 AI 활용과 교육 (AI 및 챗 GPT 활용, 교육)

저서

Amazon (Dec. 2024):
https://www.amazon.com/Knowledge-Representation-AI-ChatGPT-prepare-ebook/dp/B0DP1VPPQ2/ref=sr_1_1?crid=2E9YBFLBO67Q1&dib=eyJ2IjoiMSJ9.pneJK8K7UvdXa9pi786KHPeJgihocXVK1au0UodT6t3V7eb8Lz_33eZk18KWwz6P4ihzrNjfL.v2UtOXjGMId_X7dL7t00MVGC3Mk4Vx2U-zm4_iedxrW7pfiP25YMQpw-mewJA1aEqpD1xDwqOiqZ5ZuNzd1WzMLxv8-i5N2A2XqW8BLcZasYajT4eMyYcOatXqVshN9uHWNUy5oHxnBhFr2LG8clGQKJyqHeY5U0nZ5z2f9u1Hb1ua-SCBAjZpxDdHAJR8autrm2AoClMWZC2jDK?QBB_.NvYYOGPJj18.zlVEkjHFchXvoAukZpcVaswuW12lVeK7)_P5D2ViXmWM&dib_tag=se&keywords=dong+hwa+kim&qid=1734509623&s=digital-text&sprefix=%2Cdigital-text%2C250&sr=1-1

Amazon Dec 2024,
https://www.amazon.com/AI-Curriculum-Design-Korean-Knowledge/dp/B0DQWYC9SG/ref=sr_1_7?dib=eyJ2IjoiMSJ9.PIPIbNC6r5GoLtWbpvO_t6mrR1wcwJ3mcQbxvjIEONZBRkWCdfiAOStG36mvOPW4j8iqCEG7eDMvjM79sOJc8q6eIdSCDFSruPzgpL8X6VBjT1NFHo5SppR4yIpq3CBbSdriCO

◇ Books (English Version)

How to Teach and Learn AI Outskirt press, USA, Aug 2022
(https://www.amazon.com/How-Teach-Learn-AI-Manpower/dp/1977254292)

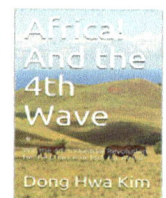

Africa and 4th wave (Amazon Kindle), 2020.
https://www.amazon.com/Africa-4th-Wave-Industrial-Revolution-ebook/dp/B08KZSLMTL

How cannot obtain Nobel award in Korea (Korean Version)?
April, 2019

Visegrad group and 4th industrial revolution (LAMBERT, Germany), 2019.
Amazon:
https://www.amazon.ca/Visegrad-Group-4th-Industrial-Revolution/dp/6200241155
April, 2019.

Tuning innovation with Biotechnology, (Pan Stanford Publishing, USA) 2019.
https://www.amazon.com/Tuning-Innovation-Biotechnology-Dong-Hwa/dp/9814745359

Hybrid Evolutionary Algorithms (Computational Intelligence 75), Springer, Germany, Chapter 3, 4, April, 2007.